• 天津财经大学国际贸易研究丛书 •

全球价值链分工下
中美双边真实贸易利益核算与分配机制研究

Study on the Measurement and Distribution Mechanism of
Real Gains from China-U.S. Bilateral Trade

王 岚 著

中国财经出版传媒集团
经济科学出版社
Economic Science Press

图书在版编目（CIP）数据

全球价值链分工下中美双边真实贸易利益核算与分配机制研究/王岚著．—北京：经济科学出版社，2019.6
（天津财经大学国际贸易研究丛书）
ISBN 978－7－5218－0537－6

Ⅰ.①全…　Ⅱ.①王…　Ⅲ.①中美关系－双边贸易－经济核算－研究②中美关系－双边贸易－利益分配－研究　Ⅳ.①F752.771.2

中国版本图书馆 CIP 数据核字（2019）第 089543 号

责任编辑：于海汛　冯　蓉
责任校对：刘　昕
责任印制：李　鹏

全球价值链分工下中美双边真实贸易利益核算与分配机制研究
王　岚　著
经济科学出版社出版、发行　新华书店经销
社址：北京市海淀区阜成路甲 28 号　邮编：100142
总编部电话：010－88191217　发行部电话：010－88191522
网址：www.esp.com.cn
电子邮件：esp@esp.com.cn
天猫网店：经济科学出版社旗舰店
网址：http://jjkxcbs.tmall.com
北京季蜂印刷有限公司印装
710×1000　16 开　17.25 印张　290000 字
2019 年 6 月第 1 版　2019 年 6 月第 1 次印刷
ISBN 978－7－5218－0537－6　定价：58.00 元
（图书出现印装问题，本社负责调换。电话：010－88191510）

本书为国家社会科学基金青年项目“国际生产分割背景下中美贸易双边真实利益测度与分配机制研究”（12CJY081）的结项成果。同时感谢博士后科学基金面上项目“全球价值链背景下中国贸易利益形成机制与提升路径研究”（2014M550935）以及博士后科学基金特别资助项目“亚太大型 FTA 对区域生产网络的影响与中国的战略选择”（2015T80167）的资助。

总　　序

人类进入21世纪以来，改变我们生活的最重要的因素之一，就是经济全球化，经济学研究的每个领域也无不因全球化而变得异常活跃，国际贸易学研究更是如此。在全球贸易学研究的沃土中，中国学者针对中国贸易问题的研究成果日渐丰富，由天津财经大学国际贸易研究团队形成的这套丛书，便是百花园中的绚丽一丛。

随着中国不断融入国际经济体系，产业结构和贸易结构在全球化进程中不断升级。由于国际分工体系日趋细化，虽然产业内贸易和产品内贸易交织并存，但是产品内分工越来越盛行，全球价值链分工形成了全球生产网络，而中国正是借助加工贸易参与全球化垂直生产网络，并通过参与全球价值链分工，成为世界制造业大国和贸易大国，这也成就了中国世界第二大经济体的地位。2008年国际金融危机发生后，中国加工贸易在连续近30年持续增长之后，于2009年首次出现负增长，加工贸易正经历转型之痛！作为转变经济发展方式的重要一环，转变外贸发展方式成为重中之重。危机后全球价值链分工也面临着转型和重构。从世界层面看，中国越来越多的企业实施跨国投资战略，美国则在危机后提出“再工业化”，欧洲实体经济饱受主权债务危机的重创，世界经济格局的新变化对全球价值链分工将产生战略性影响。中国如何应对这样的战略机遇和挑战？面对新一轮产业转移和区域经济一体化及世界市场一体化的发展机遇，充分利用价值链细分，享用外国投资与生产外包、地理配置与丰裕要素相结合所引致的巨大收益，扩大生产集聚和规模经济效应，优化中国在全球价值链中的位置，获取最大发展利益，成为当前中国调整对外贸易战略和投资战略的目标所在。

正是在这个意义上，天津财经大学国际经济贸易系学术团队围绕这一主题展开深入研究，形成了一批新的研究成果，才有这套专著丛书的问世。如今，这套专著论丛即将出版，问序于我。作为国际经济贸易系兼职教授，我当然义不容辞。收入本丛书的各部著作，均是以国际经济贸易系老师主持的国家社会科学基金和国家自然基金的项目或是博士学位论文为基础，经过一段时间的沉淀和再思考，在大幅修改、补充的基础上完成的。学术研究就是思想接力，纵观全套专著，作者们在写作中努力追求原创性的效果，大到论文框架、观点的融会贯通，小到案例的运用，都贯穿着这一原则，力求有自己的学术发现。很多观点也是发他人之未发。他们所提供的思考本身，将引起研究者的重视。感谢这套专著丛书的作者们，感谢他们的辛勤耕耘。

时间仍将继续延伸，愿国际经济贸易系研究团队的学术跋涉一路风光无限。

鞠建东

2014 年 6 月 16 日

目录

第一章

全球价值链如何改变了国际贸易

第一节　全球价值链的动因和典型特征

全球价值链（global value chain，GVC）是指产品或服务从概念到最终消费所需完成的一系列行为以及这些行为的区位布局与跨境分布（DFAIT，2011）。在过去几十年中，全球价值链的兴起与发展对国际生产体系与贸易投资格局产生了深刻影响，成为重塑世界经济格局的重要因素（盛斌，2014）。随着生产过程的模块化、复杂化和精细化，制造与服务提供过程被不断细分为不同工序与任务，与此同时，运输、通信、信息的成本降低以及各国对贸易壁垒的削减使跨国公司可以更自由便捷地根据各国要素禀赋与生产成本的差异进行全球资源配置以实现利润最大化，全球价值链由此产生。而不同行业、不同企业和不同产品的价值链交织在一起又进一步形成了全球生产网络（global production network）。

一、全球价值链产生的动因

以产品、投资、服务、技术以及人员跨境流动为特征的全球价值链改变了世界（Baldwin，2012）。更低的贸易和投资壁垒、日益下降的运输成本及信息和通信技术的进步，使得商品和服务的生产分割及生产活动和任务的外包变得更为容易，在过去 20 年中极大地促进了全球价值链的发展（Amador and Cabral，2014）。企业利益诉求、制度和政策环境以及技术进步都促进了全球价值链的产生（见图 1 – 1）。

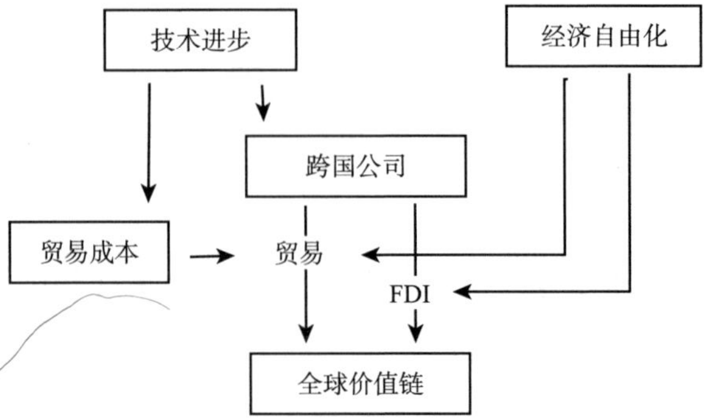

图 1－1　全球价值链的动因

资料来源：笔者绘制。

（一）跨国公司的利益诉求：全球价值链产生的内因

随着国际竞争的加剧，提高效率是全球价值链最重要的驱动因素。跨国公司主导外包生产和销售活动的主要目的就是提高效率和降低成本（Smith，2006）。由于国内和国际市场的竞争日益激烈，跨国公司为了追求利润最大化，就会有动力将其生产阶段分散到不同的地点，调整并优化自身公司及地域的价值链活动。具体表现为通过将特定生产要素密集型的生产环节安排在拥有相应丰裕要素的国家和地区，以达到降低生产成本，提高竞争力的目的。无论是在国内还是在国际，无论是在企业内部还是在企业之外，从低成本或高效率的生产商采购原料都有助于降低生产成本。此外，中间品、零部件和服务的专门供应商层面的规模经济和范围经济也可能会导致成本优势（Kommerskollegium，2010）。因此，全球价值链分工下专业化分工的层次从产品层面过渡到生产任务和工序层面，发达国家的技术、资本要素与发展中经济体廉价劳动力的结合构成了全球价值链的本质。

（二）技术进步：全球价值链产生的前提

1. 生产过程的模块化

生产技术的可分性（divisibility）是全球价值链分工产生的前提。科技进步革新了产品本身的技术特性，改变了原有产品生产过程的空间不可分割性。“模块化”就是将原来的生产制造过程分解为一些在功能和结构上相互独立的标准组成部分，然后按照产品生产的特定需求对这些标准组成部分进行整合而完成产品的生产。同时，科技进步催生统一的国际化生产标准，为零部件、中间产品和服务国际化细分提供了技术和质量保障。在信息技术革命背景下，数字化生产技术和模块化实现了生产过程的技术分解，创造了新的加工方式，即通过每个可以独立设计的并且能够发挥整体作用的更小的子系统来构筑复杂的生产过程。模块化生产深化了分工，使企业可以专注于自己有优势或关键的生产模块，国家也可以专业化从事符合自身要素禀赋的生产环节，而不必掌握产品全链条的生产技术，这一点对于发展中国家尤为重要。

2. 贸易成本下降

由于在全球价值链中，中间品往往会多次跨越国界。因此，贸易成本在全球价值链中会随着中间品多次跨越国境，形成放大效应（Yi，2003；Ma and Van Assche，2010）。运输技术进步带来的运输成本下降通过降低贸易成本降低了全球价值链贸易的成本，促进了生产活动的跨越国界转移。胡梅尔斯（Hummels，2007）提供了经验性实例，证明了技术的进步降低了空运的运输成本。由于现在的许多贵重物品都比较轻，近几十年来买卖商品的成本也发生了变化。虽然贸易成本一般以重量为基础衡量（因为数据的可用性和可度量性），相对于运输货物的价值而言，运输成本可能下降得更多，这意味着，以价税方式衡量贸易成本时，可能会表现出更强烈的下降趋势。

3. 通信和协调成本下降

全球价值链的发展还主要得益于信息和通信技术所取得的快速进步。作为全球价值链的重要表现形式，生产环节或任务的国际分割要求跨国公司在各环节或任务之间进行协调，有的复杂任务甚至需要面对面进行交流，由此就会产生协调成本（coordination cost）。只有当协调或交易成本（如通信、信息和治理成本）低于预期的成本优势时，全球价值链才能得以发展（Jones and Kierzkowski，1990）。信息和通信技术（information and communication technology，ICT）革命是导致全球价值链扩张和第二次解放（unbundling）的关键技术因素（Baldwin，2009）。更加廉价和更加可靠的电信、信息管理技术降低了公司内部与公司之间长距离复杂活动的组织与协调成本。信息技术进步加强了跨国公司处理和分析数据的能力，降低了发现潜在供应商的搜寻成本，有利于全球生产网络的管理①。此外，信息

① 卢峰．产品内分工［J］．经济学季刊．2004（4）：55－82.

和通信技术的快速发展也增加了可交易的服务种类。数据录入、信息处理、研究和咨询可以很容易地通过互联网和电子邮件或远程视频会议实现，而越来越多的呼叫中心也都开始外包。

（三）制度和政策因素：全球价值链产生的外部环境

1. 多边框架下的贸易自由化和便利化

WTO 框架下连续几轮的开放促进了贸易和投资的壁垒迅速下降（Grossman and Rossi - Hansberg，2008；Baldwin，2009）。商品尤其是制成品的关税已经下降至较低水平，非关税贸易壁垒的逐步降低也促进了商品和服务的国际贸易。1980 ~ 2001 年，发展中国家的加权平均关税下降了 50%，从 20 世纪 80 年代初的 20% 下降到 21 世纪初的 11% 左右[①]。而发达国家的贸易壁垒的削减幅度更大，不仅关税降低，非关税壁垒也更大范围地消除[②]。贸易便利化协议（trade facilitation agreement，TFA）作为 WTO 成立近 20 年来达成的首个多边贸易协定，是多哈回合谈判启动以来取得的最重要突破，对世界和我国经济贸易具有重要意义和深远影响。根据 OECD 测算，有效实施 TFA 将使发达国家贸易成本降低 10%，发展中国家成本降低 13% ~15.5%。TFA 实施最高可使发展中国家出口每年增长 9.9%（约 5690 亿美元），发达国家增长 4.5%（约 4750 亿美元）[③]。

2. 双边或区域性贸易协定

20 世纪 90 年代以来，伴随经济全球化的加速推进以及多哈回合的举步维艰，区域化（regionalism）逐渐取代多边成为主导趋势。根据 WTO 的统计，1948 ~ 1994 年向关贸总协定（GATT）通报的 RTAs 只有 124 个。截至 2016 年 2 月 1 日，WTO 共有成员国 162 个，每个国家都签署了 1 个以上的区域贸易协定。向 GATT/WTO 通知的区域贸易协定的数量多达 625 个，正在有效运行的 RTA 达到 419 个。在 454 个实际存在的 RTAs（physical RTAs）中，已经生效的达到 267 个。事实表明，全球价值链更多呈现的是区域性的特征。目前全球范围已经形成了北美、欧洲以及东亚三个区

---

① UNCTAD. Development and Globalization：Facts and Figures. 2003，p. 71。

② UNCTAD. Trade and Development Report 2005：New Features of Global Interdependence. 2005，p. 136.

③ 澎湃新闻．《WTO 达成首个多边贸易协定：发展中国家出口可年增 9.9%》（2015 - 01 - 13），http：//m. thepaper. cn/newsDetail_forward_1293924.

域性生产网络[1]。因此，双边或区域协定为区域性价值链的发展提供了良好的政策环境。

3. 发展中经济体单边政策激励

发展中经济体通过建立出口加工区（export processing zone，EPZ）等特殊经济区（special economic zones，SPZs）对外资企业提供各种投资、生产和进出口的便利以及优惠条件，鼓励外资（foreign direct investment，FDI）流入，使本国企业积极融入跨国公司主导的生产链条。20 世纪 90 年代中后期，毛里求斯制成品出口中超过 95% 来自出口加工区，肯尼亚、墨西哥、多米尼哥的该比例分别达到 75%、50% 和 80%。出口加工区对中国参与全球价值链分工同样发挥了重要作用，导致加工贸易成为中国参与全球价值链分工的主要方式。2006 年，加工贸易在中国出口中的比重达到 47%。同年，墨西哥加工出口比重达到 45%。其余加工贸易比重较大的国家还包括多美尼加（65%）、哥斯达黎加（54%）、洪都拉斯（40%）以及菲律宾（27%）等。

二、全球价值链的表现形式和特征

随着全球价值链的兴起，国际生产、贸易与投资活动正在发生着深刻的变化（盛斌和陈帅，2013）。全球价值链下，工序片段化（sliced up）和任务分割（fragmentation）已成为新型国际生产体系的显著特征。与货物跨境交易的传统贸易模式相比，全球价值链包含和涉及更多的生产要素的跨境流动，从而形成贸易、投资与服务的“关联体”（trade-investment-services nexus[2]）。

（一）全球价值链的表现形式

1. 生产的国际分割

全球价值链的典型特征之一就是同一产品的不同生产阶段分布在不同的地点，形成生产的国际分割。生产的国际分割，使原来集中在一个地方完成的生产过程被分解为若干个环节或任务，并安排在成本最低的地方生

---

① BALDWIN R，LOPEZ－GONZELAZ J. Supply－Chain Trade：A Portrait of Global Patterns and Several Testable Hypotheses. NBER Working Paper，No. 18957，2013.

② BALDWIN R. 21st Century Regionalism：Filling the Gap between 21st Century Trade and 20 Century Trade Rules. WTO Staff Working Paper，ERSD－2011－08，2011.

产，从而使得国际分工层次从产品层面细化到生产环节和任务层面。国际生产分割的前提是生产的可分性，而行业的技术特征又决定了生产可分性的强弱。往往越是技术密集型的产业，生产模块化程度越高，生产可分性越强，全球价值链分工程度越高。机械和电子行业作为典型的高技术行业，是全球价值链分工的典型代表（UNCTAD，2013）。

波音公司是世界最大的航空航天制造企业，目前产品包括 737 窄体客机和 747、767、777 和 787 宽体客机。波音公司主要业务在美国完成，但合作伙伴和供应商遍布许多国家和地区。飞机制造业包括机身制造、发动机制造、航空电子设备制造、零部件制造及飞行管理、控制等系统研制（刘戒骄，2011）。从地理分布看，大型民用飞机及其零部件制造商高度集中在美国、德国、法国、英国、意大利、西班牙、加拿大、日本、中国、韩国以及俄罗斯等少数几个国家。

20 世纪 60 年代制造的波音 727 飞机设计、开发、制造均依靠波音公司自主投资，独立完成，进口零部件只占整机价值的 2%。20 世纪 70 年代，飞机出口制造企业开始将一些零部件生产转移到国外，进口零部件比重逐步提升。而波音 787“梦想飞机”（dreamliner）的零部件和子系统依靠全球采购，主要部件供应企业包括澳大利亚、加拿大、英国、意大利、法国、日本、韩国等。按价值计算，波音 787 飞机 90% 的设计和子系统依靠外购，进口比重提高到 70%（张磊，2015）。

2. 中间品和中间服务的快速发展

分工决定贸易，国际分工模式的变革也在深刻影响着国际贸易。产品内分工作为全球价值链分工的主要形式，给国际贸易带来了新的特点。其中，分工层面从产品向生产环节或任务的深化，意味着国与国之间不再是传统的产品交换关系，而是形成了在生产链条上的生产共担（production sharing）关系，这引起零部件和中间品贸易的快速发展以及该类产品贸易在国际贸易中的比重迅速提升。按照广义经济行为（broad economic activity，BEC）标准分类，可将全球贸易分为中间品、资本品和最终产品。全球价值链的不断深化和发展，极大地刺激了中间品贸易的发展。中间品贸易在全球贸易总的比重从 1992 年的 58.5% 提高到 2012 年的 66.3%（见图 1-2）。换言之，全球贸易的将近 2/3 是中间品贸易。

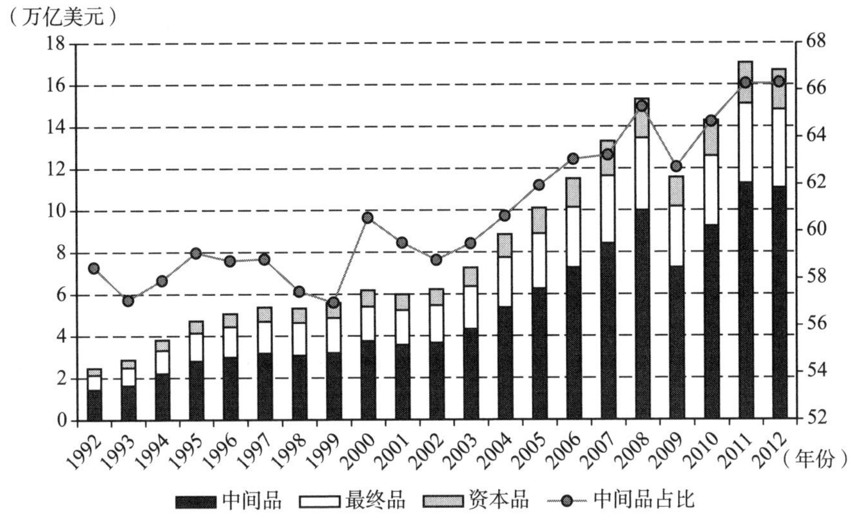

图 1－2　1992～2012 年按 BEC 分类的全球贸易结构

资料来源：笔者根据 AfDB/OECD/UNDP. African Economic Outlook 2014：Global Value Chains and Africa's Industrialisation. Paris：OECD Publishing，2014，表 6－4 计算。

（二）全球价值链的特征

1. 跨国公司主导

跨国公司通过 FDI 等方式成为当前国际分工与贸易网络的主要推动者。跨国公司出于利润最大化的考虑，通过直接投资等方式实现全球化的战略安排，把产品不同生产环节分别安排在不同国家，以实现资源的优化配置。目前，跨国公司开始日益倾向于将越来越多的生产功能（function）（比如产品研发、管理服务及营销和品牌管理等）通过股权（FDI）或外包（outsourcing）等非股权方式（non-equity mode，NEM）分包给分布在世界各地的公司。这些公司既可以与跨国公司存在从属关系，也可以是独立于跨国公司的其他公司，由此产生关联方（related party）贸易或对等（arm's length）贸易。在此过程中，生产率的差异决定了跨国公司是通过对等贸易形式还是 FDI 形式实现生产过程的外包。

作为经济全球化的载体，跨国公司正在将生产分工深入到生产链条的各个节点，为国际分工的深化发展提供微观基础。跨国公司也已通过外包和离岸生产，实现了国际架构的合理化。格里芬等（Gereffi et al.，2005）将这种发展，视为国际投资和全球价值链的关系所发生的最重要的变化之一，进而导致跨国公司的垂直分工，这种分工正在重新定义它们的核心竞争力，使它们更加专注创新、产品战略、市场营销等制造业和服务业中增加值最高的部分，同时减少它们对“非核心”功能部分的直接所有权和控制权。根据2013年《世界投资报告》，全球价值链通常由跨国公司协调。跨国公司通过与附属公司、合同伙伴和其他独立供应商构建的贸易网络编织着全球生产链条。2010年，由跨国公司参与的全球价值链下的跨境贸易约占全球贸易量的80%（见图1-3）。

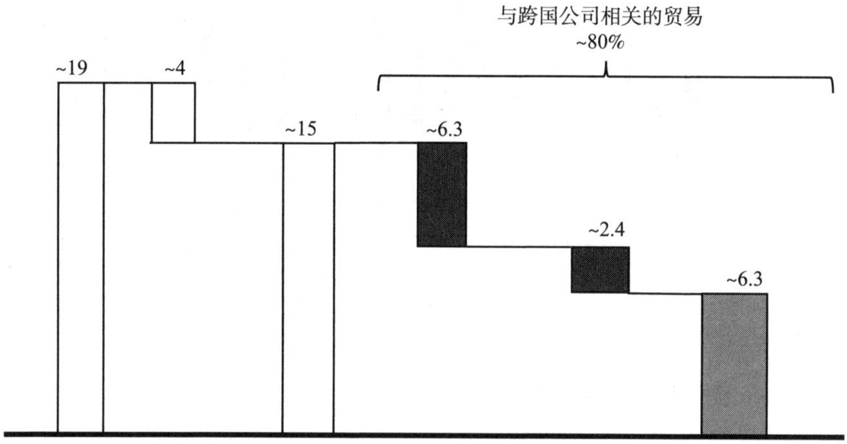

图1-3 按照跨国公司参与程度划分的国际贸易（2010）

注：图中数值为估计值。

资料来源：UNCTAD. World Investment Report：Global Value Chains：Investment and Trade for Development. 2013，图4-14。

2. 服务的作用日益凸显

信息和通信技术的不断发展，使得国外采购服务变得更加便利，许多服务活动也构成了全球价值链的一部分。因此，与传统的产品贸易相比，全球价值链更加需要服务（比如通信、物流、仓储、业务流程外包、呼叫中心等）在各生产环节之间实现联结，确保整个链条的顺利运转。快速发展的信息和通信技术也增加了许多服务活动的可交易性，并创造了新的流通服务。

大多数发达经济体中，服务约占国内生产总值的2/3，但是总值贸易统计数据显示，服务在全球贸易总量中的比重还不到1/4。这在一定程度上反映了一个事实，由于与中间品和零部件相比，中间服务的可贸易性较差，很大份额的服务一般都不可实现跨境，而是更多地被包含在产品中，以商品贸易为载体实现跨境。尽管服务业占全球出口总额的份额只有约20%，但是几乎一半（46%）的出口附加值来源于服务部门的活动，因为大多数制造业出口的生产活动需要服务业（UNCTAD，2013）。商品生产过程中服务部门所创造的增加值比例表明，在大多数OECD成员中，服务占出口总额的50%以上，而这一比例在英国则将近60%（见图1－4）。加拿大自然资源出口比重较大，而自然资源出口中需要投入的服务往往较少，因此加拿大出口中的服务含量为七国集团中最低，但也达到了接近40%的水平。通常情况下，新兴经济体和其他的自然资源出口大国，如澳大利亚、智利和挪威，服务所占比例都很低。但是从图1－4可以看到，印度一半以上的总出口值都源于服务业（OECD，2013）。

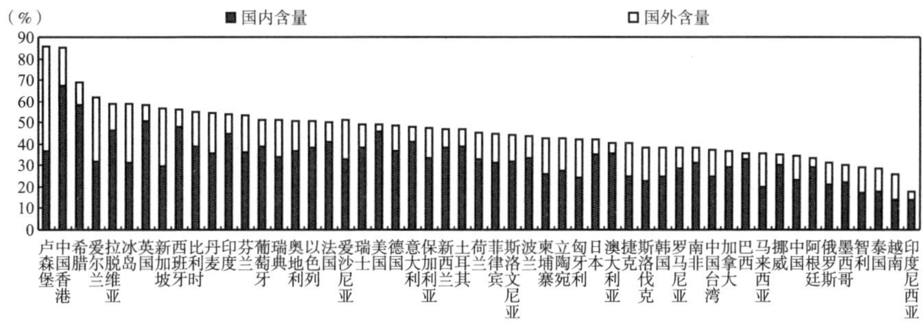

图1－4 服务增加值占总出口的比重（2009）

资料来源：OECD. Interconnected Economies：Benefiting from Global Value Chains. OECD Publishing，2013.（2017－5－16）http：//www.oecd.org/sti/ind/interconnected-economies－GVCs-synthesis.pdf.

3. 贸易和FDI更多的呈现互补关系

如上文所言，全球价值链的本质是贸易—投资—服务的结合体（trade－FDI－service nexus），跨国公司通过FDI的方式将生产链条上的不同环节安排在不同的国家，由此带来中间品贸易的快速增长。因此，全球价值链下贸易和投资体现出更强的互补性。1990年，全球外国直接投资存量占全球国内生产总值的比例还不到10%，而全球贸易则占国内生产总值的15%左右。到2017年，以上两个比率已分别上升至71%和39%（见图1－5）。

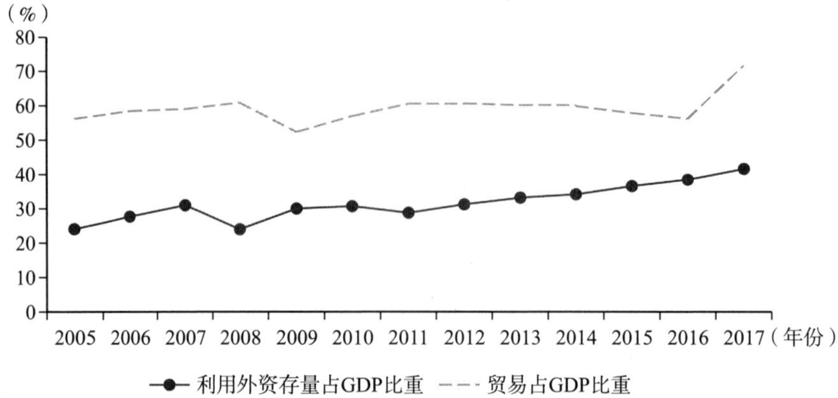

图 1-5　外国直接投资和国际贸易：经济全球化的双驱动

资料来源：World Bank WDI 数据库。

FDI 可以分成水平型投资和垂直型投资。水平 FDI 是指一个跨国企业在不同的市场设立具有类似业务功能的附属公司，形成与母公司平行的业务模式。垂直型 FDI 主要受国家间要素丰裕度差异的驱动，跨国公司通过在海外建立分支机构以实现不同要素密集度生产环节的成本最小化。垂直型 FDI 还是公司内贸易以及外国子公司之间贸易的主要来源。水平 FDI 往往专注于全球价值链上有限范围的功能（并往往横跨多个的全球价值链），而垂直 FDI 倾向于涵盖部分全球价值链，在某些情况下甚至是覆盖整个全球价值链。水平和垂直国际投资都可以通过不同的方式，对全球价值链的发展做出贡献。水平 FDI 通过公平的上下游商业关系与全球价值链之间形成广泛联系，也有助于实现公司运营过程中无形资产的内部化，并增加公司所参与的全球价值链的价值。垂直 FDI 则可通过公司内部的贸易联系，直接创建全球价值链（或成为全球价值链中的一部分）。

第二节　全球价值链分工如何影响传统贸易统计的有效性

全球价值链分工体系的逐渐形成，极大地影响到全球贸易体系，形成了贸易链条；外国直接投资（FDI）的发展，改变了原有的贸易路径，产生了新的贸易方式。在此背景下，传统的贸易统计在许多方面显示出不适应性，以致用传统贸易统计数据分析现实问题的有效性受到影响。

一、当代国际贸易统计核算制度概述

国际贸易统计核算制度的发展过程大体可划分为三个阶段：20 世纪 50 年代中期之前为第 1 阶段，即前传统贸易统计核算阶段；20 世纪 50 年代后期至 90 年代初为第 2 阶段，即传统贸易统计核算阶段；20 世纪 90 年代初以后进入第 3 阶段，可称为后传统贸易统计核算阶段（贾怀勤，2010）①，也可称为传统贸易统计核算改革阶段（张磊，2015）。传统贸易统计核算阶段的背景是“二战”以后世界经贸格局的确立，载体是基于属地贸易统计的核算制度。“二战”以后国民核算体系（system of national account，SNA）作为统计核算基石得以确立，其交易者属地原则奠定了国际收支核算的国别基础，国际贸易统计的原产国—消费国标准也与之保持一致。

进入 20 世纪 60 年代，发达国家产业格局中服务业占比逐渐提升，并且开始注重服务的输出。到 20 世纪 70 年代初，开始提出服务贸易。国际贸易统计核算制度紧跟国际贸易业务的变化。1993 年，联合国关于国际贸易统计制度的文件第一次在“贸易”前面加上“货物”修饰词，意在说明该文件仅用于指导货物贸易统计。同年，国际货币基金组织在其国际收支核算的指导文件中，首次将“服务”单独列出，与“货物”并列在“贸易”分部下。此后国际贸易统计将货物和服务视为平行的统计核算对象。1995 年 1 月《服务贸易总协定》（general agreement on trade in services，GATS）生效，意味着服务贸易最终确立了在国际贸易架构中的地位。国际组织开始按照 GATS 框架下的 4 种服务提供模式设计服务贸易统计制度。图 1－6 展示了目前国际贸易统计核算和涵盖范围，第Ⅰ象限是传统的跨境货物贸易；第Ⅱ象限是跨境的服务贸易。第Ⅲ象限是外国附属机构当地销售服务。第Ⅳ象限是外国附属机构当地销售货物。

---

① 贾怀勤. 属权贸易统计核算的几个基本问题［J］. 国际贸易问题. 2010（6）：30－36.

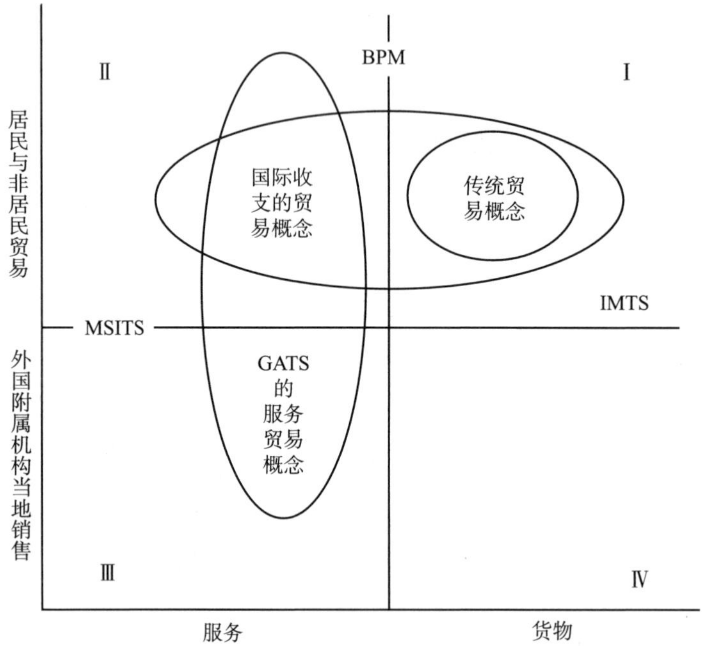

图1－6　贸易核算体系的范畴及相关统计规则

资料来源：贾怀勤．属权贸易统计核算的几个基本问题［J］．国际贸易问题．2010（6）：30－36.

二、全球价值链如何影响传统贸易统计有效性

全球价值链分工体系下，最终产品的生产依赖于相互承接的生产以及贸易环节，在这个过程中价值链上的各个国家创造产品和服务，将其以投入品的形式出口到另一个国家，经过进一步的加工后再出口，直到最终产品达到目的市场被消费。在这种分工体系下，传统贸易统计体系会因为将产品的所有价值增值都统计在出口国上从而导致统计偏差，进而对贸易政策存在潜在影响。因此，当产品是由“世界生产”而不是由一个国家生产时，传统贸易体系已不能反映一国贸易的真实情况，即“所见非所得”（Maurer and Degain，2010）。

（一）全球价值链下总值贸易统计的重复计算问题

在全球层面，2010 年全球商品和服务出口中的外国增加值达到 5 万亿美元，占当年全球商品和服务出口总额的 28%（见图 1－7）。其余的 14 万亿美元是对全球 GDP 由真实贡献的贸易增加值（占全球 GDP 的 1/5）。

从国家层面看，出口中的外国增加值反映了一国出口对进口中间品的依赖程度，也体现了一国专业化于全球价值链中特定任务和活动的程度。从行业层面看，外国增加值的平均占比表示行业价值链的细分程度，也即造成重复计算（double counting）的程度。这对决策者在制定产业发展政策、贸易额投资促进政策时非常重要。

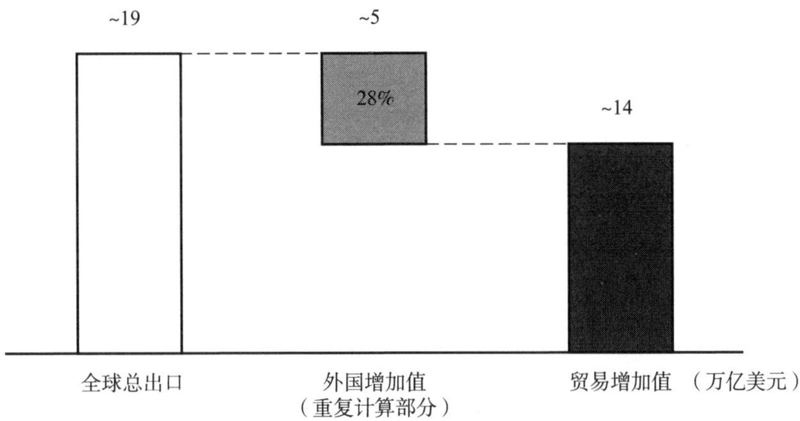

图1－7　2010年全球贸易中的增加值

资料来源：UNCTAD. Development and Globalization：Facts and Figures. 2003；UNCTAD. World Investment Report：Global Value Chains：Investment and Trade for Development. 2013，图4－2。

表1－1中以马来西亚、泰国和美国之间的汽车贸易为例，阐释了传统贸易统计重复计算问题产生的机制，并比较了传统贸易统计与增加值贸易统计的差别。表中的箭头表示出口方向，因此可以看到以下贸易和生产模式：马来西亚和美国分别向泰国出口价值10单位和15单位的汽车零部件，泰国利用上述进口中间品再结合本国生产的价值35单位的投入品以及价值40单位的劳动资本投入生产出总值100单位的整车，出口给美国满足其最终需求。按照传统贸易统计，总贸易额为125（10＋15＋100）单位，泰国对美国的贸易顺差为85（100－15）单位。如果以价值增值为统计口径，总贸易额将调整为100（10＋15＋30＋45）单位，泰国对美国出口中的增加值为75（30＋45）单位，美国对泰国出口中的增加值为15单位，由此泰国对美国的增加值贸易顺差为60单位。另外表1－1中还对上述例子中的垂直专业化（vertical specialization）进行了测度，也即考察一国出口中包含的进口成分。显然，马来西亚对泰国的出口完全由马来西亚生产，因此该贸易流向中垂直专业化贸易为0；而泰国对美国的出口中

由于包含了从马来西亚和美国分别进口的 10 和 15 单位的中间品，因此该贸易方向中垂直专业化贸易规模为 25 单位。

表 1－1　　全球价值链分工背景下的贸易统计：一个例子

生产链	完成的增加值	垂直专业化	出口	
			传统贸易统计	增加值贸易统计
马来西亚 生产中间品和零部件： 车门	10			
		0	10	10
泰国 外来投入品 + 外来投入品 + 资本和劳动 + 本国中间品 = 最终产品	40 35			
		25	75	100
美国 最终消费 生产中间品和零部件： 仪表	15			

资料来源：根据 WTO，IDE－JETRO. Trade Patterns and Global Value Chains in East Asia：From Trade in Goods to Trade in Tasks. 2011. 整理绘制。

对比两种贸易统计，可以看到两种差异：其一，传统贸易统计对三国贸易总额的测度大于增加值贸易统计，造成这种现象的原因在于来自马来西亚和美国的汽车零部件由于穿越了两次国境被传统贸易统计计算了两次，因此传统贸易统计存在重复计算问题；其二，传统贸易统计高估了泰国和美国之间的贸易顺差，因为泰国对美国的整车出口包含了来自马来西亚和美国的中间品，存在贸易差额转嫁的问题。可以预期，一个产品生产涉及的生产环节越多，传统贸易统计的重复计算现象就越严重；一国所处的生产环节越处在下游，传统贸易统计对其出口规模的高估程度就会越高（王岚，2013a）。

（二）全球价值链对属地贸易统计的影响

在全球价值链分工体系下国家不再只出口最终产品，还将专业化于最终产品生产流程中的特定阶段或环节。在此过程中，投资和贸易便利化使得生产要素跨境流动性增强，跨国公司出于自身利润最大化的考虑，通过对外直接投资的形式在其他国家投资设厂，在全球编织着其所在产业的生产网络。进入20世纪90年代，经济全球化以生产网络化和价值链全球分布为新特征，国际资本流动规模不断扩大，各国经济国界日趋模糊。以往的以“国境”为统计范围，以“居民”为统计对象的核算方法，已经无法反映国际贸易的真实格局，也无法反映资本等生产要素在全球范围内获得的真实利得，最终导致传统贸易差额与真实贸易利益之间的背离（王岚，2013b）。以微软公司为例，其向全世界销售了近千亿美元软件产品，但它不是按照传统的货物出口方式，而是在销售地生产，将销售收入汇回国内。这些销售收入按贸易的属地原则（原产国）不计入美国出口，但其贸易利得实为美国人所有（张磊，2015）。

从统计范围来看，当前世界通行的贸易差额核算是按照国际货币基金组织1993年制订的《国际收支手册（第5版）》（balance of payment manual，BPM5）的体系进行编报的。其中能否列入国际收支核算范围的标准就看一项交易的双方是否涉及两国居民。根据BPM5的标准，对“居民”的判定依据是“属地”原则，也即常住一国的自然人算作该国的“居民”而不论其国籍如何；而常驻一国境内经营业务的机构也称作该国的“居民”而不论其所有权的归属。在这一统计规则下，中国对外贸易中包含了常驻中国但却归属于外国企业的附属机构，也即外商投资企业进行的国际贸易。因此，随着FDI的迅猛发展，现行贸易统计体系对中国等利用FDI大国而言，已经无法真实反映该国的贸易规模。

三、全球价值链分工下国际贸易统计体系的改革

（一）增加值贸易统计

1. 增加值贸易统计的提出

随着生产的国际化，以商品总值为统计口径（后文称为总值贸易[①]）的传统贸易统计体系在分析贸易对经济增长和收入重要性以及国际分工分局时存在的偏差日益受到关注。总值贸易在全球价值链下导致“所见非所得”的原因在于，该统计体系以跨境商品的价值总值为统计口径，但是在全球价值链分工体系下产品不再是由一个国家生产的，产品出口国在生产过程中会利用从别国进口的中间品，而伴随着生产链条上的中间品在不同国家之间的流转会被多次统计，从而产生“重复计算”问题。在这种情况下，总值贸易规模实际上夸大了出口中的真实国内成分，也就高估了出口对 GDP 的贡献。同时，总值贸易的重复计算问题还导致了双边贸易平衡的扭曲。根据 2011 年 WTO 和 JETRO 的统计数据来看，按照增加值贸易统计，2008 年中美双边贸易不平衡程度将削减 21%。如果进一步考虑加工贸易，中美贸易差额将进一步削减至总值贸易差额的 58%。这意味中国对美出口顺差中将近一半不应算在中国的头上。

面对总值贸易已经无法客观真实反映国际分工格局的国际贸易的局面，国际组织和各国决策者注意到建立新的贸易统计体系的必要性，以更好地刻画以“世界制造”（made in world）[②] 为特征的国际分工体系。2008 年以来，OECD 和 WTO 一直致力于为国际社会提供有关全球价值链分工的补充数据。2011 年，OECD 和 WTO 认为这一领域已经成熟，可以从单纯的学术研究应用到官方统计和对外政策的制定中去，增加值贸易（trade in value-added，TiVA）由此提出（王岚，2013a）。增加值贸易与总值贸易的最大差别在于，它以“增加值”（value-added）为统计口径，通过将一国出口中的外国增加值剔除出去，在克服总值贸易重复计算问题的同时，还能够还原出口对一国 GDP 的实际贡献，更加符合全球价值链分工

① 为了与增加值贸易区分，本文将以商品总值为统计口径的贸易统计称为总值贸易（trade in gross terms）。

② “世界制造倡议”（made in the world initiative，MiWi）由 WTO 于 2011 年发起，旨在推动与增加值贸易相关的测度和应用。

的特征，减少贸易统计对贸易模式和贸易政策的扭曲。

2. 增加值贸易统计的数据

由于要以“增加值”为统计口径，也就意味着传统的海关统计数据已经不能满足增加值贸易的需要，能够反映不同经济体不同部门之间产业关联的国际投入产出表（international input-output tables）就成为实现增加值核算的前提和基础。在国际投入产出方面研究较早的是日本发展经济学研究所（institute of development economies，IDE）以及 OECD，分别由这两个机构构建的亚洲国际投入产出表（asian international input-output，AIO）以及 OECD 整合投入产出数据库（harmonized input-output database）是最早的国家间投入产出表（inter-country input-output，ICIO）。后来由普渡大学建立的全球贸易分析项目（global trade analysis project，GTAP）数据库也将国家间投入产出数据包含进来。目前这三大国际投入产出数据库已成为从投入产出角度分析贸易问题广泛使用的数据来源。近年来随着对增加值贸易关注度的逐渐提高，在国际各方的努力下，又有新的国际投入产出数据库出现，其中世界投入产出数据库（World Input - Output Database，WIOD）和 UNCTAD - Eora GVC 数据库是两个典型代表。表 1 - 2 对目前主要国际投入产出数据库进行了比较。

WIOD 于 2012 年 5 月正式向公众发布。该数据库通过整合各国的供给使用表（supply-use table，SUTs），并结合双边贸易数据，形成时间序列的全球范围的国家间投入产出数据。该数据库由 5 个子数据库构成，其中和增加值贸易统计联系最为紧密的是世界投入产出表（world input-output tables，WIOTs）。2012 年版的 WIOTs 涵盖 41 个经济体和 35 个部门。与传统投入产出表不同的是，WIOTs 反映了连续时间序列形式的国家间投入产出关系，这是 WIOT 最大的优势和创新①。目前该数据库已经成为增加值贸易研究的主流数据库。

UNCTAD - Eora GVC 数据库是目前最年轻的围绕增加值贸易的国际投入产出数据库。该数据库使用投入产出表（input-output tables，IOs）估算出口产品中的进口成分和增加值贸易。增加值贸易数据来自 Eora 的全球多区域投入产出表（multi-regional input-output tables，MRIO）。Eora 的 MRIO 数据库的数据来源主要有：各国国家统计部门的投入产出表和主要

① 关于 WIOD 的详细阐释，请见 http：//www. wiod. org/publications/source _ docs/WIOD _ sources. pdf.

表 1-2 主流国际投入产出数据库的比较

项目	机构	数据来源	国家	行业	年份	相关介绍
UNCTAD - Eora GVC 数据库	UNCTAD/Eora	各国的国家 SUTs、IOs 以及来自欧盟统计局、IDE—JETRO、OECD 的国际投入产出表	187	20~500（取决于国家）	1990~2010	UNCTAD（2013）
国家间投入产出模型（ICIO）	OECD/WTO	国家 IOs	40	18	2005，2008，2009	OECD and WTO（2012）
亚洲国际投入产出表（AIO）	IDE-JETRO	国民账户和公司调研	10	76	1975，1980，1985，1990，1995，2000，2005	Meng et al.（2013）
全球贸易分析项目（GTAP）	普渡大学	源自各研究机构和学者	129	57	2004，2007	Aguiar and Walmsley（2012）
世界投入产出数据库（WIOD）	欧盟资助的 11 国财团机构	国家 SUTs	40	35	1995~2011	Dietzenbacher et al.（2013）

资料来源：UNCTAD. World Investment Report：Global Value Chains：Investment and Trade for Development. 2013，专栏 4-1。

总量数据，欧盟统计局 2011 年、IDE - JETRO 2006 年以及 2009 年 OECD 投入产出表的汇编，联合国国民经济核算主要汇总数据库，联合国国民经济核算官方数据，联合国产品贸易统计国际贸易数据库；联合国服务贸易的国际贸易数据库等。Eora 将这些原始数据与 MRIO 相结合，在一些地区使用内插法和估值法提供 1990 ~2010 年的连续数据集①。

（二）基于所有权的贸易统计框架

目前，世界各国对外贸易核算的基本方法是跨境贸易（Cross-border Trade）统计法，即货物离开一国国境或关境统计为该国出口，货物进入一国国境或关境统计为该国进口，它反映一国居民与非居民之间的贸易规模，也即图 1 -6 中的第 I 象限。然而，在跨国公司对外投资及其外国附属机构规模越来越大的情况下，该方法就存在一定的缺陷。从属地原则来看，跨国公司的海外子公司属于东道国的居民，其贸易应该计入东道国，其进出口规模越大，东道国的对外贸易额就越高。但从属权原则看，从跨国公司外国附属机构的贸易应该记在跨国公司母国，而不是附属机构所在的东道国。此外，通过公司内贸易受益的主要是跨国公司母国，而不是东道国。同理，跨国公司的海外子公司在东道国的销售越大，其母国也受益越大，跨国公司的海外子公司在东道国的采购越大，东道国也就受益越大。因此，以资产所有权是否发生变化作为判断贸易发生的标准，在全球价值链“你中有我，我中有你”的复杂格局中，更加有利于客观真实反映贸易利益的分配格局。

20 世纪 90 年代，美国提出了基于所有权的经常账户分解体系（an ownership-based disaggregation of the current account）。区别于传统贸易统计体系，该体系从跨国公司视角研究对外贸易，因此该体系将依据贸易是否发生在关联方（affiliated parties）之间来对跨境贸易进行划分，也即将贸易分为跨国公司内贸易和非关联方贸易②。该方法基于跨国公司海外经营的调查数据，能够表明贸易与投资收入之间的关联，而这是传统贸易统计无法做到的。

---

① 关于 Eora 数据库的更多详细信息，请参阅 UNCTAD - Eora GVC 数据库中的技术说明书，详见 http：//unctad. org/en/publicationslibrary/diae2013d1_en. pdf.

② 贾怀勤. 在地贸易统计还是属权贸易统计？[J]. 统计研究. 2006（2）：40 -44.

第三节　全球价值链如何改变国际贸易利益

进入 21 世纪，随着运输和交通成本的下降（Grossman and Rossi - Hansberg，2008；Baldwin，2006）以及信息通信技术（ICT）的快速发展，降低了远距离组织协调各种复杂活动的成本（De Backer K. and N. Yamano，2012），使得以国际生产分割为特征的 GVC 分工得以产生。跨国公司通过将一种产品的不同生产环节按照成本最小化原则进行全球布局，引致了大量中间品贸易和要素国际流动，使得价值增值与传统贸易利益相分离。

一、贸易规模无法反映贸易利益

随着供应链和价值链的快速国际化发展，总值贸易流量越来越不能代表价值增值的流动（Baldwin and Taglioni，2011），也就无法反映真实的贸易利益分配格局。图 1 - 8 进一步揭示了 GVC 分工背景下传统贸易统计“重复计算”（double counting）问题产生的根源。以价值 2 单位的原材料为例，它从开采国 A 出口到进口国 B 用于加工被统计了一次，然后经过 B 国加工后又出口到 C 国用于制造业生产被第二次统计，然后还会以最终品的形式出口到 D 国被第三次统计。于是，在 GVC 分工过程中这一投入以中间品贸易的形式被多次统计。正如库普曼等（Koopman et al.，2010）所说，官方统计的传统贸易数据同时包含了对中间品贸易和最终品贸易的统计，所以传统贸易数据会重复计算跨越国界的中间品价值。这一重复统计的过程就是出口中外国的价值增值①的累加过程。这导致全球价值链下本国创造的价值增值②规模小于本国出口规模，一国出口不完全由国内价值增值构成，也即出口需求引致的增加值不完全由出口国获得，这是全球价值链下不能用总值贸易规模衡量贸易利益的根本原因。

① 这一价值增值被称为外国价值增值（Foreign Value Added，FVA），它衡量的是一国总出口中由其他国家生产的投入部分，涉及的是上游关联。

② 这一价值增值被称为国内价值增值（Domestic Value Added，DVA），它是一国出口中由本国创造并计入本国 GDP 的增值部分，涉及的是下游关联。其与 FVA 相加即为总出口。

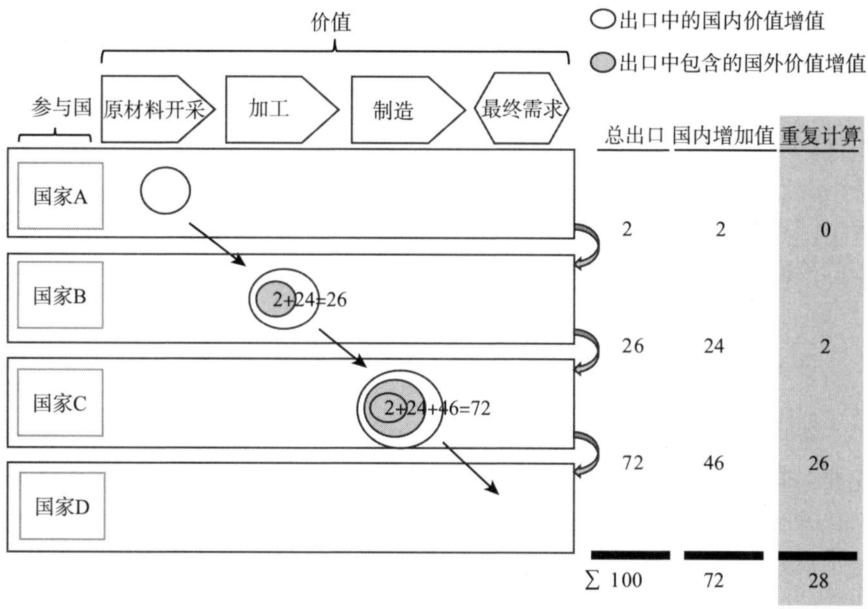

图 1-8　增加值贸易统计原理

资料来源：UNCTAD. Global Value Chains and Development：Investment and Value Added Trade in the Global Economy. 2013.

增加值贸易统计（trade in value-added，TiVA）体系通过将贸易统计口径从商品总值变为到增加值，能够有效剔除总值贸易统计中的重复统计部分并识别出 GVC 中价值增值创造的来源（UNCTAD，2013），可以有效分离一国出口中的国内增加值和国外增加值，从而真实地反映一国通过参与国际分工自身实现的价值增值，并获得与之匹配的要素报酬和实际收入等贸易利益。

二、国际分工地位与贸易利益之间的错配

全球价值链视角下，各国贡献的价值增值与总值贸易不再一致，因此各国获得的贸易利益也与贸易规模相分离，存在出口悖论。因此，传统贸易统计方法无法有效的反映一国实际创造的价值增值，也就无法正确地体现一国从中获取的贸易利益。

以中国为例，1995～2006 年间，中国在全球制成品出口中所占的比例由 4% 上升到 11%，而在电子设备类高技术产品出口中的比例从 4% 增长到 22%（Timmer et al.，2014）。2007 年，中国甚至成为高技术制造业产

品出口总额全世界第二大国家（黄先海、杨高举，2010）。然而这种出口爆炸式的增长却被认为是一种"统计幻象"（statistic illusion）①。因为发展中国家的进出口在跨国公司主导的 GVC 分工中形成了发达国家 A→发展中国家→发达国家 B 的"三角贸易模式"（Gaulier et al.，2007）。在此格局下，发展中国家的出口中包含了来自发达国家的大量价值增值，因此即使中国现在已经是世界第一大货物贸易出口国，也并不能说明中国本土原创的价值增值很高、获得的贸易利益很多。

三、全球价值链下贸易利益分配机制日趋复杂

全球价值链分工体系下贸易利益在国家间、企业间和要素间的分配交织在一起，使得分工利益的分配陷入"你中有我，我中有你"的混沌局面，唯有从要素层面，才能彻底厘清利益归属。GVC 分工模式较之传统的分工模式，存在两个流动，其一是要素在国家间的流动，其二是中间品在国家间的流动。在选择以何种方式参与 GVC 分工的过程中，芬斯特拉（Feenstra，2011）、安藤和木村（Ando and Kimura，2003）等学者认为企业或公司面临几种选择，如内部一体化（domestic Intra-firm fragmentation）、国内外包（domestic arm's length fragmentation）、成立跨国公司（cross-border intra-firm fragmentation）、离岸外包（foreign outsourcing or cross-border arm's length fragmentation）、离岸（offshoring）等（见图 1－9）。这些要素流和商品服务流会跨越国界，使得其归属变得更为复杂，这也就导致贸易利益在不同国家间的分配更为复杂。

要还原一国通过参与 GVC 分工获得利益不仅要剔除一国出口中包含的国外价值增值，还要在本国价值增值基础上进一步剔除掉本土外商投资企业的贡献，这意味着，GVC 背景下一国完成的价值增值不一定都由本国要素获得，要还原一国在 GVC 分工中贸易利益捕获（capture）还要界定要素的所有权归属。根据图 1－10 平均来看，发展中国家出口中本国创造的价值增值很高（比例达到 75%）。但这些价值增值并不会完全以利得的形式被本国企业吸收，跨国公司会通过利润转移（profit shifting）、再投资等方式汇回母国，形成跨国公司在东道国创造的价值增值和收益的漏出。

① Srholec. High－Tech Exports from Developing Countries：A Symptom of Technology Spurts or Statistical Illusion？. *Review of World Economics*，2007（2）：227－255.

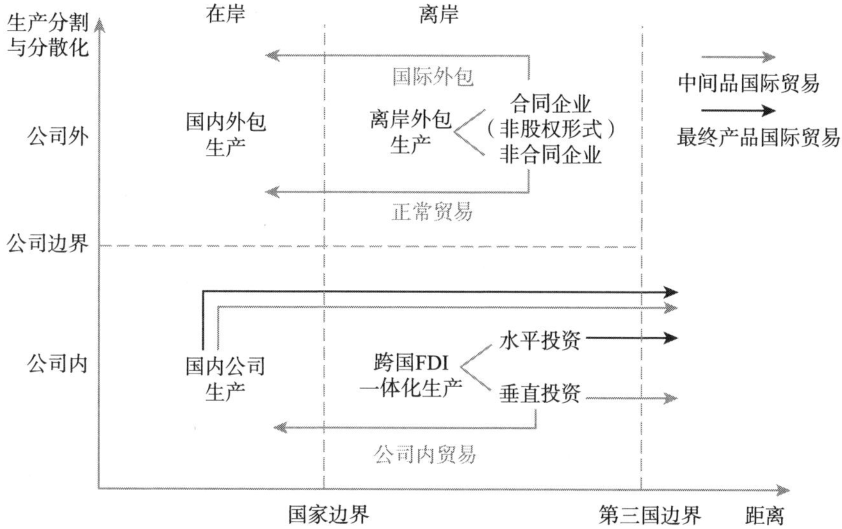

图 1－9　全球价值链分工体系下的企业特征

资料来源：笔者绘制。

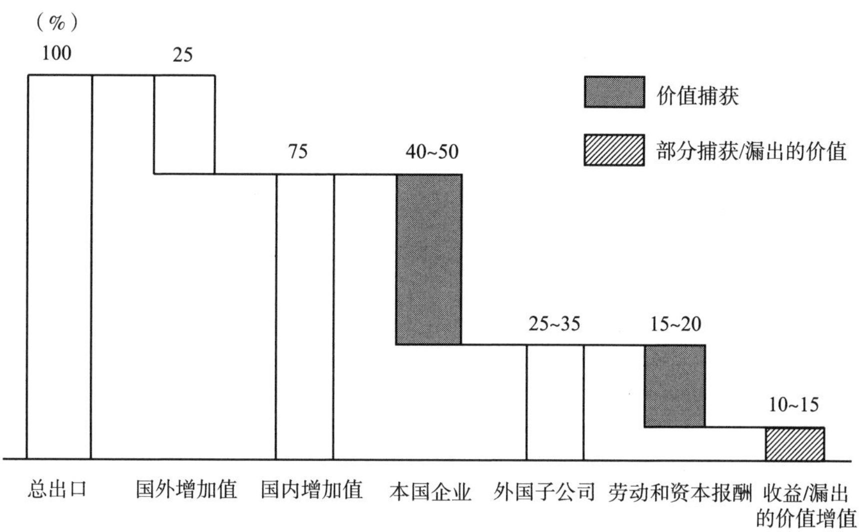

图 1－10　GVC 的价值捕获：发展中国家贸易增加值的平均构成（2010）

资料来源：UNCTAD. World Investment Report：Global Value Chains：Investment and Trade for Development. 2013，图 4－18。

因此，GVC 背景下的贸易利益分配需要区分东道国本土企业、东道国跨国公司的不同贡献。而上述所有问题，不论是传统贸易理论还是现代贸易理论，都是没有考虑也没有办法解释的。因为现行贸易理论的前提假设都是要素在国家之间不可流动。

四、全球价值链下贸易利益的内涵

对于全球价值链分工模式来说，一国获得的贸易利益与其贸易规模不再一一对应，而是随着价值链片段的分割出现了分离。因此，全球价值链视角下贸易利益具有以下特征：首先，贸易利益体现实际利得，表现为剔除价格因素后实际变量的变化，比如要素报酬、实际收入、价值增值等，因此这表明贸易利益必须从一国创造的价值增值角度去分析和测度；其次，由于不同价值链环节的要素密集度和创造的价值增值随生产环节而变化，因此贸易利益不再停留于总量宏观规模的描述，更重要的是需要从价值链的微观维度进行量化和分离；最后，贸易利益需要分离一些影响价值链构成的因素带来的变化，比如跨国公司全球分工布局、FDI 引致的中间品贸易对贸易利益的影响等。

鉴于以上分析，本书将全球价值链分工背景下的贸易利益界定为一国生产要素通过参与全球价值链分工获得的要素报酬，也即出口中国内价值增值剔除外国要素获得的部分。外资企业在东道国生产中获得劳动和资本报酬将部分的由东道国要素获得，而外国企业通过跨国生产获得的利润则应被视为东道国贸易利益的漏出（李宏艳和王岚，2015）。

第四节　全球价值链如何改变国际贸易投资政策

随着价值链的全球化，国家之间的贸易政策更加相互依存、更加重要，各国单边贸易政策的效果也会通过全球价值链产生更广泛、更普遍的影响。长期以来，一个国家如何应对另一个国家的政策的结果已经成为贸易政策和贸易谈判的核心部分。全球价值链会以何种方式何种程度影响贸易政策才是要关注的重点。在传统的贸易中，所有的货物完全或大部分在一个国家生产，国际贸易可以看作是国内产品和国外产品之间的竞争。这一观点已不再适用于当今世界的离岸和生产分割流程（OECD，2013）。随着竞争的日益激烈，在任务层面而非行业层面的贸易保护主义政策比人们通常理解的更加有害，甚至得到与贸易政策目标相左的效果（Baldwin，2006；Grossman and Rossi - Hansberg，2008）。

各经济体在全球价值链上相互依存程度的不断提升，意味着“国家”控制竞争力的空间越来越少。当然，国家贸易政策始终要考虑在其他市场的政策效果。目标市场上的高关税会抑制出口需求。对进口原料或中间品征收收税，也会增加生产和出口的成本。由于全球价值链使这种相互依存的速度和规模不断加大，即使是相对较低的关税和其他边境成本也会对在中间品多次跨越国境的过程中产生显著的影响。这一点意味着，全球价值链下各经济体的单边贸易政策具有更强的“外部性”，传统理念下“与邻为壑”的贸易政策往往通过价值链的传导反作用到政策制定国身上。因此，全球价值链下更加需要经济体之间贸易政策的协调，这种协调可以是多边（multilateral）的，也可以是诸边（plurilateral）或区域（regional）的。达尔（Dhar，2013）详细探讨了 WTO 在全球价值链分工背景下需要作出的改革，主要集中在贸易便利化、平等的投资体系以及对非关税壁垒的有效规制三个领域。鲍德温（Baldwin，2011，2012b）则在全球价值链背景下探讨了区域主义（regionalism）与多边主义（multilateralism）的关系，尤其关注了深度区域经济一体化（regional trade agreements，RTAs）对 WTO 国际贸易监管核心地位（centrality）的影响。

跨国公司作为全球价值链的主导者，其国际经营行为（doing business abroad）是全球价值链分工的重要组成部分①。这一特征将通过两个途径影响贸易和投资政策：一方面，东道国的营商环境（business climate）对于特定经济体参与全球价值链分工的程度和模式将产生重要影响，营商环境对外资企业越友好，越容易吸引跨国公司以 FDI 的形式在东道国投资设厂，东道国就越有机会借助跨国公司的全球生产网络快速融入全球价值链，同时也越有利于东道国通过获得跨国公司的技术外溢实现工业化，因此发展中国家有意愿通过单边改革（unilateral reform）改善国内营商环境，这将导致全球价值链下的贸易政策包含越来越多的“边境后措施”（behind border measures）；另一方面，全球价值链分工的另一个重要组成成分是地理分散的各生产环节之间的链接，在此过程中服务发挥着“黏合剂”的作用以确保价值链条的顺利运转，这意味着全球价值链需要更加自

---

① Baldwin. 21st Century Regionalism：Filling the Gap between 21st Century Trade and 20 Century Trade Rules. WTO Staff Working Paper，ERSD. 2011：20.

由化和便利化的服务贸易以及投资的市场准入。

一、全球价值链对国际贸易投资政策的影响

（一）全球价值链导向的贸易政策强调中间品贸易自由化

在全球价值链中，货物作为最终品被出售之前会作为中间品经过多次跨国贸易。如果在它生产过程中，需要进行多次跨国贸易，可能就会出现关税的相对累加（Yi，2010）。货物跨越国界次数较多的话，贸易壁垒的成本就会被放大，这一效果被称为全球价值链的贸易成本放大效应（trade cost magnification effect）。每次货物运送到另一个国家进一步加工时，货物的中间投入就会包括关税和运输成本。当制成品到达最终消费者时，关税的累积效应可能会显著提高商品的价格，从而减少需求量，影响价值链中各个阶段的生产和投资。此外，关税的征收一般是根据进口货物的总值而不是其增加值，这进一步加强了放大效应。如果国外增加值在产品总值之中的份额较大，即使关税很少，对成本的影响也是相当大的。从价值链的角度来看，国家的壁垒政策不仅会使消费者，同时也会使生产商和出口商付出昂贵的代价。全球价值链分工体系下，各经济体的贸易具有典型的“进口为了出口”（import to export）的特征，因此，一个国家提高自身的进口贸易壁垒对这个国家在国际市场中的竞争能力的影响，可能会与出口目标市场提高关税所产生的影响一样大，甚至可能会更大。

（二）全球价值链导向的贸易政策要求高效的贸易便利化

贸易便利化措施在全球价值链中扮演着更重要的角色，它对价值链贸易的促进作用要远大于在传统贸易中的作用。原因在于，全球价值链分工涉及大量的中间品贸易。贸易环节的效率会由于中间品的多次跨越国境而被放大。因而，即使在不存在关税的情况下，低效的运输物流服务质量、边境管理以及进出口监管都会对国际化生产造成负面影响，因为这些贸易便利化的瓶颈实质上增加了贸易的成本。不同类型的海关、港口程序或结算流程中产生的费用都会增加出口商的成本。出口国与目的国的物流和行政程序都能够减缓甚至阻碍全球供应链的运作（见表1－3）。

表 1-3　海关和港口程序的分类

	物流程序	行政程序
出口国	仓储	转运前检查
	码头操作	出口许可证及要求
	轮船装载	支付出口税
目的国	集装箱卸载	安全检查
	货物调度	缉毒检查
	集装箱存储	文件要求
海关	进口清关和放行	确定适用的关税
		海关实体检查
		费用的支付

资料来源：Ferrantino. Using Supply Chain Analysis to Examine the Costs of Non - Tariff Measures (NTMs) and the Benefits of Trade Faciliation. Office of Economics Working Paper No. 2012 - 1A.

物流业务能否顺利，不仅取决于港口基础设施的效率，也受目的地国家规管架构的影响。直接托运要求（阻止货物经第三国运输）、要求通过指定海关港口以及空运、海运或陆路运输的限制性规定都增加了出口商的运输成本。过了边境之后，道路基础设施的质量以及货运服务的竞争力也成为影响因素。与关税类似，运输和海关程序所产生的成本，会随着商品多次跨越国界，在全球价值链中放大。这些障碍的累积效应不仅增加了货币方面的成本，也有可能会导致延迟交付。在边境处办理清关手续并履行各种程序所需要的时间也迫使企业不得不保有大量库存，并承担由于延迟销售产生的机会成本。此外，出口商也可能会承担因技术迅速过时（如消费类电子产品）或物质损失（如新鲜的农产品）而产生的固定商品折旧成本。据估计，因这些损失而产生的成本已相当于对延误进口的产品每天征收其价值 0.6% ~2.1% 的关税。零部件贸易对时间最为敏感：中间品进口商延迟一天产生的费用比最终产品进口商的费用要高出 60%（Hummels and Schaur，2012）。

贸易便利化措施对于促进中小企业（small and medium sized enterprises，SMEs）加入全球价值链尤为重要。难以获得各国有关海关手续、检验要求和行政程序方面的信息，是中小企业进入新市场的一个具体障碍。遵守文件要求的测试和检验程序，会产生高昂的固定成本，进而对那些进出口量都较少的中小企业造成不成比例的负担。提高相关在线信息的可及性，以及引进单一窗口和简化少量货物的通关程序都可以降低参与全球价值链的固定成本。提高边境口岸的效率，是推动中小企业参与全球价值链的一个优先举措（OECD，2013）。

（三）全球价值链导向的贸易政策要求促进服务贸易自由化

服务贸易在全球价值链中主要起到总部功能、协调生产和联系纽带的作用（盛斌和陈帅，2015）。价值链中所涉及的服务的质量会影响价值链的成本。服务可以与多种生产活动互为补充：最突出的是运输和仓储服务，同时银行和保险、商务服务、专业服务和通信服务也贯穿了生产的各个阶段。2011 年服务作为中间投入，直接和间接创造的价值占到制成品价值总增加值的 30% 以上①（见图 1－11）。

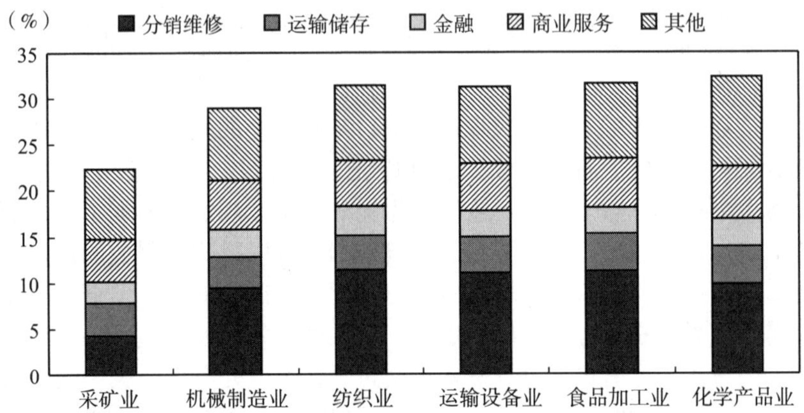

图 1－11　2011 年制造业出口增加值中的服务业份额

资料来源：OECD/WTO 贸易增加值数据库（OECD/WTO TiVA Database）。

在全球价值链中，服务作为货物贸易的“推动者”，发挥了至关重要的作用，协调统筹各个生产阶段，促进中间品和零部件有效地跨越国界（OECD，2013）。全球生产网络的发展如果能够与服务贸易自由化齐头并进，那么全球价值链中的贸易收益就会被放大。随着开放程度的提高，更加高效的基础设施服务将有助于提高进口及出口的可靠性，从而促进国家参与全球价值链。同样，商务服务的日益开放、贸易和外国直

① 这些数字只体现了服务为制造产出的贡献的一部分，因为这只计算了可贸易的服务；其他服务如研发服务通常并没有得以体现。

接投资的发展，都能够增加出口竞争力。在这方面的收益主要集中在机械、汽车、化工和电气设备等技术密集型行业（Fancois and Woerz, 2008）。同时，更加开放、更有竞争力的电信部门能够提高互联网普及率，鼓励投资更好的信息技术基础设施，进而提高制造企业的生产力和竞争力。与此同时，这也有利于计算机服务、金融或旅游业服务等一些部门服务价值链的发展。因此，全球价值链依赖于服务市场，促进服务贸易的自由化能够显著增强制造业价值链的竞争力，促使其更好地融入到全球生产网络中。

（四）全球价值链导向的投资政策要求实现投资自由化与便利化

在全球价值链体系下，贸易与投资具有很强的交融性，FDI 能够显著促进一国参与全球价值链，更有利于促进技术和知识的转移和外溢。通过投资自由化和便利化降低投资壁垒，是国家通过国际投资更好地融入全球价值链最直接的方式之一。双边和区域协定也可以用于促进主要合作伙伴之间的贸易和投资流动。然而，当前的国际投资政策架构比较复杂，其中包括数以千计的双边和区域投资协定，这些都可能会产生不确定性，从而限制全球价值链中国际投资的发展。多边合作对于保持开放和可预测的国际投资环境而言必不可少。因此，促进投资自由化和便利化，完善投资环境，对提升全球价值链出口能力具有非常重要的作用。

（五）全球价值链导向的贸易投资政策要求促进标准与规制融合

在过去的几十年里，随着配额取消、关税下调，纷繁复杂的标准和评估程序是企业进入全球价值链面临的最主要壁垒之一。企业进入新市场的主要挑战之一是符合产品或工艺的强制性标准，特别是对发达国家出口时，这一点体现得尤为明显。在全球价值链分工背景下，由于需要同时向不同国家提供产品，越来越多的产品标准和认证体系的建立，给上游企业带来了额外的生产和协调成本。因为它要求价值链的各个阶段相互协调。努力解决复杂的标准（尤其是标准多样性带来的复杂）。这将显著抑制企业，尤其是中小企业参与全球价值链的能力。

全球价值链中贸易和投资在国家间的流转可以放大监管一致（regulation coherence）的益处。促进各国标准和认证要求的趋同，确立统一的标准和认证要求，与其他国家签订相互认可的协议，改革本国的规范和标准以符合最佳国际惯例，支持私人部门遵守相关社会责任标准，可以减少企业提供产品或服务在进入不同国家时由于满足不同标准的繁琐程序而带来的相应成本，有助于减少遵从法规的负担以及减少测试和认证程序中不必要的重复。

二、国际贸易投资新规则的主要内容

基于 GVC 的国际贸易与投资新规则主要通过所谓“第二代”贸易政策与 FDI 政策议题体现出来。新一轮国际贸易投资规则的范围呈现“宽领域”的特点。所谓“宽领域”，是指规则涉及议题更广泛，调整的内容更丰富，既包括对现有规则的完善与改革，也包括对新规则的谈判和建立。霍恩、马瑞迪斯和萨皮尔（Horn，Mavroidis and Sapir，2009）将“第一代”和“第二代”贸易政策分别称为“WTO +（WTO plus）”和“WTO - X（WTO extra）”。表 1 -4 和表 1 -5 分别给出了两代贸易政策和投资政策涵盖的领域，可分为三大类。

第一类是传统的市场准入议题，包括货物关税、服务贸易壁垒、政府采购的歧视性政策，以及外国投资保护等。在新规则制定中，发达国家对传统的市场准入议题的谈判目标是在现有基础上的进一步开放，即实现高标准的市场准入，高水平的货物、服务和投资自由化。无论是多边还是区域谈判，所处理的市场准入问题并不涉及新规则的创设，而是设定新标准问题，即所确立的市场准入新标准将高于各成员在 WTO 现有协议中做出的承诺。

第二类是边境后措施议题，包括监管一致性、知识产权、贸易便利化、竞争政策、反腐败等。边境后措施是属于一国经济主权范畴内的事务，涉及一国的经济体制、规制与政策。作为 GVC 的重要推手，实现全球生产的跨国公司更加关注东道国的营商环境，因此试图通过推动发展中国家在国内监管、非关税壁垒和行政管理等边境后措施的单边改革为其跨国经营扫清障碍。

第三类是面向“21 世纪的议题”，如电子商务、环境保护、劳工标准、数据保护等。所谓“21 世纪的议题”在一定程度上反映了国际贸易投资自由化的新要求和新趋势，适应 GVC 分工的特征，在贸易规则重构中备受瞩目。但由于这些议题的高度敏感和复杂，发达国家与发展中国家之间存在较大分歧，在 WTO 多边框架下难以形成共识并达成一致。由此，美欧转而在双边或区域谈判中来推广其理念和规则，TTIP 等成为这些议题谈判的新平台。无疑，这些议题体现出很强的针对性和进攻性，一旦达成新规则，将有可能成为21世纪国际贸易和投资规则的蓝本，增加发展中国家所承担的义务和成本。

表1-4　第一代和第二代贸易和贸易政策

WTO +	WTO - X	
工业产品	反腐败	健康
农业产品	竞争政策	人权
海关	环保法规	非法移民
出口税	知识产权	毒品
卫生和植物检疫（SPS）	投资	工业合作
技术性贸易壁垒（TBT）	劳动市场管制	信息社会
国有贸易公司	资本流动	采矿业
反倾销	消费者保护	反洗钱
反补贴	数据保护	核安全
公共补助	农业	政治对话
政府采购	近似立法	公共行政
TRIMs	视听	区域合作
GATS	文化保护	技术与科研
TRIPs	创新政策	中小企业
	文化合作	社会事务
	经济政策对话	统计数据
	教育与培训	税收
	能源	恐怖主义
	财政支持	签证与政治庇护

资料来源：根据 HORN H，MAVROIDIS P C，SAPIR A. Beyond the WTO? An Anatomy of EU and US Preferential Trade Agreements. Bruegel Blueprint Series，No. 7，2009. 整理。

表 1-5　　第一代和第二代贸易和投资政策

第一代	第二代
外资准入与开业	投资者义务
所有权与股权	企业社会责任
经营业绩要求	投资便利化
投资者待遇	知识产权
资金转移	竞争政策
征用	劳动力市场管理
争端解决	土地获取
投资激励（税收）	环境政策
	公共治理与机构
	反腐败
	投资者－东道国争端解决
	基础设施与公私合作

资料来源：根据 HORN H，MAVRIODIS P C，SAPIR A. Beyond the WTO? An Anatomy of EU and US Preferential Trade Agreements. Bruegel Blueprint Series，No. 7，2009. 整理。

纵观“第一代”和“第二代”贸易与投资政策，可以看出它们之间存在显著的差别（见表 1－6）。首先，从内容与谈判方式上看，“第一代”政策以边界措施为主，谈判的目的在于提高市场准入水平，因此政策的变化方向是互惠式减让直至完全消除贸易壁垒，具有向下竞争的性质；而“第二代”贸易投资则以边界内措施为主，谈判的目的在于通过国内政策的规制融合达成共同认可的标准或作法，因此政策导向是从低标准向高标准看齐，具有向上竞争的性质。其次，从达成协定的难度上看，“第一代”政策需要在出口促进和进口保护之间实现平衡，同时由于以边界措施为主，因此给国内政策仍保留较大的空间；而“第二代”政策的改革要充分考量本国在 GVC 中的分工地位与收益分配状况，其难点是如何在放松管制和为达到公共政策目标进行有效监管之间实现平衡，又由于“第二代”政策以边界内措施为主，因而会对国内政策空间形成较为明显的挤压效应。再次，从给予发展中国家的待遇上看，“第一代”政策的自由化往往容易通过例外与保留、差别性减让、过渡期安排等方式实现对发展中国家的特殊和差别待遇；而“第二代”政策由于具有公共产品性质，较难实施特殊和差别待遇，更多的是通过技术援助和能力建设加以支持。最后，在贸易政策与投资政策的关系上，“第一代”政策中两者很少有交叉重叠的领域，而“第二代”政策中在知识产权、竞争政策、环境、劳工等诸多议题上两者有交集和互补（盛斌，2014）。

表1-6 第一代和第二代贸易和投资政策比较

	第一代	第二代
内容	边界措施	边界内措施
贸易与投资政策关系	较少交叉重叠	交叉重叠很多
国际谈判方式	互惠减让	规制一体化
政策变化方向	向下竞争	向上竞争
签订国际协定的政治经济学	出口利益集团 vs 进口竞争利益集团	价值链内部利润分享
国内政策空间保留	大	小
实施难点	实现出口促进与进口保护的平衡	实现放松管制与为公共政策目标加强监管的平衡
发展中经济体特殊和差别待遇	有	无，或很少
区域协定对非成员经济体的歧视性	较大	很小

资料来源：根据盛斌．迎接国际贸易与投资新规则的机遇与挑战［J］．国际贸易．2014（2）：4-9．整理。

三、国际贸易投资新规则的特征

GVC的发展增加了国际营商的复杂性，使各国贸易政策和国内政策之间的边界变得模糊，从而产生了对政策协调的需要，产生了制定新规则和新纪律的需要。新一轮国际贸易规则重构就是通过新的贸易谈判，扩大贸易规则调整范围，提高贸易规则约束水平，以回应GVC的发展对制度的需求。

（一）国际贸易投资新规则更好地适应了全球价值链的特征

跨国公司为了追求利润最大化，将不同要素密集度的生产环节安排在拥有相应丰裕要素的国家和地区，形成了GVC。与之相伴随的是中间品贸易的迅猛发展以及服务作为黏合剂联结各生产环节的作用日益凸显。因此，适应广泛的国际经营、大规模的中间品贸易以及日益重要的服务贸易是GVC分工给国际贸易新规则提出的新的要求。在此背景下，国际贸易投资新规则在以下几方面体现了对GVC分工更强的适应性：第一，引入竞争政策、知识产权、劳工和环境等“边界后措施”，通过倒逼发展中国家对国内政策、制度等领域进行单边改革，改善跨国公司的海外经营环境；第二，推行以“监管一致性”为导向的贸易便利化和投资便利化，通过统一成员之间的贸易投资政策，降低贸易投资壁垒，提高贸易和投资监管的稳定性、可预期性和透明度，寻求实现中间品和服务贸易自由化；第三，进一步突出服务贸易的重要性，通过扩大市场准入范围，放松对不同服务贸易提供方式的管制，实现服务贸易的便利化。

（二）国际贸易投资新规则更加强调了高标准、高水平

所谓“高标准”，意味着更高的市场准入水平，同时一些全新的议题被提出。换言之，国际贸易投资新规则就是要在大幅取消现有贸易投资壁垒的同时，要制定统一的适应全球价值链分工的准则和规范。如果说传统的市场准入议题面临的是提高标准的挑战，那么边境后措施的目的则是为跨国公司的海外经营营造良好的营商环境。在目前全球已签署的RTAs中，已完成谈判的TPP无疑是标准最高的。它不是通常意义的FTA，而是一个代表未来国际贸易投资规则方向的新规则安排。TPP中诸如竞争政策、电子商务、知识产权、劳工、环境等议题在WTO规则中很少涉及，这将对其他自贸协定谈判起到示范作用①。

（三）国际贸易投资新规则更多地体现了发达国家跨国公司的利益诉求

随着全球分工从最终产品转向以价值链为基础的生产要素分工，发达国家在全球化中的政策关注更多地从货物贸易转向服务贸易、从最终产品转向生产工序、从获取资源转向要素整合。通过推进制定国际贸易新规则和新标准，有助于维护其利益与诉求，帮助其在全球价值链分工利益分配格局中处于有利地位。发达国家积极推动TISA诸边谈判，目标在于大幅度降低或取消针对服务贸易的市场壁垒，旨在进一步提升其在服务业上的

① 尽管由于美国的退出，TPP的重要性有所下降。但是，在日本主导下，以TPP的蓝本的CPTPP协议仍是高水平RTA的代表。

竞争优势。在投资领域，新的投资规则更加注重推进投资自由化，准入前国民待遇和负面清单（negative list）的做法被越来越多的国家接受，“竞争中立”原则旨在确保东道国国有企业和跨国公司的公平竞争。

小　结

在全球价值链分工下，中间品贸易快速增长，贸易和投资之间的互补性逐渐增强，服务尤其是生产性服务的作用愈发凸显。跨国公司为了实现利润最大化而进行的全球生产布局是导致形成全球价值链分工的根本原因，而技术进步带来的生产模块化和通信运输成本的降低以及多边、区域和单边贸易政策的不断适应性调整则对全球价值链分工的产生和深化发挥了重要的驱动和保障作用。全球价值链分工对国际贸易的诸多方面产生了深远影响。主要表现在：

首先，全球价值链对传统贸易统计的有效性提出了挑战。以商品总值为统计口径的传统贸易统计会高估一国，尤其是处于价值链下游国家的出口规模，造成贸易规模与贸易竞争力的不匹配以及贸易差额与贸易利得的不匹配，对贸易政策形成误导（misleading）。其次，全球价值链分工导致贸易利益的参与主体日趋多元，贸易利益分配机制日趋复杂。全球价值链的本质是投资母国的资本与投资东道国的劳动力要素的结合。因此，如要厘清全球价值链分工下贸易利得分配“你中有我，我中有你”的混沌局面，就需要将参与贸易利益分配的主题从国家、行业层面深化到企业和要素层面。最后，全球价值链也对以 WTO 为代表的传统贸易投资规则提出了挑战。传统的贸易投资规则以边境措施（boarder measures）为主要政策工具。全球价值链分工体系要更多地涉及跨国公司的海外经营以及不同生产环节的协调联动，而这些因素并不在传统贸易和投资规则的管辖范围内，因此新的国际贸易投资规则以“边境后措施”为主要政策工具。

第二章

全球价值链下贸易利益的决定与分配机制

第一节　跨国生产的区位选择：国家间贸易利益的决定与分配

作为全球价值链的主要推手，跨国公司的国际生产布局将决定东道国通过专业化从事哪个生产环节融入全球价值链，而不同生产环节的价值增值的差异，导致生产链条可以用“微笑曲线”（smiling curve）（见图2－1）刻画。因此，跨国公司国际生产的区位（location）选择是影响各经济体在融

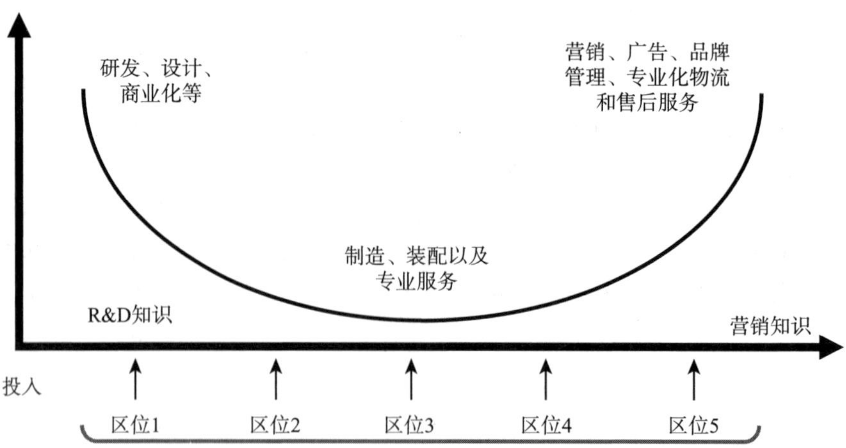

图2－1　微笑曲线的概念框架

资料来源：MUDAMBI R. Location, Control and Innovation in Knowledge－Intensive Industries. *Journal of Economic Geography*, 2008, 8 (5): 699－725.

入价值链过程中实现贸易利益的关键因素。跨国公司在进行生产区位选择时需要权衡两种力量：一方面，是促使生产环节聚集在一起的力量，也称聚集力（centripetal forces），包括各生产阶段之间的协调成本以及运输成本；另一方面，是促使不同生产环节分散的力量，也称分散力（centrifugal forces），包括各生产环节在要素密集度等方面的差异。因此，GVC 下生产阶段的布局受到以上两种力量的共同影响，两种力量的权衡最终决定生产环节是集中还是分散。

一、相关文献综述

目前，关于全球价值链下跨国生产布局理论研究主要沿着两个分支展开：一个分支是产业层面，该领域的研究将产业视为主要围绕比较优势、技术差异以及垂直关联的相互作用展开；另一分支是在异质性企业框架下，考察微观企业的跨国生产组织形式以及企业边界的选择。

（一）产业层面：生产区位的选择

产业层面理论主要研究在传统贸易理论框架和新经济地理框架（new economic geography，NEG）下围绕生产行为的区位选择展开。

1. 贸易理论框架

贸易理论框架下的研究主要从要素禀赋和技术差异层面解释生产国际分割产生的原因及其影响。

维纳布尔斯（Venables，1999）构建两国家、两部门（非生产分割部门 X 和生产分割部门 YZ）、两要素模型（资本和劳动）。初始均衡状态是本国同时生产 X 部门和 YZ 部门产品，外国专业化生产 X 部门产品。研究表明，随着中间品 Y 贸易成本降低，YZ 部门生产出现分割。如果最终产品 Z 相对于中间品 Y 是资本密集型的，那么当中间品 Y 贸易成本足够低时，本国就会将 Y 部门转移到外国生产；如果中间品 Y 相对于最终产品是劳动密集型的，那么本国就会将最终产品 Z 部门转移到外国。前一种形式是通过垂直型 FDI 实现的生产分割，后一种形式是通过水平型 FDI 实现的生产分割。琼斯和基尔兹科夫斯基（Jones and Kierzkowski，2005）指出在国际生产分割背景下存在两个关联（tiers）：一是投入关联，也即利用本地的劳动和自然资源为国际市场生产商品；二是产出关联，也即从世界进口中间品，并将其与本地中间品相结合生产出最终消费品供给本国市场。

文章创新性地认识到服务在国际生产分割中的重要性，重点考察了具有规模经济特征的服务关联（service link）对于生产分割的影响。文章结果表明，服务关联成本的降低或其规模经济特征的增强都将促进生产的国际分割。迪尔道夫（Deardorff，2001a and 2005）融合李嘉图框架和赫克歇尔－俄林框架，从要素禀赋和技术差异角度解释了国际生产分割以及外包产生的原因，进而剖析了国际生产分割和外包对国家福利、要素价格以及贸易模式的影响。科勒（Kohler，2004a）在小型开放经济特定要素模型框架下，构建两要素连续生产阶段模型，探讨了只有一个部门能够出现由比较优势驱动的外包时的福利效应和收入分配效应。类似地，科勒（2004b）利用迪克西特和格罗斯曼（Dixit and Grossman，1982）构建的连续中间品模型，研究表明离岸成本的降低到底是会提高还是降低要素价格将取决于离岸生产环节相对于两个部门的要素密集度。马库森（Markusen，2006）在梳理一系列经典贸易理论的基础上，构建了多锥（multi-cone）H—O 模型尝试从生产的垂直分割、贸易在广沿边际（extensive margin）上的增长、生产阶段间要素密集度差异和国家间要素禀赋差异以及蕴含在技术劳动身上的知识资本导致的隐形投入等层面，多维度的阐释企业生产过程中的离岸行为及其影响。鲍德温和罗伯特－尼古德（Baldwin and Robert－Nicoud，2007）假设国家间整体的技术水平相当，但是在不同生产任务上的生产效率存在差异。结果表明，与标准李嘉图模型类似，全要素生产率接近的两国之间还仍然可以进行生产任务贸易，各国按照比较优势专业化从事不同的生产环节。

以上研究的共同点在于都是在传统贸易理论框架下解释国际生产分割不同形式（离岸或外包）产生的原因和影响，也即将技术差异或要素价格差异视为国际生产分割的主要原因。但是，传统贸易框架没有考虑贸易成本。以上研究的缺陷还在于将生产分割的可能性以及不同生产阶段在要素密集度等方面的特征视为外生给定，因此并不能从实质上剖析影响国际生产组织形式的深层次原因（Antràs and Rossi－Hansberg，2009）。

格罗斯曼和罗西汉斯伯格（Grossman and Rossi－Hansberg，2008）在此方面做出了开创性的贡献：一方面，他提出了任务贸易（trade in tasks）的概念，将全球价值链分工描述为不同生产任务的空间分散，为以生产任务或生产阶段为单位的分析奠定了基础；另一方面，该研究通过引入离岸成本使得不同生产阶段的离岸可能性存在差异，同时表明密集使用特定要素生产环节离岸成本的降低与该生产环节出现特定要素节约型技术进步有类似的效果，有助于提高该环节的生产率，由此引发收入分配效应。此外，格罗斯曼和罗西汉斯伯格（2008）还引入生产任务层面的规模报酬递增作为生产行为聚集的来源，研究表明，聚集导致大国拥有更高的工资水平，同时专注于离岸成本更高的生产环节。该研究相当于融合了传统贸易理论和新经济地理框架探讨生产区位选择问题。

2. 新经济地理框架

新经济地理学是新经济浪潮的重要组成部分。多样化偏好、垄断竞争以及冰山形式的贸易成本是 NEG 分析框架的三大核心要素，旨在解释经济活动区位选择的影响因素，主要包括两个力量：聚集力（centripetal force）和分散力（centrifugal force）。两种力量的权衡最终决定了经济行为是聚集还是分散。全球价值链分工体系下，不同生产阶段要素密集度差异以及运输成本的存在，导致生产性企业的生产区位选择时，会综合考虑以上因素，实现利润的最大化。一方面，企业会将不同要素密集度的生产环节安排在拥有对应丰裕要素禀赋的地区以节约生产成本；另一方面，企业希望尽可能地靠近上游产品的生产地和下游产品的需求地以节约运输成本。前一种力量导致分散，后一种力量导致聚集，两种因素的相互制衡最终决定了产业布局。

高（Gao，1999）构建两国家、两部门（垄断竞争）模型，从理论角度剖析了垂直关联与比较优势权衡对垂直关联产业生产定位的影响。当存在成本和需求关联时，制造业形成生产地理集中的初始状态，随着贸易成本的降低，制造业聚集所在地要素价格上升带来的劣势超过了聚集带来的规模经济，导致生产空间结构由聚集走向分散，企业会将不同生产环节安排在不同地区进行，以充分发挥各地区的要素禀赋优势，从而出现国际生产分割。阿米蒂（Amiti，2005）通过构建模型分析了贸易自由化对要素密集度不同的垂直关联产业定位的影响。模型在两要素 H—O 模型中融入垂直关联因素，模型包含劳动和资本两种生产要素，在一国各产业之间可以自由流动，而在两国间不可流动。厂商需要在资本丰裕和劳动丰裕的国家间进行区位选择。该模型推翻了单一要素、两个国家拥有相同规模和生产技术的假设，并拓展到两要素，使研究比较优势和聚集之间的相互制衡成为可能。研究表明贸易成本从封闭条件到中等水平，会导致产业聚集在一个地区，因此有些产业的分布就会违反比较优势。进一步的贸易自由化使贸易成本进一步降低，会导致遵循比较优势的生产分割。在以上研究基础上，克拉尼克（Kranich，2008）进一步将市场规模纳入分析框架，同时考虑比较优势和市场规模对垂直关联产业区位选择的影响，得出的结论认为比较优势和规模经济的权衡是决定垂直关联产业定位的决定性因素。

（二）企业层面

传统贸易理论框架下的国际生产模式研究往往将离岸或外包的生产环节以及各生产环节的生产技术视为外生给定。企业作为全球价值链的最直接参与者，把哪些生产环节离岸或外包以及通过哪种形式实现跨国生产是企业的内生选择。在此背景下，关于全球价值链生产布局的另一分支研究将研究的视角集中在单个企业，主要探讨跨国企业的生产组织形式以及企业边界（外包还是FDI）的选择及其对国际贸易的影响。按照分析方法的不同可以分为交易成本框架（transaction-cost approach）和产权理论框架（property-rights theory）两类。

1. 交易成本框架

迈凯轮（McLaren，2000）及格罗斯曼和赫尔普曼（Grossman and Helpman，2002）是利用交易成本框架研究企业生产组织形式的代表性文献。两个研究在交易成本理论框架下构建了在只有一种中间投入品情况下，企业中间品的外包化与内部垂直一体化选择的一般均衡模型。该模型关于交易成本的关键假设在于，只有当最终产品厂商实现对中间品供应商的垂直一体化时，他才会根据契约按照事先约定的价格与供应商进行贸易。在外包的情况下，最终产品厂商就会在事后的议价阶段，通过为中间品厂商的沉默投资提供较低报酬使其面临不利局面（hold up）。预期到最终厂商的这一行为，中间品供应商事前就会选择低于有效水平的投资，导致效率的损失。因此，虽然垂直一体化需要投入较大的固定成本，但是当外包导致的效率损失过大时，垂直一体化还是一个更优的选择。而两种形式到底选择哪个都将影响中间品和最终产品的均衡布局。更加有趣的是，考虑到垂直一体化通过稀释（thin）中间品市场，给最终品厂商和非一体化中间品供应商二者关系带来的负外部性，两个研究还刻画了不同生产组织形式的多重均衡。同时，上述研究还指出贸易通过稠密化（thicken）中间品市场，会增加世界生产的分割程度，给各方带来与传统贸易理论所强调的截然不同的贸易利益。格罗斯曼和赫尔普曼（2005）的研究认为，市场的厚度（thickness），也即市场上中间投入品的生产供应者数量，对企业的外包与内部一体化选择具有重要作用。当市场越厚达到完全竞争状态时，则独立的最终产品生产者可以较容易搜寻到合适的中间投入品生产者，交易成本就低，则企业越倾向于外包式生产。否则，最终产品生产者会通过内部垂直一体化进行中间品生产。

2. 产权理论框架

上述交易成本框架下的研究忽略了垂直一体化成本的来源。产权理论认为当契约不完全时，所有权就是权利的来源。因为，当各方遇到了在合同订立之初未曾预见的意外情况时，拥有实物资产所有权的一方就有权力通过处置这些资产在有可能损害合同另一方的情况下使自己的利益最大化。格罗斯曼和哈特（Grossman and Hart，1986）认为当企业之间实现一体化，阻碍两个非一体化企业之间的契约摩擦不复存在的假设是不能让人信服的。当存在基于特定契约关系的投资时，上述想法就会带来企业边界的选择问题。在此过程中，垂直一体化的成本是内生的，因为垂直一体化降低了被一体化的企业进行部分专属（partially specific）于实行一体化企业的投资，导致整体利润的下降。在上述思想指导下，以安特拉斯（Antràs）为代表的学者在产权理论框架下，探讨不完全契约条件下的企业边界选择，也即外包还是垂直一体化的问题，形成了一系列研究成果。

安特拉斯（2003）进一步扩充格罗斯曼和赫尔普曼（2002）模型，构建了一个没有专用沉淀成本，但包含进入成本的不完全契约模型，引入了跨国公司总部生产对其他中间投入品相对需求的密集度系数，以反映上下游厂商之间的垂直关联。研究发现，在不同中间品投入密集度区间内跨国公司会采取不同的生产组织方式。当最终产品的中间投入品种类越多，最终产品对中间投入品的相对需求密集度和中间品生产由谁控制对决定生产组织形式的影响越大。在安特拉斯（2003）基础上，安特拉斯和赫尔普曼（2004）进一步引入梅里兹（Melitz，2003）的企业异质性概念，建立了内部垂直一体化与生产外包的理论分析框架。模型假设最终产品生产商是公司总部服务控制者，中间品提供者控制中间投入品的质和量。世界上存在南、北两类国家，北部国家企业是最终产品生产者，南部国家企业是中间投入品提供者。在上述框架下，模型探讨不同产业部门生产率、技术水平和企业组织构架对贸易、直接投资和企业生产组织模式的影响进行研究。安特拉斯（2005）在构建动态一般均衡李嘉图南北贸易模型，在研究发达国家与发展中国家之间国际外包与国际内部一体化时发现，不完全契约导致发达国家负责新产品的开发，产品成熟后才会在发展中国家生产，而价值链中高价值中间品集中于发达国家，而低价值中间品则在发展中国家生产。安特拉斯和赫尔普曼（2007）进一步拓展模型，引入投资的不完全契约性，研究表明一国契约环境的改善有利于增强投资相对于外包的重要性，同时跨国公司对不同性质中间投入品需求的连续性也是决定其国际生产组织形式的因素。安特拉斯和楚尔（Antràs and Chor，2013）沿用上述研究的基本框架，构建企业边界的产权模型考察不完全契约条件下序贯性生产的所有权分布。与上述研究相比，该研究的创新在于提出“上游度”（upstreamness）概念，引入序贯性生产的自然或技术顺序，并假设只有当全部上游中间品到达时，下游生产才能开始。这就改变了价值链上不同环节厂商议价能力的分布，从而影响整个价值链条的生产组织形式。理论研究表明，供应商在价值链条所处的位置是影响企业一体化决策的重要因素，而最终产品生产商面临的需求替代弹性又显著影响着一体化与价值链位置之间的关系。

除了以上研究之外，阿赛莫格卢等人（Acemoglu et al.，2007）和科斯蒂诺特（Costinot，2007）将视角聚焦在了契约摩擦对生产区位以及贸易结构的影响上。尤其是，考虑到契约摩擦可以通过左右企业的生产组织形式进而影响不同部门间中间品和最终产品的分布，因此不完全契约可能成为比较优势的又一来源。那些可以有效执行契约的国家可以专业化从事契约密集产品，并成为该产品的净出口方。

二、全球价值链下的生产布局

鲍德温和维纳布尔斯（Baldwin and Venables，2013）是利用新经济地理框架分析全球价值链区位分布的开创性文献，它们将全球价值链的生产模式描述为蜘蛛形（spider）和蛇形（snake），指出生产过程分割是由各国生产成本差异以及聚集产生的好处共同决定的，而生产阶段之间的技术关系最终决定了以上哪个因素起主导作用。该研究考察了不同技术结构下，单一代理人以及上下游生产商进行独立决策时，达到成本最小化和均衡的生产分割状态。结果表明，运输成本对于全球价值链下的分工模式具有极为重要的影响，当运输成本下降到低于某一门限值时，生产区位分布会发生“突变”（discontinuous change），带来一系列生产阶段的区位转移。本部分将利用鲍德温和维纳布尔斯（2013）提出的基本框架及理论，刻画全球价值链上不同生产环节的区位选择，进而影响价值链上各经济体从参与国际分工获得利益。

（一）全球价值链的生产结构

生产技术，也即产品的设计建造决定了将不同生产阶段整合在一起的方式。按照整合方式的不同，全球价值链可以分为蜘蛛形和蛇形（见图2-2）。图2-2中每一个圆圈表示一个生产阶段，每一个阶段都会完成一定的价值增值直到产品到达最终消费，每个箭头表示中间品、零部件或最终产品的流向。这种流动既可以是厂商内部的，也可以是厂商之间的；既可以是在一国内部的，也可以是国家之间的。因此有四种生产方式，国内一体化、国内外包、国际一体化和离岸外包。图2-2中给出了两种生产结构：一是蜘蛛形，这种结构下多种中间品或零部件集中在一起进行组装，组装后既可以是零部件也可以是最终产品，机械电子类产品的全球价值链往往具有这种结构；二是蛇形，这种结构下产品沿产业链从上游到下游线性流动，在每个生产环节上实现价值增值，典型行业就是纺织行业，从纤维到纱线再到织物，每个环节必须顺次进行。现实中，绝大多数产品的生产是两种形式的结合。

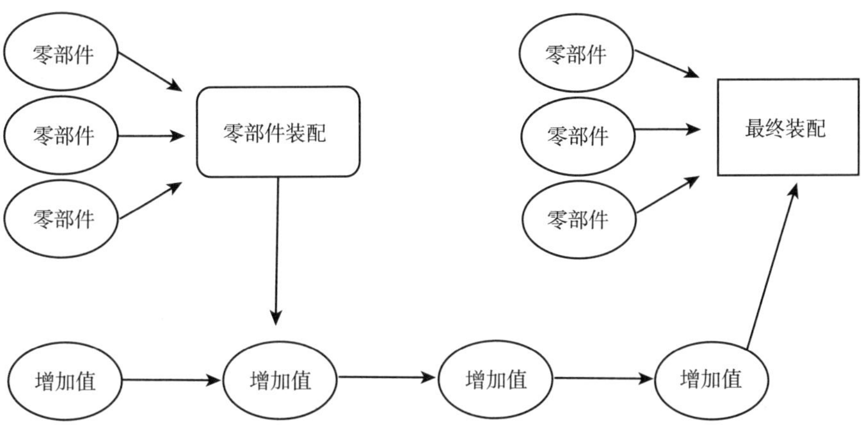

图2-2 全球价值链的生产结构：蜘蛛形和蛇形

资料来源：Baldwin and Venables. Spiders and Snakes：Offshoring and Agglomeration in the Global Economy. *Journal of International Economics*，2013，90（2）：245-254.

无论是哪一种生产结构，不同生产环节中间的区位选择都是相互影响的。影响区位选择的有两种力量：聚集力，包括不同生产环节之间的协调成本和运输成本，上述成本的存在便将生产环节聚集在一起可以节省成本；分散力，主要指不同生产环节要素密集度的差异，为了充分利用各经济体的要素禀赋差异，将不同要素密集度的生产环节安排在拥有相应丰裕要素的经济体，有利于降低成本。因此，生产环节的区位选择是聚集力与分散力的权衡，从本质上将是生产成本与离岸成本的权衡。当聚集带来的离岸成本节约不足以抵销生产分割带来的生产成本的节约时，企业就宁愿支付离岸成本，也要充分利用不同区位的生产成本差异，此时分散力占据主导；相反，当生产分割带来的生产成本节约不足以抵销因此带来的离岸成本提升时，企业就会选择将所有生产环节在一地进行，此时聚集力发挥主要作用。

本部分的重点就是考察聚集力和分散力的相互作用如何决定价值链上不同环节的区位选择。同时，考虑到企业的跨国生产组织形式同样会对生产区位产生影响，本部分还将分别探讨单一独立代理人和独立决策人分别控制两种情况下的生产区位选择。单一代理人，是指上下游环节的生产由一方统一控制，此种情况主要对应采用一体化形式的跨国生产；而独立决策人制度是指上下游的生产区位分别由上下游企业自行决策，这种情况主要针对采用外包形式的跨国生产。

假设世界上有两个国家，N 国（发达国家）和 S 国（发展中国家），所有需求来自 N 国，N 国是资本丰裕型国家，S 国是劳动丰裕型国家。最终产品的生产需要一系列的中间品或零部件，既可以在 N 国生产，也可以在 S 国生产。两国在不同零部件的生产成本上均存在差异。

（二）蜘蛛形生产结构

在蜘蛛形生产结构下，不同的零部件被组装成最终品。中间品用 $y \in Y$ 表示，将 N 国中间品（y）的生产成本标准化为 1，S 国中间品的生产成本为 $b(y)$。$b(y)$ 的最小值和最大值分别为 $\underline{b}$ 和 $\bar{b}$，假设 $\underline{b} < 1 < \bar{b}$，那么 b 值低的中间品在 S 国生产更加便宜，b 值高的中间品在 N 国生产更加便宜。假设 b 值低的中间品为劳动密集型的，b 值高的中间品为资本密集型。对于每一类中间品（$y \in Y$），对中间品进行组装需要投入 $\psi(y)$ 单位的中间品 y，同时还需投入要素，在 N 国组装时要素成本为 a_N，S 国的这一成本为 a_S。

当中间品的生产与最终组装地出现地理分散时，就会发生 $t\theta(y)$ 的离岸成本，其中包括运输成本、通信成本、协调成本以及贸易成本等。这个成本是由反映整体离岸成本水平的参数 $t \geqslant 0$ 以及由零部件特征决定的特定成分 $\theta(y)$（$\theta \in [1, \bar{\theta}]$）共同构成。因此，每个零部件都有 S 国生产成本和离岸成本两个维度的特征。图 2－3 中分别将这两个特征标在纵轴和横轴。

1. 单一代理人：成本最小化

由于离岸成本的存在，组装和零部件生产的区位选择是联合决定的。首先讨论当组装地点给定时，实现成本最小化条件下中间品生产区位的选择，随后再讨论实现成本最小化的组装地区位选择。

如图 2－3 所示，在任意离岸成本水平 t 下，Y 的生产区位分为三个部分：在 S 集合，S 国的生产成本优势非常显著（b 非常低），以至于 S 国的中间品生产成本加上中间品运输成本 $t\theta$ 都要低于在 N 国的中间品生产成本，也即 $b + t\theta < 1$，此时无论组装在哪里进行，中间品都将在 S 国进行；在 N 集合，N 国具有中间品成本优势，也即 $b > 1 + t\theta$ 时，因此无论组装在哪里进行，中间品都将在 N 国进行；在 NS 集合，$b \in (1 - t\theta, 1 + t\theta)$，此时中间品的生产将选择在组装进行的地方，也即实现中间品生产和组装的聚集。图 2－3 中，$b_N = 1 - t\theta$ 线界定了临界值，在该条线以下，从 S 国购买中间品更加便宜，即使组装在 N 国也依然成立；类似的，线 $b_S = 1 + t\theta$ 界定了当组装在 S 国进行时，生产分割临界值，高于 b_S 的中间品应在 N 国生产，低于 b_S 的中间品应在 S 国生产。

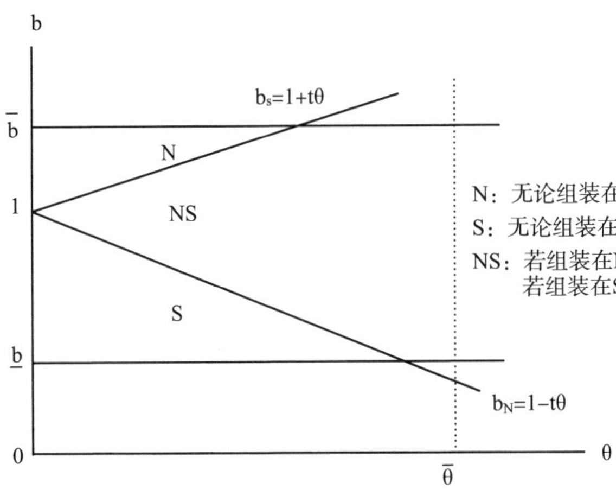

图 2－3　蜘蛛形生产结构下中间品生产和组装的区位选择

资料来源：Baldwin and Venables. Spiders and Snakes：Offshoring and Agglomeration in the Global Economy. *Journal of International Economics*，2013，90（2）：245－254.

在已知中间品生产的区位选择后，下一步要比较在 N 国和 S 国组装时的总成本。由于最终市场在 N 国，那么如果组装在 S 国进行的话，还需支付一部分成本，也即最终产品的运输成本 $t\alpha$。其中，常数 α 表示最终产品较之中间品的相对运输成本。如果 $\alpha < \int_y \theta(y)\psi(y)dy$，那么运输组装后的成品就比分别运输零部件更加便宜。在 N 国和 S 国组装时的总成本 C_N 和 C_S 分别为：

$$C_N = a_N + \int_{y \in N \cup NS} \psi(y)dy + \int_{y \in S} (b(y) + t\theta(y))\psi(y)dy$$

$$C_S = (a_S + t\alpha) + \int_{y \in N} (1 + t\theta(y))\psi(y)dy + \int_{y \in S \cup NS} b(y)\psi(y)dy \tag{2-1}$$

式（2-1）等号右边第一项表示组装时的要素成本以及当组装在 S 国进行时还需支付的最终产品运输成本 $t\alpha$；第二项表示中间品在 N 国生产时的成本；第三项表示中间品在 S 国生产时的成本。若 $C_N > C_S$，那么为了实现成本最小化组装在 S 国进行；反之，组装将在 N 国进行。

$$C_N - C_S = (a_N - a_S - t\alpha) + t\left\{\int_{y \in S} \theta(y)\psi(y)dy - \int_{y \in N} \theta(y)\psi(y)dy\right\} + \left\{\int_{y \in NS} (1 - b(y))\psi(y)dy\right\} \tag{2-2}$$

由式（2-2），可以看到组装区位的选择收到三类因素的影响：第一类，是经过贸易成本调整后的 S 国组装成本优势，也即式（2-3）等号右边第一项；第二类，是两国中间品离岸成本的差异，当组装在 N 国进行时，这部分成本支付在 S 国生产的中间品上，当组装在 S 国进行时，部分成本支付在 N 国生产的中间品上，对应式（2-3）等号右边第二项；第三类，是两国生产 NS 部分中间品的生产成本差异，也即式（2-3）等号右边第三项。

以上三项无论哪一项增加，都将增强在 S 国组装的优势，因此各项如何随着离岸成本整体水平 t 变化，将是决定最后生产布局的关键。第一项的大小和符号由两个因素决定：一是 S 国在组装上的成本优势（$a_N - a_S$）；二是最终产品的运输成本 $t\alpha$。如果 $a_N - a_S < 0$，那么，第一项肯定为负，此时无论中间品在哪国生产，组装都将在 N 国进行；如果 $a_N - a_S > 0$，那么当 t 很高时，第一项为负，否则当 t 很低时，第一项就为正。第二项的因素影响包括：离岸成本的整体水平 t，S 集合和 N 集合的相对大小，组装过程的中间品投入密集度 $\psi(y)$ 以及各中间品的离岸成本 $\theta(y)$。当 S

国在中间品生产上的比较优势非常明显，也即在N国组装带来的高昂离岸成本导致S集合相对N集合更大时，第二项就倾向为正。需要注意的是，t也是影响第二项的重要因素：一方面，它通过影响S集合和N集合的相对大小，间接影响第二项①；另一方面，它的大小还直接影响第二项，当 $t=0$ 时第二项就消失了。第三项的符号也是不确定的，当NS集合中的中间品从N国转移到S国生产时，将降低生产成本介于 $[b_N, 1]$ 的中间品的要素成本，同时提高生产成本介于 $[1, b_S]$ 的中间品的要素成本。如果前者超过后者，则第三项为正。

从图2-3和式（2-2）可以看到，当 $t\to\infty$ 时，中间品的生产和组装都将在N国，也即需求所在地进行。图2-3中的N集合和S集合会随着中间品生产和组装的聚集而消失。同时，最终产品的运输成本 $t\alpha$ 会主导式（2-2）中的不等号方向。另外一种极端情况是，$t\to 0$，此时生产行为的选择将完全由要素成本决定，此时图2-3中的NS区域会消失，中间品的生产地点取决于两国生产成本的大小，也即 $b(y)$ 和1的关系；组装地点取决于 a_N 和 a_S 的相对大小。

为了进一步解释，假设初始情况下，组装在N国进行，考察在怎样的条件下组装会从N国转移到S国。当 $C_N>C_S$ 时，将式（2-2）变形为：

$$(a_N - a_S) + \int_{y\in NS}(1-b(y))\psi(y)dy > t\left[\alpha + \int_{y\in N}\theta(y)\psi(y)dy - \int_{y\in S}\theta(y)\psi(y)dy\right] \tag{2-3}$$

当 $t\in(0, \infty)$ 时，存在三种力量：第一，生产成本的比较优势，也即式（2-3）的左边；第二，靠近最终需求的好处，也即最终产品运输成本 $t\alpha$ 的节约，也即式（2-3）的右边第一项；第三，将中间品生产和组装安排在一处的好处，也即式（2-3）右边第二项和第三项。其中，参数t是三种力量权衡的关键因素。

第一种情形，组装在S国更加便宜，也即 $a_N>a_S$。从前面的分析可知，当t很高时，组装会在N国进行；当t很低时，组装会在S国进行。随着t的下降，将发生下述变化：t下降会扩大S集合（因为图2-3中 $b=1-t\theta$ 这条线会变得更加平坦），此时会有一部分中间品生产按照比较优势从N国转移到S国。在t的特定点位下，组装转移到S国将是成本最小化的最

① 考虑当 $t\to\infty$ 时，S集合和N集合就会消失，仅剩下NS集合，此时中间品和组装会聚集在一起；当 $t\to 0$ 时，NS集合就会消失，仅剩下S集合和N集合，也即组装和中间品将按照比较优势选择区位。

优选择，同时 NS 集合中的中间品也会转移到 S 国，仅剩下集合 N 的中间品仍在 N 国生产。然而，t 值的进一步增长会扩大 N 集合（$b = 1 + t\theta$ 变得平坦），导致 NS 集合中一些中间品的生产会从 S 国再转移回 N 国（overshooting），因为运输成本的提高聚集了相对于比较优势的重要性，此时靠近最终需求所在地 N 国更加重要。

第二种情形，组装在 N 国更加便宜，也即 $a_N < a_S$。可知当运输成本很高或很低时，组装都会在 N 国进行。有可能无论 t 取何值，组装都会在 N 国进行。但也有可能随着 t 的下降，中间品的生产先转移到 S 国再回到 N 国，转移到 NS 集合。此种情况发生的条件是，中间品中有很大一部分是劳动密集型的，在 S 国生产会实现显著的生产成本节约，那么即使 $a_N < a_S$，将这部分中间品的生产和组装都放在 S 国也是有效率的。随着 t 的进一步下降，将中间品生产和组装集中在一地的好处逐渐消失，此时组装会按照比较优势返回 N 国。

为了简化分析，假设对于所有中间品 $y \in Y$，离岸成本 $\theta(y) = 1$。经过上述假定，中间品的特征就从之前的两个维度减少到仅有 b 这一个维度，也即 $y \equiv b$。成本最小化条件下，意味着如果中间品在 S 国生产的成本高于临界值 b^* 时，中间品就会在 N 国生产。这一临界值取决于 t 和组装的区位。用 b_N^* 和 b_S^* 分别表示当组装在 N 国和 S 国在进行时的离岸临界值。此时，在 N 国和 S 国组装时的总成本分别为：

$$C(b_N^*:N) = a_N + \int_{b_N^*}^{\bar{b}} \psi(y)db + \int_{\underline{b}}^{b_N^*} (b+t)\psi(b)db$$

$$C(b_S^*:S) = a_S + \alpha t + \int_{b_S^*}^{\bar{b}} (1+t)\psi(b)db + \int_{\underline{b}}^{b_S^*} b\psi(b)db \quad (2-4)$$

当组装在 N 国进行时，产品价值链条的分割点为 b_N^*，此时 N 国通过负责成本高于 b_N^* 的中间品（也即资本密集型中间品）的生产和组装，实现增加值 $a_N + \int_{b_N^*}^{\bar{b}} \psi(y)db$；而 S 国负责成本低于 b_N^* 的中间品生产，也即劳动密集型中间品的生产，实现增加值 $\int_{\underline{b}}^{b_N^*} b\psi(b)db$。当组装在 S 国进行时，产品价值链条的分割点为 b_S^*，此时 N 国通过负责成本高于 b_S^* 的中间品（也即资本密集型中间品）的生产，实现增加值 $\int_{b_S^*}^{\bar{b}} \psi(y)db$；而 S 国负责成本低于 b_S^* 的中间品（也即劳动密集型中间品）的生产和组装，实

现增加值 $a_S + \int_{\underline{b}}^{b_S^*} b\psi(b)\,db$。

根据本研究对贸易利益的定义，各国通过参与价值链分工实现的增加值就是各国获得的贸易利益。因此，全球价值链下贸易利益在国家间的分布将受到以下因素的影响：第一，离岸临界值 b_N^* 和 b_S^*，临界值越高，S 国拥有中间品成本优势的中间品范围越大，能够获得的贸易利益越多，而 N 国具有比较优势的中间品范围较小，通过生产中间品实现的增加值有限；第二，两国组装成本 a_N 和 a_S，两者一方面影响组装地点的选择，还将作为增加值的直接来源影响各国贸易利益；第三，离岸成本 t，t 在整个生产布局中发挥着重要角色，它不仅影响着离岸临界值 b_N^* 和 b_S^*，还将影响组装区位的选择，这一点将在下文展开分析；第四，S 国中间品生产成本 b，它通过影响中间品生产区位选择以及生产过程中实现的增加值影响贸易利益在两国的分配；第五，组装过程对不同中间品的投入密集度 $\psi(b)$，$\psi(b)$ 越大，特定环节完成的价值增值越多，贸易利益越大。对式（2－4）求导，就可以得到在两国组装时实现成本最小化的离岸临界值：

$$\frac{\partial C(b_N^*:\ N)}{\partial b_N^*} = \psi(b_N^*)[b_N^* + t - 1] = 0,$$

$$\frac{\partial C(b_S^*:\ S)}{\partial b_S^*} = \psi(b_S^*)[b_S^* - (t+1)] = 0 \qquad (2-5)$$

求解式（2－5），考虑到 $b \in (\underline{b},\ \bar{b})$，只要 t 足够小①，可以得到 $b_N^* = 1-t$，$b_S^* = 1+t$，$b_S^* > b_N^*$。因此，更一般的，$b_S^* = \min(1+t,\ \bar{b})$，$b_N^* = \max(1-t,\ \underline{b})$。当 $t \notin (1-\underline{b},\ \bar{b}-1)$，则 $b_S^* = \bar{b}$，$b_N^* = \underline{b}$。为了简化分析，进一步假设所有中间品在［$\underline{b}$，$\bar{b}$］上均匀分布，且在组装时对每种中间品的投入密集度是一致的，也即 $\psi(y) = 1$。此时，离岸的临界值就从图 2－2 中的两条线，简化为两个点。而集合 N、S 和 NS 就分别落在区间 $N = [b_S^*,\ \bar{b}]$，$NS = [b_N^*,\ b_S^*]$，$S = [\underline{b},\ b_N^*]$。此时，式（2－2）可以简化为：

$$C_N - C_S = (a_N - a_S - t\alpha) + t[(b_N^* - \underline{b}) - (\bar{b} - b_S^*)] + \left(1 - \frac{b_S^* + b_N^*}{2}\right)(b_S^* - b_N^*) \qquad (2-6a)$$

$$C_N - C_S = (a_N - a_S) - t[\alpha - (b_N^* - \underline{b}) + (\bar{b} - b_S^*)]$$

---

① $t < \min(1-\underline{b},\ \bar{b}-1)$ 时，$b_S^* = 1 + t < \bar{b}$，$b_N^* = 1 - t > \underline{b}$。

$$
+\left(1-\frac{b_S^*+b_N^*}{2}\right)(b_S^*-b_N^*)
$$

$$
=2t[R(t)-A(t)] \tag{2-6b}
$$

其中，$R(t)\equiv\left[b_S^*+b_N^*+\left(\frac{b_S^*-b_N^*}{t}\right)\left(1-\frac{b_S^*+b_N^*}{2}\right)\right]\frac{1}{2}$，如果 $t<\min(1-\underline{b},\ \bar{b}-1)$，则 $R(t)=1$；$A(t)=\left[\frac{a_S-a_N}{t}+\alpha+\bar{b}+\underline{b}\right]\frac{1}{2}$，可知当 $a_S<a_N$ 时，$\frac{dA(t)}{dt}>0$；$a_S>a_N$ 时，$\frac{dA(t)}{dt}<0$。当 $R(t)>A(t)$ 时，$C_N>C_S$，此时组装将在 S 国进行；当 $R(t)<A(t)$ 时，$C_N<C_S$，此时组装将在 N 国进行。令 $R(t)=A(t)$，得到组装地从 N 国转移到 S 国的突变点：

$$
t'=\frac{a_N-a_S}{\alpha-2\beta} \tag{2-7}
$$

其中，$\beta\equiv1-(\bar{b}+\underline{b})/2$，反映了 S 国在中间品上的成本优势，如果在 S 国生产中间品的平均成本 $\frac{(\bar{b}+\underline{b})}{2}<1$，则 $\beta>0$。图 2-4 以及后续的分析均假设 $\beta>0$，这意味着与 b_N^* 相比，b_S^* 在更低的 t 值上达到它的角点解（见图 2-4）。同时，为了保证 $t'>0$，由于已经假设 $a_S<a_N$，则有 $\alpha-2\beta>0$。从式（2-7）可以看到，组装区位的突变点是 S 国在组装成本和中间品生产成本上的比较优势以及最终产品运输成本中间的权衡。如果 S 国在组装成本（a_N-a_S 越大）和中间品生产成本（β 越大）上的比较优势非常明显，那么给定 α 值，t'越高，也即 t 值只要下降到 t'，组装就会从 N 国转移到 S 国。给定 a_N-a_S 和 β，α 值越大，组装转移突变点越低，也即最终产品的运输成本越高，组装从 N 国转移到 S 国的难度越大。

为了简化分析且不失一般性，假设组装是劳动密集型生产环节，S 国由于是劳动丰裕型国家，在组装上具有成本优势，也即 $a_N>a_S$。图 2-4 在上述假设条件下，给出了实现成本最小化时的中间品和组装的区位选择。由于假设 $\frac{(\bar{b}+\underline{b})}{2}<1$，所以 $\beta+1<1$，$\bar{b}-1<1-\underline{b}$。从图中可以看到，离岸临界值将 t 的取值分为三个区间，在区间Ⅰ，b_N^* 和 b_S^* 随着 t 的变化而变化；在区间Ⅲ，b_N^* 和 b_S^* 不受 t 的影响；在区间Ⅱ，b_N^* 随 t 变动，b_S^* 取其角点解。

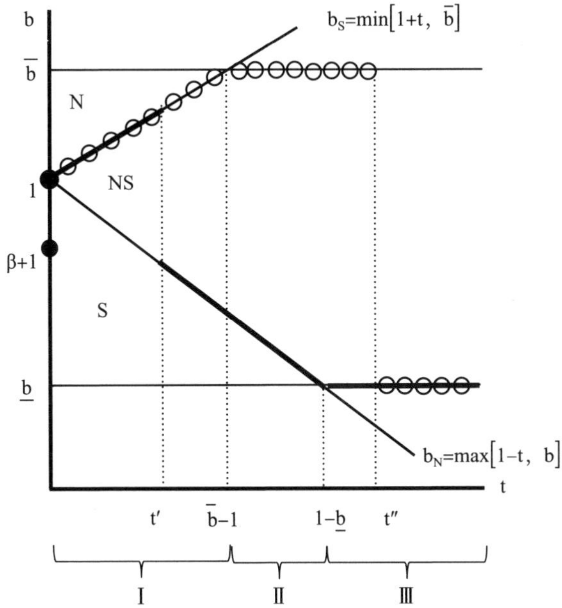

图2-4　成本最小化条件下的中间品和组装区位选择

资料来源：Baldwin and Venables. Spiders and Snakes：Offshoring and Agglomeration in the Global Economy. *Journal of International Economics*，2013，90（2）：245-254.

当t′落在区间 Ⅰ 时，图2-4中的粗线刻画了成本最小化时中间品和组装区位选择。当t很高时，组装在N国进行，而中间品的区位为了靠近组装地也会选择在N国生产，此时的比较优势不发挥作用，这意味着NS=[$\underline{b}$，$\bar{b}$]。当t下降到低于两地中间品生产差异的最大值1-$\underline{b}$，那么S国最具有优势的中间品将离岸到S国生产，生产后出口到N国进行组装。在突变点t′，组装从N国转移到S国，NS部分的中间品转移到S国生产，实现与组装的聚集；N部分的中间品仍在N国生产，随后出口到S国进行组装，最终产品由S国出口到N国。随着t的进一步下降，之前转移到S国的部分曾属于NS的中间品（b>1），也即过度离岸（overshot）的中间品，会回到N国，实现归岸（reshoring）。当t=0时，生产的布局完全遵从比较优势，对于b<1的所有中间品都将在S国生产，b>1的中间品在N国生产，由于$a_N>a_S$，组装也将在S国进行。

下面将讨论贸易利益在N国和S国分配的影响因素，尤其是S国（发展中国家）贸易利益的决定机制。由图2-4，当t>t′时，生产模式是组装在N国，b∈(b_N^*，$\bar{b}$)的中间品在N国生产，b∈($\underline{b}$，b_N^*)的中间品在

S 国生产。当组装在 N 国进行时，N 国和 S 国的贸易利益（gains from trade，GFT）分别为：

$$GFT_N(b_N^*:N) = a_N + \int_{b_N^*}^{\bar{b}} db$$

$$GFT_S(b_N^*:N) = \int_{\underline{b}}^{b_N^*}(b+t)db$$

由 $b_N^* = 1 - t$：

$$GFT_N(b_N^*:N) = a_N + \underline{b} - (1-t)$$

$$GFT_S(b_N^*:N) = \int_{\underline{b}}^{b_N^*}(b+t)db = -\frac{1}{2}[t^2 + (\underline{b}^2 - 1)] - t\underline{b} \quad (2-8)$$

$$\frac{\partial GFT_N(b_N^*:N)}{\partial t} = 1 > 0, \quad \frac{\partial GFT_S(b_N^*:N)}{\partial t} = -(t+b) < 0 \quad (2-9)$$

命题 2-1：由式（2-9），当组装在 N 国进行时，N 国的贸易利益与 t 正相关，S 国的贸易利益与 t 负相关。理由在于当组装在 N 国进行时，只有 $b < 1 - t$ 的中间品才会在 S 国生产，t 值越大，在 S 国生产的中间品越少，在聚集力作用下，在 N 国生产的中间品越多。

又由于组装在 N 国进行的条件是 $t > t'$，所以在 t' 上，S 国的贸易利益的达到最大化，达到：

$$GFT_S^{MAX}(b_N^*:N) = (GFT_S(b_N^*:N) \mid t = t') = -\frac{1}{2}[t'^2 + (\underline{b}^2 - 1)] - t'\underline{b} \quad (2-10)$$

$$\frac{GFT_S^{MAX}(b_N^*:N)}{\partial a_S} = \frac{1}{\alpha - 2\beta}(t' + b) > 0 \quad (2-11)$$

引理 2-1：由式（2-11）可知，当组装在 N 国时，在 S 国组装的要素成本 a_S 越高，S 国能够获得的最大贸易利益越大。理由在于 a_S 越高，t' 越小，$(1-\underline{b})$ 与 t' 的差距越大，能够转移到 S 国生产的中间品越多，S 国通过生产 $b \in (\underline{b}, b_N^*)$ 中间品创造的增加值越多，贸易利益越大。

当 $t' < t$ 时，生产模式组装在 S 国，$b \in (b_S^*, \bar{b})$ 的中间品在 N 国生产，$b \in (\underline{b}, b_S^*)$ 的中间品在 S 国生产。当组装在 S 国进行时，N 国和 S 国的贸易利益分别为：

$$GFT_N(b_S^*:S) = \int_{b_S^*}^{\bar{b}}(1+t)db$$

$$GFT_S(b_S^*:S) = a_S + \int_{\underline{b}}^{b_S^*} b\,db$$

由 $b_S^* = 1 + t$：

$$GFT_N(b_S^*: S) = (1+t)(\bar{b} - 1 - t)$$

$$GFT_S(b_S^*: S) = a_S + \frac{1}{2}[(1+t)^2 - \underline{b}^2] \tag{2-12}$$

$$\frac{\partial GFT_N(b_S^*: S)}{\partial t} = \bar{b} - 2(t+1)$$

$$\frac{\partial GFT_S(b_S^*: S)}{\partial t} = 1 + t > 0 \tag{2-13}$$

命题2-2：由式（2-13），当组装在S国进行时，S国的贸易利益与t正相关。理由在于组装在S国进行时，t值越大，中间品在S国生产能够节约的运输成本越多，此时聚集力发挥作用，吸引更多的中间品在S国生产，带来S国贸易利益的增加。又由于组装在S国进行的条件是 $t < t'$，所以在 t' 上，S国的贸易利益达到最大化，达到：

$$GFT_S^{MAX}(b_S^*: S) = (GFT_S(b_S^*: S) \mid t = t') = a_S + \frac{1}{2}[(1+t')^2 - \underline{b}^2] \tag{2-14}$$

$$\frac{GFT_S^{MAX}(b_S^*: S)}{\partial a_S} = 1 - \left(\frac{1}{\alpha - 2\beta}\right)\left(1 + \frac{a_N - a_S}{\alpha - 2\beta}\right) \tag{2-15}$$

命题2-3：综合式（2-10）和式（2-14），无论组装在哪里进行，当 $t = t'$ 时，S国都将实现贸易利益最大化。

2. 独立决策

在上一部分的分析中，由于中间品和组装的区位选择由单一代理人做出，因此最终的生产布局将实现整个产品生产的成本最小化。但是在现实的全球价值链分工中，链条上的各环节有可能是由独立的企业完成的，这样的生产组织形式下，由于存在协调失灵（coordination failure）的可能，中间品和组装的区位选择将呈现不同的格局。在这一部分中，将利用同时博弈（simultaneous move）纳什均衡框架，探讨中间品生产上和组装厂商独立决策各自的生产区位时，生产链条的布局情况。

假设中间品生产商供应组装厂商需要成本。在同时博弈纳什均衡下，每个中间品生产商将组装厂商和其他中间品厂商的生产区位视为给定，从而选择供给组装厂商单位成本最低的地区作为自己的生产区位。此时，中间品厂商的区位选择正如图2-3中的集合N、S和NS所示。在上一部分的分析中，组装厂商选择在N国或S国组装以实现总成本的最小化，但是当上下游厂独立决策时，组装厂商在选择区位时将中间品厂商的区位视为给定。

第一种情况，组装以及集合 N 和 NS 的中间品生产在 N 国进行，集合 S 的中间品在 S 国生产。在中间品厂商的区位保持不变的情况下，组装厂商从 N 国转移到 S 国带来的成本变化是：

$$\Delta C(N \to S) = -(a_N - a_S - t\alpha) + t\left\{\int_{y \in N \cup NS} \theta(y)\psi(y)dy - \int_{y \in S} \theta(y)\psi(y)dy\right\} \quad (2-16)$$

对比式（2－3）和式（2－14），可以发现关键差别在于由于假设集合 NS 的中间品生产区位保持不变，因此式（2－3）中不等号左边第二项，也即集合 NS 中间品从 N 国转移到 S 国带来的生产成本差异不见了。保留的是组装要素成本和运输成本的变化［式（2－16）等号右边第一项］以及中间品生产和组装形成生产分割带来的离岸成本［式（2－16）等号右边第二项］。

第二种情况，组装以及集合 S 和 NS 的中间品生产在 S 国进行，集合 N 中间品在 N 国生产。在中间品厂商的区位保持不变的情况下，组装厂商从 S 国转移 N 国到带来的成本变化是：

$$\Delta C(S \to N) = (a_N - a_S - t\alpha) - t\left\{\int_{y \in N} \theta(y)\psi(y)dy - \int_{y \in S \cup NS} \theta(y)\psi(y)dy\right\} \quad (2-17)$$

因此，当 $\Delta C(N \to S) > 0$ 时，组装在 N 国进行就是均衡状态；如果 $\Delta C(S \to N) > 0$，组装在 S 国进行就是均衡状态。可以看到，第一，独立决策下的均衡并不一定带来总成本的最小化，式（2－16）和式（2－17）与式（2－3）的变形①不同；第二，可能存在多重均衡，因为在特定参数范围内，式（2－16）和式（2－17）可以同时成立，原因就于独立决策下，集合 NS 中间品的生产区位是给定的，而不是由组装厂商直接控制的。

为了简化分析，这里依然假定所有中间品的运输成本都是一样的，组装过程中对每一种中间品的投入密集度也是一样的，也即 $\theta(y) = \psi(y) = 1$。此时，组装在 N 国进行的条件简化为：

$$a_N - a_S < t[\alpha + \bar{b} + \underline{b} - 2b_N^*] \quad 或者 \quad A(t) > b_N^* \quad (2-18)$$

组装在 S 国进行的条件简化为：

---

① 式（2－3）变形后得到 $\Delta C(S \to N) = (a_N - a_S - t\alpha) + \int_{y \in NS} (1 - b(y))\psi(y)dy - t\left[\int_{y \in N} \theta(y)\psi(y)dy - \int_{y \in S} \theta(y)\psi(y)dy\right]$

$$a_N - a_S > t[\alpha + \bar{b} + \underline{b} - 2b_S^*] \quad 或者 \quad A(t) < b_S^* \qquad (2-19)$$

根据式（2－18）和式（2－19），最后的均衡就可以通过比较 A(t) 和离岸临界值来决定。仍然保持 $a_N > a_S$ 的假定，图 2－5 刻画了独立决策下组装和中间品的布局情况。图中靠下的粗线表示组装在 N 国进行的均衡，此时式（2－18）得到满足，在 N 国进行组装将实现成本最小化，$b \in [b_N^*, \bar{b}]$ 中间品将在 N 国生产。图中靠上的粗线表示组装在 S 国进行时的均衡，此时 $b \in [\underline{b}, b_S^*]$ 中间品将在 S 国生产，为了达到成本最小化此时组装也在 S 国进行。从图 2－5 中可以看到，当 t 处于中高水平时，聚集力发挥重要作用，存在两个均衡状态：一是大部分中间品都在 S 国生产，为了节约中间品的运输成本，组装也在 S 国进行；二是大部分中间品都在 N 国生产，为了节约中间品的运输成本，组装也在 N 国进行。初始状态下，t 值很高，所有的生产都在 N 国进行，随着 t 值的降低，将导致均衡沿着靠下的粗线向左滑动，直到在突变点 Ω，在 N 国组装的均衡状态消失，组装聚集到 S 国进行。在这一过程中，t 值的下降抑制了聚集力发挥作用，一些中间品回到 N 国生产。

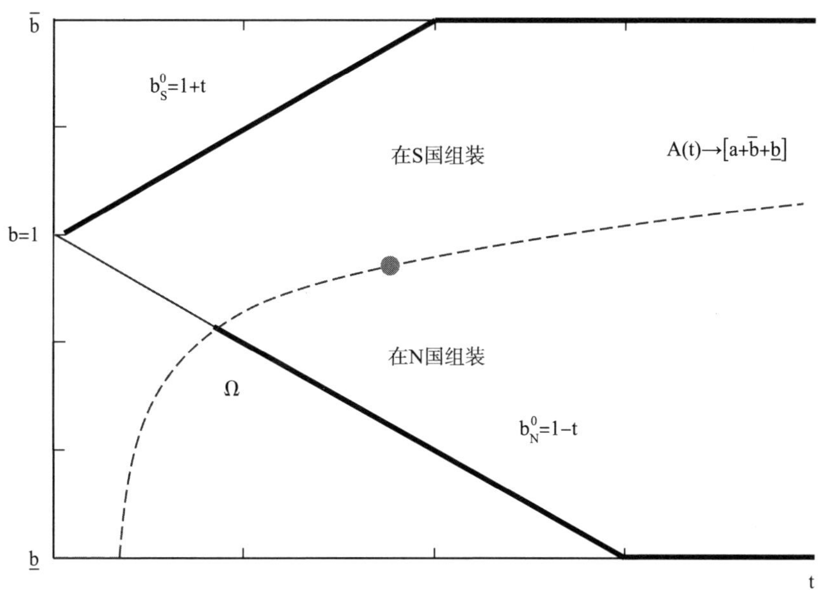

图 2－5　独立决策下的均衡布局（$a_N > a_S$）

资料来源：Baldwin and Venables. Relocating the value chain: off－shoring and agglomeration in the global economy. CEPR Working Paper, No. DP8163, 2010.

（三）蛇形生产结构

在蛇形生产结构下，产品沿着生产过程，在垂直分布的生产工序上不断累加价值增值。生产工序是连续函数，用 $z \in [0.1]$ 表示，$z=0$ 表示最上游的生产环节，$z=1$ 表示最下游的生产环节。每一个生产环节以固定比例投入基本要素与上一阶段中间品。每个生产环节需要投入的要素成本由于比较优势的不同在 N 国和 S 国是不同的。对于所有生产工序 z，N 国的要素成本单位化为 1，S 国的要素成本为 $\underline{c} \leqslant c(z) \leqslant \bar{c}$，所以 $c(z) < 1$ 的生产工序在 S 国的要素成本更低。除了生产成本之外，中间产品每跨越一次国境就会发生一次分割成本（separation costs），用 $\tau(z)t$ 表示，其中 t 仍表示离岸成本的整体水平，$\tau(z)$ 表示各生产环节的分割成本，可被看作生产链条上的各中间品的重量差异。和上一部分一样，仍然假设最终需求在 N 国。

蛇形生产结构与蜘蛛形生产结构的主要差别体现在两个方面：第一，蛇形生产结构下，产品生产严格按照垂直分布的生产工序进行，而蜘蛛形生产结构将其简化，仅按照 S 国的比较优势决定生产区位；第二，分割成本的差别，在蜘蛛形生产结构下，分割或离岸成本只有当中间品生产和组装不在一个国家进行时才会发生，而在蛇形生产结构下，只要中间产品跨越国境就会发生分割成本。

1. 单一代理人：成本最小化

图 2-6 的横坐标表示生产工序的排序 z，水平线是生产环节在 N 国进行时的单位成本（增加值）。图中的波浪线 $c(z)$ 和 $\tau(z)t$ 分别表示 S 国的中间品生产成本和分割成本。图中的 A、B 和 C 区间内的生产环节都是劳动密集型的，在 S 国生产成本较低。

如果将区间 $(0, \bar{z}_1)$ 的生产工序外包到 S 国，那么，实现的生产成本节约用 A 部分的面积表示，同时增加的运输成本为 $[\tau(0)+\tau(\bar{z}_1)]t$。假设 $\tau(0)=0$，因为最上游的中间品还没有物理形态，因此不涉及运输成本。但是把经 S 国生产后的中间品运输到 N 国需要运输成本 $\tau(\bar{z}_1)t$。因此，是否将这一部分生产工序离岸取决于生产成本的节约以及运输成本的提高。区间 $(\underline{z}_2, \bar{z}_2)$ 的生产环节如果外包到 S 国，节约的生产成本用 B 部分的面积表示，但是新增的中间品运输成本为 $[\tau(\underline{z}_2)+\tau(\bar{z}_2)]t$。显然将区间 $(\underline{z}_2, \bar{z}_2)$ 的生产环节全部外包到 S 国不会实现成本最小化，因为将 $\underline{z}_2$ 向右轻微移动，不会对生产成本的节约产生影响，但却可以节约有限的运输成本。由于最终消费在 N 国，意味着只有当区间（$\underline{z}_3$，1）的生产环节外包给 S 国实现的生产成本节约足以抵销生产两端的运输成本 $[\tau(\underline{z}_3)+\tau(1)]t$ 时，才会外包给 S 国。因此，将这部分生产环节外包给 S 国需要（$\underline{z}_3$，1）区间足够大。

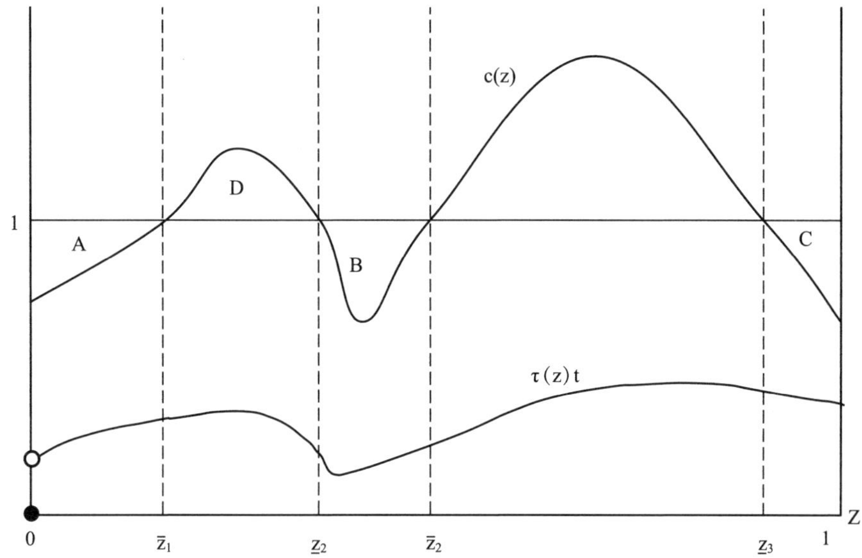

图 2-6　蛇形生产结构下的成本分布

资料来源：Baldwin and Venables. Spiders and Snakes: Offshoring and Agglomeration in the Global Economy. *Journal of International Economics*, 2013, 90（2）: 245-254.

为了更一般的分析，假设 S 国作为劳动丰裕型国家，越是靠近下游，S 国的成本优势越明显，也即 $\partial c(z)/\partial z<0$，此时将下游环节外包给 S 国能够节省更多的成本。此时，厂商需要找到生产分割点 $\tilde{z}$，以实现成本最小化。其中，$z\leqslant\tilde{z}$ 的生产环节在 N 国进行，$z\geqslant\tilde{z}$ 的生产环节在 S 国进行：

$$\tilde{z}=1:\ D(\tilde{z})=\int_0^1 dz$$

$$\tilde{z}\in(0,1]:\ D(\tilde{z})=\int_0^{\tilde{z}} dz+\tau(\tilde{z})t+\int_{\tilde{z}}^1 c(z)dz+\tau(1)t \tag{2-20}$$

对式（2-20）求导，对于 $\tilde{z}\in(0,1]$，得到成本最小化的一阶条件：

$$\frac{\partial D(\tilde{z})}{\partial z}=1-c(\tilde{z})+\tau'(\tilde{z})t \tag{2-21}$$

令式（2-21）等于 0，等到均衡生产分割点 $\tilde{z}$ 需要满足的条件 $c(\tilde{z})-$

$\tau'(\tilde{z})=1$。图 2-7 左半部分中的圆点表示满足这一条件的均衡点；图右半部分刻画了贸易成本与均衡分割点的关系。从图中可以看到，对于特定范围内的上游生产环节，无论 t 取何值，都不会外包，因为 S 国在上述范围内生产环节存在成本劣势；此时 t 很大范围内不存在外包，只有当 t 降低到一定临界值以下时，才会出现下游生产环节的外包。

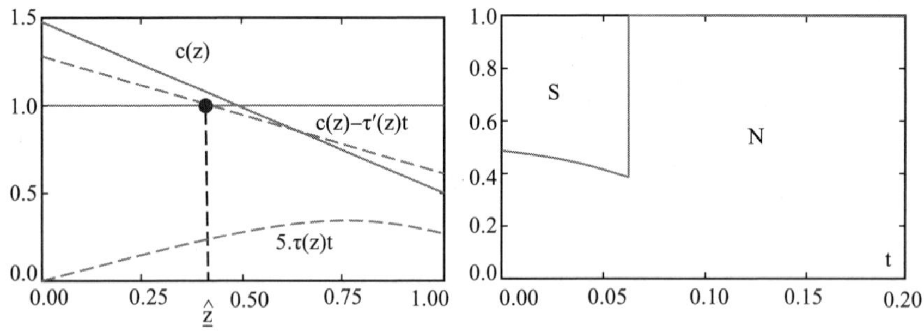

图 2-7　下游外包时的生产布局 [τ′(z) <0，τ″(z) <0]

资料来源：Baldwin and Venables. Relocating the value chain：off-shoring and agglomeration in the global economy. CEPR Working Paper，No. DP8163，2010.

由式（2-20），S 国获得的贸易利益为 $\int_{\tilde{z}}^{1} c(z)dz$，同时受到 c(z) 和 $\tilde{z}$ 的影响。c(z) 的提高一方面有利于在生产环节在 S 国进行时增加 S 国创造的价值增值，另一方面削弱了 S 国的生产成本优势，限制了外包给 S 国的生产环节范围，换言之 $\tilde{z}$ 是 c(z) 的函数。为了考虑生产布局对贸易利益的影响，下面探讨 $\tilde{z}$ 与 c(z) 的关系。从图 2-7 的左半部分可以看到，c(z) 下降将导致 $c(z)+\tau'(z)t$ 线的下移，从而使 $\tilde{z}$ 左移，因此有 $\partial\tilde{z}/\partial c(z)>0$。此时，外包给 S 国的中间品范围（$\tilde{z}$，1）增加，也即 S 国获得的贸易利益与 $\tilde{z}$ 负相关。因此有：

$$\frac{\partial\int_{\tilde{z}}^{1} c(z)dz}{\partial c(z)}=\frac{\partial\int_{\tilde{z}}^{1} c(z)dz}{\partial\tilde{z}}\cdot\frac{\partial\tilde{z}}{\partial c(z)}<0 \tag{2-22}$$

命题2-4：由式（2-22），当 $\partial c(z)/\partial z<0$ 时，S 国获得的贸易利益与其生产成本 c(z) 负相关，也即 S 国的生产成本优势越明显（c(z) 越低），外包给 S 国的生产环节范围越多（$\tilde{z}$ 越小），S 国获得的贸易利益越大。

除了 S 国的生产成本 c(z) 之外，t 也是影响生产布局的重要因素。t

对 $\tilde{z}$ 以及 S 国获得的贸易利益的影响将取决于 $\tau'(z)$。如果 $\tau'(z)>0$（见图 2-8），意味着产品越靠近下游，劳动密集度越高，运输成本越高，此时 t 越低，$\tilde{z}$ 越小，外包给 S 国的生产环节越多，S 国获得的贸易利益越大；如果 $\tau'(z)<0$（见图 2-7），意味着产品越靠近下游，劳动密集度越高，运输成本越低，此时 t 越低，$\tilde{z}$ 越大，外包给 S 国的生产环节越少，S 国获得的贸易利益越小。

命题 2-5：当 $\tau'(z)>0$，S 国获得的贸易利益与 t 值负相关；当 $\tau'(z)<0$，S 国获得的贸易利益与 t 值正相关。

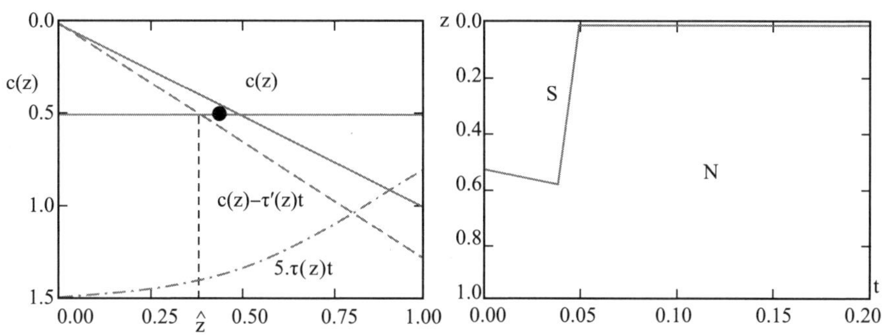

图 2-8　下游外包时的生产布局（$\tau'(z)>0$，$\tau''(z)>0$）

资料来源：Baldwin and Venables. Relocating the value chain：off - shoring and agglomeration in the global economy. CEPR Working Paper，No. DP8163，2010.

同时，对比图 2-7 和图 2-8 的右半部分，当下游生产环节的运输成本较高时，对 S 国进行下游环节的外包需要更低的 t 值，因为此时要克服的最终产品运输成本 $\tau(1)t$ 更高；相应的，与 $\tau'(z)>0$ 的情形相比，$\tau'(z)<0$ 时，S 国能够从事的生产环节越多，获得的贸易利益越大。

引理 2-2：降低下游环节中间品相对于上游环节中间的贸易成本将有利于提高 S 国获得的贸易利益。

2. 独立决策

假设部分价值链现在由独立的企业控制，假设每个厂商负责的长度为 δ。仍然保持 S 国在下游环节优势更加明显的假设，也即 $c'(z)<0$。因此，外包从最下游开始。此时，最下游的厂商控制的价值链长度为 $[1-\delta, 1]$，那么将生产从 N 国转移到 S 国带来的成本差异为：

$$\Delta C(0,\ \delta) = \int_{1-\delta}^{1} [c(z) - 1]dz + \tau(1-\delta)t + \tau(1)t \qquad (2-23)$$

其中包括生产成本的节约（$\int_{1-\delta}^{1}[c(z) - 1]dz$）以及运输成本的增加。如果生产区位的上述移动能够带来更多的利润，那么其上游环节位于 N 国，下游环节位于 S 国，从事［z，z－δ］生产环节的厂商的生产区位是否转移取决于带来的成本差异：

$$\Delta C(z,\ z+\delta) = \int_{z-\delta}^{z} [c(z) - 1]dz - \tau(z)t + \tau(z-\delta)t \qquad (2-24)$$

当 δ→0 时，式（2－24）是 $D(\tilde{z})$ 在区间（0，z）上斜率，也即该条件是与单一代理人条件下相一致，是实现总成本最小化的必要条件。但是式（2－23）则涉及成本的跳跃式增长，因为在生产环节的两端都需要支付运输成本。这意味着，只有当 S 国的生产成本优势足够大时，且 δ 足够长时，S 国才会通过从事［1－δ，1］的下游环节融入全球价值链并获得贸易利益 $\int_{1-\delta}^{1} c(z)dz$。这一点对于 S 国（发展中国家）的政策含义在于，降低中间品和最终产品贸易成本，提升在下游环节的成本优势，延长其所控制的价值链的长度，将有利于吸引劳动密集型生产环节在该国进行，获得更多的贸易利益。

引理 2－3：在独立决策下，在劳动密集环节具有比较优势的 S 国，其贸易利益与其生产成本 c(z) 和贸易成本 t 负相关，与其控制的价值链长度 δ 正相关。

第二节　全球价值链下要素层面贸易利益的决定和分配

从斯托珀－萨缪尔森定理（简称 S－S 定理）开始，关于贸易与要素收入分配的讨论就一直是学术界和政策界关注的焦点。尤其是对于发展中国家，如何在参与全球化的过程中实现减贫具有重要的现实意义。因此，开放与收入分配是一个重要的发展议题。近年来，国内要素收入差距加大成为包括发达国家和发展中国家在内很多国家的特征（OECD，2015），即使在全球收入不平等缓解的时候也未曾改善（Milanovic，2012）。与此同时，随着全球价值链这一新型国际分工形式的快速发展，关于全球化与收入分配的讨论再一次受到关注，主要体现在两个层面：一是全球价值链分工对要素价格或报酬的影响，这部分研究主要集中在探讨作为全球价值链重要表现形式的 FDI、离岸和外包对工资（技术工人工资和非技术工人工资）以及就业的影响，更加关注导致要素价格差异（inequality）的原因；二是全球化对要素收入分配的影响，主要考察贸易和 FDI 对要素收入分配的影响，重点考察全球化对劳动收入和资本收入在国民收入份额的影响。

一、相关文献综述

（一）全球化与要素报酬差异

从历史上看，研究贸易对要素价格影响的主要理论工具就是斯托珀—萨缪尔森定理（Stolper and Samuelson，1941），该定理在两国（北方国家和南方国家）模型下，假设两国利用技术工人和非技术工人生产在技能密集度存在差异的同质产品。其中，北方国家拥有相对丰裕的技术工人，南方国家拥有相对丰裕的非技术工人。与开放条件相比，由于技术工人密集型产品相对价格降低，封闭条件下的技能溢价[①]（skill premium）更小。开放贸易后，技术工人密集型产品价格提升，更多的劳动力从劳动密集型部门向非技术工人密集型部门转移，导致对技术工人的相对需求增加，进一步提高了技术工人的工资，加大了技术工人和非技术工人之间的工资差距。对于南方国家，情况则正好相反。因此，按照 S－S 定理，贸易将加大发达国家技术工人和非技术工人之间的收入差距，同时减小发达国家和发展中国家的工资差距。

随后，很多研究开始验证 S－S 定理的有效性。邦德和约翰逊（Bound and Johnson，1992）研究表明，在 20 世纪 80 年代，美国技术工人与非技术工人之间的工资差距显著提升，而同期美国与发展中国家的贸易也显著增长，似乎验证了 S－S 定理的有效性。但是，一些研究还发现了 S－S 定理无法解释的有趣现象，比如：不仅美国的技术溢价提升，很多发达国家和发展中国家的技术溢价也出现了提升（Berman，Bound and Machin，1998）；美国的技术溢价提升主要源于产业内部的技术密集度提升，而不是由技术工人密集型部门相对非技术工人密集型部门的规模扩张导致的（Berman，Bound and Griliches，1994）；劳伦斯和斯劳特（Lawrence and

---

① 技术工人工资与非技术工人工资的比例。

Slaughter，1993）发现没有证据表明20世纪80年代，技术工人密集型产品价格提升比非技术工人密集型产品提升得多。戴维斯和米什拉（Davis and Mishra，2007）甚至认为S－S定理已经失效（Stolper－Samuelson is Dead）。S－S定理实证证据的缺乏意味着需要在贸易和要素价格之间探索新的机制（Hummels et al.，2016）。

1. 资本流动/FDI

费恩斯特拉和汉森（1996）被认为是探讨国际化生产对要素价格影响的开创性文献。该研究构建了一个理论模型，考察存在连续中间品投入情况下给定产业的专业化问题。模型假设有北方和南方两个国家，北方国家拥有相对丰裕的技术工人，封闭条件下的技术溢价更高。但与S－S定理不同的是，模型假设存在一个最终产品部门，生产中需要投入连续的可贸易中间品，既可以是实物形态的零部件，也可以是组装、研发或营销等服务环节。中间投入的生产需要技术工人、非技术工人以及资本三种要素。模型还假设投入品成本中的资本比例是一致的，但是技能密集度在投入品之间存在差异。如果投入品的贸易成本为零且投入品同质，那么在均衡状态下，两国根据比较优势在连续投入品的生产过程中实现专业化，南方国家专业化从事一系列非技术工人密集型投入品的生产，北方国家则专业化从事技术工人密集型投入品的生产。为了考察生产分割对技术溢价的影响，文章假设发达国家以FDI的形式向南方国家输出资本，导致北方国家的资本价格提升以及北方对南方离岸更多的投入品生产。这一系列的变化改变了两国在连续中间品的专业化模式。与南方国家自身专业化从事的投入品相比，新离岸的投入品的技能密集度更高，但不及北方国家专业化生产的投入品的技能密集度。因此，离岸导致北方国家和南方国家生产的平均技能密集度的同时提高，增加了对技术工人的相对需求和技术溢价。此后，费恩斯特拉和汉森（1997，1999）分别利用墨西哥和美国数据对FDI的要素价格效应进行了实证检验。思恩和武（Hsieh and Woo，2005）以及阿米蒂和魏（Amiti and Wei，2005 and 2009）利用与费恩斯特拉和汉森（1997，1999）构建的指标，考察了以FDI为形式的离岸生产对工资差距的影响，得出了与理论一致的结论。

在费恩斯特拉和汉森（1996）基础上，萨驰和莎慈（Sachs and Shatz，1998）构建理论模型，考虑在产品相对价格不发生变化的情况下，与发展中国家的贸易对发达国家不同技术劳动收入差距的其他影响渠道，包括资本流动、进口竞争以及国际分工的深化。其中，关于发达国家对发展中国家 FDI 的要素价格效应的探讨与全球价值链尤为相关。但是与费恩斯特拉和汉森（1997）假设仅存在一个部门不同的是，萨驰和莎慈（1998）假设存在可贸易中间品、可贸易最终产品以及不可贸易品三个部门。最终产品是技术密集型部门，中间品部门是非技术劳动密集型部门，既可以在北方国家生产，也可以通过 FDI 在南方国家生产。另一个重要差别在于，萨驰和莎慈（1998）将资本视为特定要素，中间品部门的资本无法生产非贸易品，非贸易品部门的资本也无法生产中间品。由于南方国家的非技术工人工资较低，北方国家就会通过 FDI 将部分资本转移到南方国家用来生产中间品，以获得更高的资本报酬。此时国内资本存量下降，导致国内中间品部门对非技术工人的需求减少，非技术工人转移到非贸易品部门，在非贸易部门资本不发生变化的情况下，这会进一步引发非贸易部门劳动边际产出的下降，导致该部门密集使用的非技术劳动工人工资下降，即使从南方国家进口中间品的价格不发生变化也是如此。

对于发展中国家而言，如果全球化导致更多的资本流入，而资本的使用又需要投入更高比例的技术劳动的话，那么资本流动/FDI 的增加就会提高对技术工人的相对需求，扩大技术溢价。克拉格和埃佩尔鲍姆（Cragg and Epelbaum，1996）和贝尔曼、伯兹奥尔和塞克利（Behrman，Birdsall and Szekely，2000）分别针对加入北美自由贸易区（NAFTA）之前的墨西哥和一些南美国家，验证了资本品价格下降将增加对资本品和技术工人的需求。费恩斯特拉和汉森（1997）利用美国制造业数据表明，FDI 增加了对技术工人的需求，提高了技术工人在收入分配中的比例。利普西和肖霍姆（Lipsey and Sjöholm，2004）利用印度尼西亚企业层面的数据，表明与内资企业相比，外资企业往往会支付更高的工资，企业所有权是影响工资差异的重要因素。托马哈拉和约克特（Tomohara and Yokota，2011）分析了泰国的企业层面数据，结果表明 FDI 发挥了类似于技术偏向型技术进步的作用导致工资差距加大。与上述研究直接考察 FDI 与要素价格关系不同，戴等人（Dai et al.，2012）将重点放在了加工贸易企业的生产率问题，实证结果表明加工企业支付的工资较低，加之中国加工贸易主要由外资企业完成，这意味着在中国，外资企业并没有带来工资加成。

2. 贸易与技术进步

阿赛莫格卢（1998）的主要贡献在于将技术进一步内生化，指出决定偏向技术型进步的两个关键因素：（1）价格效应，所生产产品的价格越高，技术进步得越快，理由在于密集使用稀缺要素的产品往往价格更高，因此更容易出现节约稀缺要素型的技术进步，节约要素投入成本的效果越明显。(2) 市场规模影响，要素越丰裕，技术进步的使用范围越大，技术进步提高产出的作用越明显。由于要素价格与要素丰裕度负相关，因此上述两种影响之间是相互抵消的，哪一种作用占主导由生产要素之间的替代弹性决定。当替代弹性小时，稀缺的要素价格增高，价格影响相对更占优势；反之，当替代弹性大时，市场规模效应将发挥主导作用。

伍德（Wood，1994）是分析国际贸易对技术进步及其偏向影响的开创性文献。阿赛莫格卢（2002，2003）在伍德（Wood，1994）基础上，构建理论模型表明国际贸易将导致技能偏向型技术进步，从而导致不同劳动力之间收入差距扩大。阿赛莫格卢（2002）在刻画技术溢价如何随着时间变化以及国家间技术溢价的差别基础上，构建模型分析了国际贸易如何以技术进步为渠道影响技术溢价。文章指出，技术溢价由技术和技能工人的相对供给共同决定。在技术保持不变的条件下，技术工人相对供给的增加将减少技术溢价。但是，技术工人相对供给的持续增加，由于市场规模效应带来技术偏向性的技术进步，反过来进一步增加对技术工人的需求。模型分析指出国际贸易通过价格效应和市场规模效应引发技术偏向型技术进步，进而提升发达国家和发展中国家的技术溢价，加剧两国的收入差距。值得一提的是，阿赛莫格卢（2003）还探讨了发展中国家知识产权保护程度对发达国家技术进步方向的影响，他认为贸易开放对技术进步方向的影响依赖于南方国家的知识产权保护程度。如果南方国家能提供完善的知识产权保护，国际贸易会通过扩大北方国家劳动偏向型技术的市场规模，导致技术进步偏向非技能劳动力。反之，如果南方国家不能有效保护知识产权，北方国家的创新市场大小不变，在这种情况下，国际贸易提高了北方国家技术密集型中间品的价格，导致技术进步偏向技能劳动力。徐（Xu，2001）在 H—O 框架下构建两国、两部门、两要素模型，考察技术进步对相对要素价格的影响。模型将技术进步按照要素节约偏向型，要素投入偏向型以及部门偏向型进行区分，考察了在不同需求替代弹性和生产替代弹性条件下，不同类型技术进步对要素价格的影响。文章还重点剖析了技术进步的要素偏向类型以及部门偏性类型对要素价格的影响。

上述关于技术进步对要素价格影响的研究大多是在 $2\times2\times2$ 的 H—O 框架下展开，同时采用特定形式的生产和需求函数，如里昂惕夫生产函数、柯布 - 道格拉斯形式等。而生产函数和需求函数形式的选择在很大程度上影响研究结论。因此，关于技术进步的要素价格效应的理论研究的结论并不一致。在此背景下，斯特勒尔（Stehrer，2004）在徐（Xu，2001）基础上，在一般均衡框架下，将模型拓展到多国多部门，使用CES形式的生产和需求函数，考察本国和外国不同要素节约型、不同部门技术进步导致本国和外国技术工人相对工资提升或下降的必要和充分条件，结果表明，技术创新的技术密集度、需求和供给替代弹性、相对要素禀赋以及均衡工资都是影响技术进步要素价格效应的重要因素。

朱和特勒副勒尔（Zhu and Trefler，2005）构建两个国家（北方和南方），两个要素（技术工人和非技术工人）李嘉图贸易型，同时考虑要素禀赋带来的比较成本优势，重点考察了南方国家技术进步对两国要素价格差异的影响。与费恩斯特拉和汉森（1997）不同的是，朱和特勒副勒尔（2005）的重点在于考察技术进步的影响而不是资本流动的影响。模型的主要特征包括：第一，李嘉图模式的比较优势（考虑技术因素）；第二，技术工人与非技术工人之间的要素替代；第三，技术偏向型技术进步。结果表明，南方国家的技术偏向性进步将引致北方国家将本国技术密集度最低，同时将对南方国家而言技术密集度最高的中间品转移到南方国家生产，这将导致北方国家和南方国家的技术溢价同时提高。朱和特勒副勒尔（2005）还对上述结论进行了实证检验，结果表明南方国家的技术偏向型技术进步通过导致南方国家的贸易结构偏向技术密集型产品，加剧南方国家的收入差距。

可以看到，上述研究往往单独用国际贸易和有偏技术进步来解释收入差距，但是有证据表明技术偏向型技术进步与国际贸易是相互影响的（Acemoglu，2002；Attanasio，Goldberg，and Pavcnik，2004；Chusseau et al.，2008 et al.）。围绕究竟是贸易还是技术进步导致要素价格差异（wage equity）的问题，费恩斯特拉和汉森（2001）认为国际贸易有与技术偏向型技术进步类似的效果，二者都会通过增加技术工人的相对需求，提高技术工人的工资，加剧收入差距。因此，区分要素价格变化到底是由贸易导致的还是技术进步导致的是一个实证问题而不是一个理论问题（2001）。因此，有很多文献对此问题进行实证检验（Leamer，1996；Baldwin and Cain，1997；Haskel and Slaughter，2001；Morrison，Paul and Siegel，2001；Haskel and Slaughter，2002；Cuyvers，Dumont and Rayp，2003；Attanasio，Goldberg，and Pavcnik，2004；Aghion et al.，2006 et al.）。楚瑟欧等人（Chusseau et al，2008）对该领域的文献进行了极为详尽的梳理。

上述研究大多在产业层面探讨技术进步与国际贸易对要素价格差异的影响。随着异质企业贸易理论（Melitz，2003）的出现，学者开始从企业层面解释技术进步与国际贸易的要素价格效应。耶普尔（Yeaple，2005）构建包含异质性企业和异质性工人的贸易模型，同时将企业异质性内生化，将其视为技术工人分布和生产技术选择的结果。贸易通过降低高技术相对较高的生产成本，提高了对技术工人的相对需求，进而扩大了技术溢价。

布斯托斯（Bustos，2007）对梅里兹（2003）和耶普尔（Yeaple，2005）进行了拓展，解释了贸易开放带来的技术进步对发展中国家技术升级的影响。同时通过实证检验，验证了贸易引致的技能偏向型技术进步确实存在。巴斯（Bas，2008）在一般均衡框架下，构建包含异质企业、技术选择以及不同类型技术劳动的贸易模型，考察贸易对企业技术选择以及工资差异的影响。与耶普尔（2005）不同，巴斯（2008）假设企业的异质性在生产开始之前就已存在，企业不仅雇佣技术工人，还需要非技术工人。在此框架下，文章重点解释了发展中国家技术溢价提高的原因，并指出贸易政策可以通过提高高生产率企业的利润，促进其技术升级，进而增加对技术工人的相对需求，导致发展中国家高技术工人和低技术工人之间的收入差距的加剧。在实证方面，伯纳德和詹森（Bernard and Jensen，1999）利用企业层面数据验证了出口会通过增加对技术工人的相对需求带来高技术工人与低技术工人之间的工资差距，企业生产技术的进步是导致企业升级的决定性因素但不是收入差距扩大的决定性因素。

3. 贸易自由化

（1）开放贸易的影响

贸易与工资之间的关系是从一系列的实证研究开始的，很多研究利用不同国家的数据，表明出口企业的工资更高，比如伊思古特（Isgut，2001）、万别瑟布鲁克（Van Biesebroeck，2005）、阿尔瓦雷斯和洛佩兹（Alvarez and Lopez，2005）、德罗艾克（De Loecker，2007）、兰詹和雷超杜里（Ranjan and Raychaudhuri，2011）、布雷恩里驰和格里斯果洛（Breinlich and Criscuolo，2011）以及阿特金（Atkin，2012）等。同时还有学者关注进口与工资的关系，比如伯纳德等人（Bernard et al.，2007a）、马丁斯和奥普罗莫拉（Martins and Opromolla，2012）、谢佛德和斯通（Shepherd and Stone，2012）、赫尔普曼等（2015）。

伯纳德，雷丁和肖特（Bernard，Redding and Schott，2007b）通过在H—O 框架下引入异质性企业，实现了产业层面和企业层面的对接。文章构建理论模型，采用标准的 2×2×2 的 H—O 框架，同时假设存在一系列异质性企业。理论分析表明，贸易自由化促进产业层面李嘉图形式的技术进步，增强国家在该行业的比较优势。企业层面，贸易自由化导致优势行业中的企业出口可能性增加，在贸易的作用下，比较优势行业的企业规模增长更快，数量增加的更多，导致比较优势行业的就业岗位比比较劣势行业的更多。卡拉巴和迈凯伦（Karabay and McLaren，2009）构建两国、两部门、两要素模型，考察了以自由贸易和离岸为表现形式的国际化如何通过长期雇佣关系中的风险影响工资波动性和工人福利。结果表明自由贸易损害了发达国家工人的利益，同时也减小了该国工人工资的波动性；而离岸则有利于提高发达国家工人的福利水平，同时也会增加其工资的不确定性。

阿米蒂和戴维斯（Amiti and Davis，2011）是在企业层面系统剖析贸易自由化对工资影响的开创性文献。文章在异质企业贸易理论框架下，构建理论模型分析表明，最终产品和中间品关税削减对劳动力工资的影响因企业融入全球化方式的不同而不同。中间品关税的下降会降低进口竞争企业的工资，同时会提高出口企业的工资。此外，中间品关税降低对利用进口中间品的企业工资的提升效果要好于对仅采用国内中间品的企业。文章进而利用印度尼西亚的企业数据进行实证检验，结果印证上述结论。该研究具有重要的政策含义：一方面，企业异质性非常重要，不仅全球化企业的影响是异质性的，对企业不同工人工资的影响也是异质性的；另一方面，融入全球化的方式非常重要，最终产品和中间品关税减免对工资的影响将取决于企业的全球化方式，贸易自由化将提高全球化程度高企业的工资，降低内向型企业的工资。

赫尔普曼等（2016）在赫尔普曼、伊慈科基和雷丁（Helpman，Itskhoki and Redding，2010）基础上，引入企业的出口市场选择，从而丰富了贸易对要素收入不平等的影响机制。模型假设企业的异质性体现在生产率、人力资源管理以及固定出口成本三个方面，提炼出贸易影响工资差异的两个渠道：市场接近效应（出口提高了企业的就业和工资）以及选择效应（与其他企业相比，出口企业往往规模更大、支付的工资更高），并利用巴西的就业数据实证考察了贸易对相同岗位和部门工资的影响，结果表明企业之间的工资差异是导致部门内工资差异的主要原因，而企业之间的工资差距又与就业规模和贸易参与度有关。

除了以上理论研究之外，还有很多研究利用不同国家的企业层面数据对贸易的要素价格效应进行实证检验，主要包括阿米蒂和柯宁斯（Amiti and Konings，2007）、佛胡根（Verhoogen，2008）、戈德堡等人（Goldberg et al，2010）以及阿米蒂和卡梅隆（Amiti and Cameron，2012）等。与上述研究不同，艾本斯德恩等人（Ebenstein et al.，2013）将美国产业层面的贸易数据与工人层面的数据对接，对贸易和离岸的要素价格效应进行检验，结果表明全球化给岗位层面带来的工资效应要强于给产业层面带来的工资效应，全球化会导致离开制造业和转岗的工人的工资下降，这一点对从事常规生产任务的工人尤其明显。

（2）引入劳动力市场摩擦

贸易对要素价格的影响在很大程度上还受到劳动市场特征的影响，劳动市场摩擦（friction）和不完全性（uncomplete）将影响雇佣者和受雇者之间的搜寻（search）和匹配（match）成本，从而能够左右贸易对就业和要素价格的影响。虽然有些研究，比如米特拉和兰詹（Mitra and Ranjan，2007），哥伊舍克和蒙克（Geishecker and Munch，2008）等，尝试从产业层面探讨该问题，但是在企业层面的研究取得了更加长足的发展。阿赛莫格卢（1998）这方面的开创性文献，剖析了劳动力搜寻成本对企业搜寻劳动力类型以及对工资水平的影响。文章表明当技术工人很少或技术工人与非技术工人的生产率差异不大时，企业仅需要一种类型的劳动力。技术工人比例的增加以及技术偏向型技术将导致劳动力技术结构的变化，增加对技术工人的需求，扩大不同技术层次劳动之间的工资差距。

赫尔普曼和伊慈科基（Helpman and Itskhoki，2008）构建两国两部门模型，其中一个部门生产同质产品，另一个部门生产差异化产品，该部门具有垄断竞争的市场结构以及企业异质性，两个部门均面临劳动市场摩擦以及工资议价。两国劳动力市场摩擦程度存在差异，从而成为影响贸易利益分配的因素之一。如果生产差异产品部门的劳动市场摩擦程度低，那么贸易开放就会提高该国的失业率；如果生产差异产品部门的劳动市场摩擦程度高，那么贸易开放就会降低该国的失业率。因此，劳动摩擦程度降低不一定会降低失业率，劳动力市场摩擦程度以及贸易成本的降低可能带来失业率和服务水平的同时提高。赫尔普曼、伊慈科基和雷丁（2010）在赫尔普曼、伊慈科基（2010）基础上，在异质性企业贸易理论框架下，引入劳动市场摩擦，考察了贸易自由化对要素价格和失业的影响。模型的主要特点在于：第一，引入异质性企业，使得贸易导致的资源重新配置可以在产业和企业层面同时展开；第二，考虑企业在筛选劳动力能力以及议价能力方面的差异，导致企业内利润分配以及企业间工资的差异；第三，引入劳动市场摩擦，使得均衡条件下失业以及同质劳动力获取不同工资成为可能。结论认为，与封闭条件相比，贸易会带来更高的部门内部失业和工资水平差异，贸易开放程度与部门内失业率和收入差距之间存在非单调关系。伊慈科基和赫尔普曼（2015）意识到贸易自由化会引发劳动在部门内部不同企业间的重新配置，因而在异质性企业框架下引入劳动力市场摩擦，分析了贸易自由化对不同企业及其雇员的影响。理论分析表明，面对贸易自由化，高生产率出口商会提高雇佣规模，而低生产率出口企业有的会退出市场，有的会裁减雇佣规模后留在行业内。在这种情况下，先前报酬一样的劳动力收到贸易自由化冲击后的境遇会出现分化，因为与低生产率相比，高生产率企业会给雇员提供更高的工资和更好的岗位保证。

塞苏帕蒂（Sethupathy，2013）在异质企业贸易理论框架下，引入工资议价，将企业的离岸角色内生化。离岸成本的下降将导致离岸企业的国内工资相对于非离岸企业国内工资的提高，同时生产率效应将足以抵销要素供给效应，带来离岸企业国内就业的提高。但是，非离岸企业由于丧失市场份额会出现就业的下降。文章进而利用墨西哥的 FDI 数据实证检验表明，与那些没能充分利用离岸成本降低的企业相比，积极实行离岸企业的工资会提高更多。

阿图克等人（Artuc et al.，2010）通过引入工人在部门间转换时的两种成本，考察了劳动市场摩擦对贸易与收入差距关系的影响。一方面，贸易的收入分配效应在短期和长期内是不同的；另一方面，劳动摩擦的存在，意味着事先给出贸易开放预期将缓解劳动从进口竞争部门的流出，减少出口部门劳动从贸易中的获益，从而影响收入分配。安德森（Anderson，2009）假设工人可以自己选择在哪个部门获得技能，使得作出决策后的工人成为部门特定要素，贸易开放将通过影响工人的就业决策带来部门间的收入差异进而增加收入差距。

4. *离岸和外包*

关于离岸的理论研究近些年发展迅速，主要包括全球价值链理论（Antràs and Chor，2013，Baldwin and Venables 2013，Costinot，Vogel and Wang，2013 et al.），企业边界以及离岸和 FDI 如何选择（Antràs and Helpman，2004）以及企业组织层级（organizational hierarchies）的研究（Antràs，Garicano and Rossi－Hansberg，2006）等。安特拉斯和罗斯－汉斯伯格（Antràs and Rossi－Hansberg，2009）、安特拉斯（2014）以及安

特拉斯和耶普尔（Antràs and Yeaple，2014）对上述领域的研究进行了详尽的综述。与离岸的理论研究比起来，关于离岸或外包与要素价格关系的理论研究则相对较少。

博斯坦和沃格尔（Burstein and Vogel，2010）构建同时考虑国际贸易和多国生产（multinational production，MP）的多国模型，从三个层面对传统的2×2×2的H—O框架进行拓展：首先，不仅考虑部门之间的生产率差异，还考虑了部门内部不同生产商之间的生产率差异；其次，考虑任何要素偏向型的技术进步；最后，考虑到美国国外分支机构的销售大于出口，将跨国生产纳入分析框架，允许生产者在存在成本的条件下，利用自己的技术在别国生产。基于上述框架，模型考察了国家间要素禀赋与部门生产率，部门内部不同生产商生产技术差异以及技术偏向型技术进步之间的相互影响。结果表明，贸易和跨国生产成本的下降，将引导资源向该国具有比较优势的部门流动，导致技能丰裕（或稀缺）国家的技术溢价提高（或下降），部门内部贸易和跨国生产成本的下降则将导致资源向生产率更高或技术密集度更高的生产流动，引发所有国家技术溢价的提升。伯斯坦和沃格尔（Burstein and Vogel，2010）还利用美国与发达国家以及发展中国家之间的贸易和跨国生产数据验证了上述结论。伯斯坦和沃格尔（Burstein and Vogel，2010）的创新在于，重点研究同质国家（北方国家和北方国家）之间的离岸通过引发在部门间和企业间资源重新配置对技术溢价的影响，这一机制在北方国家和南方国家之间的离岸是不存在的。

与理论研究相比，关于离岸外包工资效应的实证研究要丰富得多。根据考察层面的不同，可将实证研究分为以下几类：第一类，企业数据，主要包括果歌和汉雷（Görg and Hanley，2004）、比斯科普和科拉马兹（Biscourp and Kramarz，2007），迈恩和朱（Mion and Zhu，2013）、阿米蒂和戴维斯（Amiti and Davis，2011）以及阿米蒂和卡梅隆（Amiti and Cameron，2012）等；第二类，公开发布的就业数据，比如刘和特雷富勒（Liu and Trefler，2008）、刘和特雷富勒（Liu and Trefler，2011）以及艾本斯特恩等人（Ebenstein et al.，2013）等；第三类，劳动市场的供求数据，包括马丁斯和奥普罗莫拉（Martins and Opromolla，2009）、胡默斯等人（Hummels et al.，2014）等；第四类，岗位层面，这类研究主要考察离岸对不同岗位工资的影响，比如克里斯果勒和格里卡诺（Criscuolo and Garicano，2010）、克里诺（Crino，2010）、奥塔维亚诺，佩瑞和赖特（Ottaviano，Peri and Wright，2013）以及贝克、艾克尔母和沐恩德勒（Becker，

Ekholm and Muendler，2013）等。

5. 全球价值链与任务贸易

近年来，随着全球价值链分工的不断深化，关于任务贸易和要素价格之间关系的研究不断涌现。其中，格罗斯曼和罗斯汉斯伯格（2008）是该领域的开创性研究。

格罗斯曼和罗斯汉斯伯格（2008）放松了费恩斯特拉和汉森（1997）仅有一个部门，所有中间品的离岸成本都一样的假设，构建了区分产品和任务的离岸理论框架。模型假设有两类连续的生产任务，一类任务由技术工人完成，一类任务由非技术工人完成；两个部门，各自生产一种最终产品，两个部门都需要投入技术任务和非技术任务，但是在技术任务密集度上存在差别；两个国家，北方国家和南方国家，北方是技术工人丰裕型国家，南方是非技术工人丰裕型国家，这导致北方国家有意愿将非技术任务转移到南方国家。模型还假设不同生产任务的离岸成本是不同的，这意味着只有离岸成本低的生产任务才会实现离岸，而离岸成本高的生产任务将保持在北方国家进行。由于北方国家两个部门都需要投入非技术生产任务，因此都可以离岸。通过假设离岸生产任务和仍在北方国家进行的生产任务具有一样的技术密集度，因此离岸专业化模式的决定因素聚焦在离岸成本而不是要素密集度。

模型进一步假设所有非技术生产任务的离岸成本同比例降低，最终产品的价格保持不变。由此，北方生产者的利润提高，但是密集投入非技术任务的生产者利润提高得更多，导致该部门扩张，非技术劳动在两个部门间流动导致对非技术劳动的相对需求增加。虽然离岸对非技术劳动需求有抑制作用，但是部门的扩张足以扩大在岸生产对非技术工人的需求。因此，离岸成本的下降，北方国家将更多的非技术生产任务转移到南方国家，非技术工人工资提高，由于技术工人工资不发生变化，因此技术溢价下降。格罗斯曼和罗斯汉斯伯（2008）将这一影响称为“生产率效应”（productivity effect），与劳动节约型技术进步有类似的效果。除了生产率效应，格罗斯曼和罗斯汉斯伯格（2008）还探讨了相对价格效应（relative price effect）和劳动供给效应（labor supply effect）。前一个效应类似于S－S定理。而劳动供给效应源于随着北方国家将越来越多的非技术生产任务转移到南方国家，因此非技术密集部门的非技术工人会从该部门释放，在其他部门寻求新的岗位。这将带来与供给增加相同的效果，导致非技术工人工资的下降。格罗斯曼和罗斯汉斯伯格（2008）的理论贡献在于，将生产率效应、相对价格效应和劳动供给效应纳入统一的分析框架，并分析出决定哪个效应起主导作用的条件。罗马格萨（Romagosa，2010）利用数值模拟的方法考察了不同参数条件下格罗斯曼和罗斯汉斯伯格（2008）结论的稳健性，同时通过将生产任务类型从两种拓展到三种并假设只有中技术任务可以外包，更加丰富了格罗斯曼和罗斯汉斯伯格（2008）模型中任务贸易对要素收入差距的影响机制。

与格罗斯曼和罗斯汉斯伯格（2008）不同，格罗斯曼和罗斯汉斯伯格（2012）构建模型对发生在要素禀赋、技术能力相同，但规模不同两国之间的任务贸易进行刻画，并分析其对工资的影响。模型假设存在两种要素（技术工人和非技术工人），两个国家（要素禀赋相同，但规模不同）。多种最终产品可以自由贸易，每一个产品由一个企业生产。生产须有固定成本和可变成本，固定成本以总部服务的形式存在，需要投入技术劳动，可以在两个国家进行。可变成本源于需要投入非技术劳动的连续生产任务。每单位最终产品的生产都需要进行一次生产任务，而不同最终产品需要投入的生产任务范围是一样的。模型分析的核心来源于任务生产的外部性：特定国家给定生产任务的生产率会随着该任务生产次数的增加而提高。模型还允许企业可以代替其他企业从事生产任务，这使企业通过内部化减小外部性成为可能，减少了均衡状态下需要从事的生产任务范畴。与格罗斯曼和罗斯汉斯伯格（2008）一样，模型假设不同生产任务的离岸成本不同。均衡中企业需要选择总部服务的区位以及最终产品和生产任务的价格，从而在自己生产、外包给国内企业以及离岸外包这三种模式之间进行选择。结论表明，市场规模越大、产出越高的国家，非技术劳动的工资越高。离岸成本最高的任务不会发生离岸。对于那些发生离岸的生产任务，离岸成本高（低）的生产任务在非技术劳动工资高（低）的地方进行。

科斯蒂诺克和沃格尔（Costinot and Vogel，2010）通过引入生产任务完成失败率对全球价值链国与国之间的生产共担关系的形成进行了理论探讨。通过构建多国、单要素、连续中间品模型，解释了全球和本国技术进步如何通过影响生产任务成功率来塑造 GVC，同时剖析了价值链的延长以及生产工序的标准化（成功率的普遍提高）对垂直分工以及收入分配的影响。结果表明，尽管技术进步有利于所有国家在价值链上实现攀升，但是对国家间收入不平等的影响是相反的。标准化更加有利于失败率较高的发展中国家，同时会导致发达国家的福利损失，出现悲惨化增长（immiserizing growth）。科斯蒂诺克、沃格尔和王（2012）对科斯蒂诺克和沃格尔

(2010)的模型进行了多要素拓展，引入匹配（match）和分配（assignment）的机制，考察GVC对工资差异的影响。模型的关注点有两个：一是自由贸易均衡下要素价格实现均等化，因此，贸易自由化具有与封闭条件下劳动力技能分布改变有同样的效果；二是工人在生产任务的分配具有恰当的匹配性。由于从事下游生产工人的生产效率中对更多产出产生影响，因此要求下游工人拥有更高的生产率。在此框架下，模型解释了GVC如何影响劳动力和生产任务之间的匹配以及工资差距。结果表明，GVC导致所有发展中国家的工人移动到生产的上游部门。因此，技术分布底层的工资差距将减小，而技术分布上层的工资差距将拉大。

除了上述理论研究之外，一些研究对全球价值链和任务贸易对劳动市场的影响进行了实证检验，分别从企业层面、产业层面以及劳动力层面展开。企业层面，贝克、艾克母和沐恩德勒（Becker，Ekholm and Muendler，2013）利用德国企业数据在生产任务、岗位以及劳动力技能三个层面检验了离岸与在岸劳动力的影响。结果表明，离岸有利于非常规生产任务以及高技术工人。而且对高技术劳动需求的影响要多于对生产任务和岗位技术构成的影响。上述关系与离岸目的地的选择无关。这一结论与哈里森和麦克米兰（Harrison and McMillan，2011）利用美国制造业数据得出的结论不同。劳动力层面，兰兹、米罗多特和诺达斯（Lanz，Miroudot and Nordås，2011）首先利用美国就业岗位数据（O＊NET数据库）刻画了产品和服务的任务含量以及贸易自由化带来的任务含量的结构性变化，实证结果表明服务的进口渗透对本国获取和处理信息服务具有不大但是正向的影响，这意味着离岸与本土的信息处理是互补而不是替代的关系。生产关系越多样化越复杂，包括生产任务离岸在内的中间品市场扭曲带来的负面效应越明显。库克、凯梅尼和里格比（Cooke，Kemeny and Rigby，2016）利用美国就业岗位数据（O＊NET数据库）考察了任务贸易下进口竞争对工资的影响，以验证生产任务复杂性与进口竞争，工资冲击效应之间的关系。结果表明，进口竞争会造成从事常规（routine）生产任务的美国工人工资的降低，提高从事非常规任务的工人的工资。产业层面上，鲍母哥顿、哥伊舍克和果歌（Baumgarten，Geishecker and Görg，2010）利用德国产业层面数据，考察了离岸、工资以及生产任务离岸成本之间的关系，结果表明离岸对不同技术层次工人工资的影响存在差异，中低技术工人工资受到的冲击最大，这一效果取决于离岸成本的大小。甘泽勒兹、科瓦尔斯基和阿查德（Gonzalez，Kowalski and Achard，2015）在更加宏观的层面考察了参与全球价值链对要素价格差异的影响，文章利用 OECD 国家产业层面数据对此进行检验，结果表明当参与价值链分工的是低技术劳动从事的部分时，参与 GVC 对工资分布没有太大的影响；只有通过高技术劳动参与 GVC 时，才会加剧收入差距。

（二）全球化与收入分配

收入分配（income distribution）与要素报酬差异（wage inequality）是两个相关但不等同的概念。后者重点关注的不同技术层次劳动的要素价格差异，而前者关注的是国民收入在资本和劳动之间的分配，也即资本报酬和劳动报酬在国民收入中的比例问题。换言之，收入分配是贸易利益在劳动和资本间的分配，而工资差异是要素价格在不同类型劳动上的分布。劳动份额是一个重要问题，因为即使真实工资提升，劳动份额的降低也意味着收入差距的提升。它反映了劳动力能够在多大程度上从生产率提高中获益，同时体现了社会公平（Kamal，Lovely and Mitra，2015）。劳动收入份额（labor share）是用于支付给工人的增加值的比重，也即劳动报酬或成本在名义 GDP 或名义增加值中的比重。假设增加值是由劳动和资本共同创造的，也即 $Y = F(K, L)$。其中，Y 表示产出增加值，K 表示资本投入，L 表示劳动投入。因此，劳动份额可定义为：

$$s_L = \frac{WL}{PY}$$

其中，W 表示工资，P 表示产品价格。劳动份额是反映一国国民收入分配的重要指标，它刻画了国民收入中有多少分配给劳动，又有多少分配给资本。如果只有资本和劳动两种生产要素，那么就有 $s_K = 1 - s_L$。资本份额包括所有非劳动收入，比如利息收入以及可以被加总的会计利润（Mankiw，2007）。

从 20 世纪 80 年代开始，大多数国家和行业中的劳动份额逐渐下降（IMF，2007；WTO，2008；Schneider，2011；Karabarbounis and Neiman，2014；Elsby，Hobijn and Sahin，2014；Lawrence，2015 等）。很多研究关注这一现象，尝试从技术进步（Bentolila and Saint – Paul，2003；Arpaia et al.，2009；Hutchinson and Persyn，2009；Driver and Muñoz – Bugarin，2010；Raurich et al.，2011 et al.）、劳动市场特征（Decreuse and Maarek，2015 et al.）、市场势力以及劳动力议价能力（Harrison，2005；Checchi and Garcia – Penalosa，2010；Manning，2010；Schneider，2011b；Hung and

Hammett, 2016; Kim, 2016 et al.)、经济周期（Hansen and Prescott, 2005; Choi and Rios - Rull, 2009; Rios - Rull and Santaeul'alia - Llopis, 2010 et al.)、税收折旧（Bridgman, 2014 et al.）以及能源价格（Brada, 2013; Brada and Bah, 2014）等不同角度解释造成这一现象的原因。

罗德里克（Rodrik, 1997）被认为是分析全球化与劳动份额关系的开创性文献，该文献指出全球化会降低劳动份额。产品以及资本市场的全球化通过不同渠道影响决定劳动份额的不同因素（Schneider, 2011b)。此后，关于全球化对于劳动份额的影响是探讨劳动份额变化原因研究的重要组成部分，主要沿着贸易自由化以及资本开放两条线索展开。

1. 贸易自由化

哈里森（Harrison, 2005）对贸易开放与劳动份额之间关系进行了开创性的理论研究。正如哈里森所言，与之前主要关注高技术工人与低技术工人之间工资差异的文献不同，该研究关注的是另一个层面的问题，也即全球化如何影响收入在资本和劳动之间的分配问题。该研究在纳什均衡框架下引入议价能力，理论解释了贸易对劳动收入份额的影响。结果表明，如果外国工资相对于国内工资的加成增大，外国资本价格相对本国资本价格下降，资本重新配置的固定成本提升，劳动重新配置的固定成本提高，都会带来本国劳动份额的提升。在此基础上，文章利用国家层面的面板数据、全球化对发达国家以及发展中国家劳动份额的影响，结果表明资本管制等政府干预会提高劳动份额，而贸易和 FDI 的增加以及汇率升值会降低劳动份额。德克罗斯和马阿雷克（Decreuse and Maarek, 2015）引入工资刚性（wage rigidities)，探讨了标准 H—O—S 模型对 OECD 国家劳动份额变化的解释能力。分析表明，对发展中国家的贸易开放会降低工资刚性国家的劳动份额，但不会影响工资自由变化国家的劳动份额，工资刚性国家要素向着资本密集型部门转移是导致上述变化的主要因素。文章进而通过实证检验表明，与中国的贸易可以分别解释欧洲大陆国家以及盎格鲁 - 撒克逊国家 30% 和 60% 的劳动份额变化。

与上述国家层面和产业层面的研究不同，阿桑和米特拉（Ahsan and Mitra, 2014）通过拓展布洛克和德蓓拉尔（Brock and Dobbelaere, 2006）模型，引入产品市场的不完全竞争，从而使企业特征（规模、市场势力等）成为影响贸易自由化对劳动收入份额的影响的重要因素。理论分析表明，贸易自由化会通过压缩企业的价格成本加成以及工人的议价能力影响工资在产出中的比重，而最终的影响取决于给定企业的要素密集度。利用印度的企业数据，阿桑和米特拉（Ahsan and Mitra，2010）对上述结论进行了实证。结果表明，整体而言贸易开放会降低劳动收入份额，但是对不同性质企业的影响是存在差异的。对规模小且劳动密集的企业，贸易自由化会带来劳动收入份额的提高；对于规模较大、劳动密集程度较低企业，该份额会降低。

考虑到中国出口中大量的进口成分，同时参考本托里拉和圣保罗（Bentolila and Saint - Paul，2003）得出的进口产品价格影响劳动份额的结论，卡玛尔、拉佛利和米特拉（Kamal，Lovely and Mitra，2015）分别探讨了投入品关税和产出品关税降低对劳动份额的影响，实现了对阿桑和米特拉（Ahsan and Mitra，2010）的改进。卡玛尔、拉佛利和米特拉（Kamal，Lovely and Mitra，2015）从投入品互补性、企业价格成本加成以及利润分成（rent sharing）三个渠道，考察了贸易自由化对中国劳动份额的影响。文章利用中国企业层面数据的实证检验表明，受投入选择和利润分成影响，与经济整体相比，受到关税减让冲击的产业内企业，往往会提高劳动份额。

在研究对象的选取上，很多研究关注与发展中国家的贸易对发达国家就业、工资以及劳动份额的影响，其中中美双边贸易成为此类研究重要的研究对象。奥特、多恩和汉森（Autor，Dorn and Hanson，2013）在地区层面构建理论模型考察了 1990 ~ 2007 年间，来自中国的日益激烈的进口竞争对美国本土劳动市场的影响。在地区层面的考察，不仅可以反映贸易冲击对进口竞争行业就业和劳动报酬的直接影响，还可以反映贸易对周边地区就业、报酬、劳动参与度、劳动地区间流动的间接影响。结果表明，来自中国的进口竞争提高了进口竞争行业的失业率，降低了进口竞争行业劳动力参与率和工资，从而降低了美国的劳动收入份额。实证结果表明，美国制造业就业下降的 1/4 可以由进口竞争解释。沈和席尔瓦（Shen and Silva，2015）在奥特、多恩和汉森（Autor，Dorn and Hanson，2013）基础上，意识到 GVC 下运用总值贸易数据测度贸易开放度可能存在的偏差，改用增加值贸易数据考察了中国对美国的增加值出口对美国劳动力市场以及对劳动收入份额的影响。与奥特、多恩和汉森（Autor，Dorn and Hanson，2013）的另一个差异体现在，沈和席尔瓦（Shen and Silva，2015）将视角聚焦在企业层面，通过构建存在企业异质性且允许企业进行生产离岸的理论模型，表明当企业面临进口产品在国内市场的竞争时，国际贸易可以通过让企业参与更多的离岸行为提高其生产率。文章的实证结果表明，中国对美国最终产品的增加值出口降低了美国的就业，但是蕴含在中间品中的中国对美国出口的增加值对美国劳动市场的影响则并不显著。

2. 资本开放与 FDI

罗德里克（Rodrik，1997）是最早关注资本市场开放与劳动份额的研究，指出资本市场开放提高了资本相对于劳动的流动性，从而为资本提供了更多的逐利机会，提高了资本的议价能力。此后，有很多文献支持了上述观点（Harrison，2005；Ortega and Rodriguez，2005；Jayadev，2007 et al.）。在罗德里克（Rodrik，1997）基础上，德克罗斯和马阿雷克（Decreuse and Maarek，2011，2015）进一步考虑了资本账户开放后，FDI 这一隐含因素对发展中国家劳动份额的影响，同时通过构建理论模型提炼出了两个 FDI 对发展中国家劳动份额的影响机制：一方面，技术租效应（technological rent effect）是指外国企业会由于在技术上的优势在劳动力市场上享有垄断势力，该效应会对劳动份额产生负面影响；另一方面，工资竞争效应（wage competition effect）是指外国企业之间会形成对劳动的竞争，以提高工资，从而提升劳动份额。结果表明，在资本开放的初始阶段，技术租效应占主导，后期阶段，工资竞争效应占主导，由此形成 FDI 与发展中国家劳动份额之间的 U 型关系。本地市场份额会在没有外国企业或没有本土企业时达到最大化。此外，文章还考虑了转移定价和技术转移在此过程中的影响。文章进而利用发展中国家的面板数据验证了 FDI 存量与劳动份额之间的 U 型关系。

除了上述理论研究以外，关于贸易自由化和资本开放或 FDI 对劳动份额影响的实证研究也很丰富。古斯西纳（Guscina，2006）利用国家面板数据考察了技术进步、贸易开放以及就业保护对 OECD 国家劳动份额的影响，结果表明 OECD 国家劳动份额下降不是周期性的，而是长期的稳态，资本节约型技术进步以及全球化是造成上述现象的主要原因；佳亚德伍（Jayadev，2007）的研究表明，资本开放度通过改变资本与劳动的议价能力，与发达国家劳动份额之间存在明显的负相关关系；布克、曼迪和托巴尔（Buch，Monti and Toubal，2008）利用德国和意大利地区层面数据实证检验表明，贸易开放并不是造成上述国家劳动份额下降的主要因素；加莫特和部特尔（Jaumotte and Tytell，2007）利用国家层面的数据考察了全球化、技术进步以及劳动市场政策与发达国家劳动份额下降之间的关系；博克曼和马里兰特（Böckerman and Maliranta，2012）基于芬兰制造业企业层面数据的实证表明，国际贸易会通过引发企业生产技术的重构，提高企业生产率从而降低劳动份额；格瑞罗和森（Guerriero and Sen，2012）同时考察了贸易、FDI 以及技术进步对劳动份额的影响，结果表明贸易开放和技术进步有利于劳动份额的提高，而 FDI 对劳动份额的影响则相反；梁和于（2013）基于企业层面数据运用倍差法检验了加入 WTO 对中国劳动份额的影响，结果表明贸易自由化通过提高企业对资本品、中间品以及高技术的可获得性，降低了中国的劳动份额，企业需交关税降低得越多，劳动份额下降的也越显著。洪和哈米特（Hung and Hammett，2013）从贸易开放以及 FDI 两个层面考察了全球化对美国劳动份额的影响，结果表明贸易开放提升了美国的劳动份额，而 FDI 的作用则相反；台莫里和内贾德（Teimouri and Nejad，2015）则考察了货币危机期间，贸易开放对劳动份额的影响，结果表明贸易开放将降低劳动份额。

与国外研究相比，国内学者关于全球化与要素收入关系的研究起步较晚，且以实证研究为主，主要集中在以下几个领域：首先，融入 GVC 对劳动需求的影响（杨文芳和方齐云，2010；臧旭恒和赵明亮，2011；程盈莹和赵素萍，2016 等）；其次，贸易对要素收入分配的影响（鲁晓东，2008；王云飞和朱钟棣，2009；张莉、李捷瑜和徐现祥，2012；陈秋锋，2013；付文林和赵永辉。2014 等）；再次，贸易对劳动份额的影响（唐东波，2011；蒋为和黄玖立，2014；余淼杰和梁中华，2014；刘胜、顾乃华和陈秀英，2016 等）；最后，外资对劳动收入份额的影响（邵敏和黄玖立，2010 等）。

二、全球价值链与要素收入分配

劳动份额是由就业水平、支付的工资报酬以及增加值水平共同决定的。以上变量则是由产品市场和要素市场共同决定的，因此会受到劳动需求、劳动供给以及产出水平的影响。短期内，劳动份额的变化取决于劳动报酬与就业相对于总产出的变化；长期内，劳动份额受生产函数及其决定的劳动需求以及劳动供给结构影响。一般而言，贸易的开放会加剧竞争从而减少利润。随着产品市场竞争程度提高，劳动份额也会提升（Azmat et al.，2012；Schneider，2011）。贸易开放对不同行业的影响是不同的。贸易对劳动份额的影响渠道主要包括以下几个方面。首先，受贸易开放影响，利润空间出现压缩的行业的劳动份额变化会影响整体的劳动收入份额。因此，贸易对劳动收入份额的影响体现在两个层面，一个是产业内效应，另一个是产业间效应。前者是指贸易对特定行业工资的影响；后者是指贸易引发的一国产业结构在劳动份额高的行业以及劳动份额低的行业之间的变化。其次，贸易开放会影响诸如中间品等可贸易产品的价格，在给定国内工资水平额前提下，这会增加或减少劳动需求。在此过程中，劳动与其他生产要素之间的替代弹性发挥着决定性的作用。最后，GVC 下企业的离岸生产会通过将劳动密集型生产环节转移到工资低的国家减少对国内劳动的需求，从而影响劳动收入份额。

（一）贸易利益在要素间的分配：资本和劳动

本部分将在鲍德温和罗伯特尼古德（2010）基础上，在将任务贸易和离岸生产整合进 H—O 框架，通过推出任务贸易版本的 S－S 定理，分析任务贸易对要素收入分配（income share）的影响。

1. 任务贸易对 H—O 框架下贸易要素效应有效性的影响

假设存在两个国家，本国和外国（外国变量用 * 表示），两国偏好是位似且同质的。$F(f=1,\ \cdots,\ F)$ 个生产要素，$I(i=1,\ \cdots,\ I)$ 个完全竞争的行业。要素价格、产品价格、要素禀赋、产量、消费以及进口分别用 $w=\{w_f\}$；$p=\{p_i\}$；$V=\{V_f\}$；$X=\{X_i\}$；$C=\{C_i\}$ 以及 $M=\{M_i\}$ 表示。$A(w)=\{a_{fi}(w)\}(I\times F)$ 及其转置矩阵 A^T 表示本国规模报酬不变的生产技术，其中的要素a_{fi}是在成本最小化条件下，部门 i 生产过程中所需投入的生产要素 f 的数量，a_{fi}是要素价格 w 的函数。本国相对于外国存在希克斯中性技术进步，也即生产同样产量的产品，当 $w=w^*$ 时，外国所需投入的生产要素是本国的 $\gamma>1$ 倍。这意味着，本国与外国不会出现由劳动生产率导致的国际贸易。通过将要素禀赋定义为有效禀赋（用“～”表示），也即将外国要素禀赋 V_f^* 除以技术差距 γ，就可以转化为标准的 H—O 模型。由此，世界有效贸易禀赋为：

$$\tilde{V}^W\equiv V+V^*/\gamma$$

封闭条件下的均衡由两国市场出清条件 $M^*=M=0$，产品定价条件以及要素市场出清共同决定：

$$p=Aw,\ p^*=\gamma A^*w^*\quad V=A^TX,\ V^*=\gamma A^{*T}X^* \tag{2-25}$$

自由贸易条件下，产品价格将实现均等化（一价定律），全球市场出清意味着 $M^*+M=0$。式（2－25）给出了相同价格下的均衡状态①。进

① 在标准正则条件（standard regularity conditions）下，均衡时的产量和价格均严格为正。

一步假设生产技术矩阵 A 在一价定律下均可逆，且不存在要素密集度逆转，这意味着有效要素价格均等化（factor price equalization，FPE），即 $w=\gamma w^*$。在位似偏好、价格相同以及由有效 FPE 带来的 $A=A^*$ 条件下，消费 C 中的有效要素含量为 $s\tilde{V}^W$(s 为本国收入在全球收入中的比重)，本国生产中的要素含量为 V，因此贸易模式符合 HOV 定理和 HO 定理：

$$A^TM=s\tilde{V}^W-V \quad \Rightarrow \quad M=(A^T)^{-1}(s\tilde{V}^W-V) \qquad (2-26)$$

新古典贸易理论框架的另外两个定理分别考察的是价格 p 的外生变化对要素价格 w 的影响（S－S 定理），以及要素禀赋 V 变化对产出 X 的影响（雷布津斯基定理）。

下面引入任务贸易。假设部门 I 的生产需要 N_i 个生产任务，每个生产任务用 $t=1, \cdots, N_i$ 表示，其中 $N_i \geqslant 2$。生产任务既可以是实物生产过程（任务的产出为中间品），也可以是要素投入（任务产出为生产性服务）。所有生产任务集合成单位投入系数向量 $\{a_{fX}(w)\}_{f=1}^F$，这样的简化意味着既定生产过程的所有生产任务都在一个国家进行。在规模报酬不变①假设下，每个生产任务都需要投入一定数量的生产要素 f，因此每个部门对特定要素的需求是各生产任务要素消耗的加总：

$$a_{fi}(w)=\sum_{t=1}^{N_i}a_{fit}(w); \quad \forall f=1, \cdots, F; i=1, \cdots, I \qquad (2-27)$$

其中，a_{fit} 表示部门 I 生产任务 t 所需投入的生产要素 f 的数量。生产要素在特定生产任务层面可以替代，但是在不同生产任务之间无法替代。

假设企业的生产技术不随生产任务进行地点的变化而变化，也就是说将生产任务离岸的企业可用自己国家的技术在别国进行同样的生产任务。该假设意味着尽管存在有效要素价格均等化，母国企业将自身的先进技术与外国廉价要素结合，因此本国向外国的离岸肯定是有利可图的，而外国向本国的离岸则无利可图。

现考虑出现外生变化（离岸成本下降），使得生产任务的空间分离成为可能，从而引入离岸生产和任务贸易。为了使外生变化具体化，这里引入协调成本，是指为了协调单一生产过程中不同生产任务所必须支付的信息交换成本。协调成本分为两种形式：如果离岸生产任务是在企业内部进行的，那么部门 I 的生产任务 t 离岸的协调成本是 χ_{it}；如果离岸生产任务由其他企业完成，则另需支付成本 ζ_{it}。随着信息和通信成本的降低，χ 和

① 规模报酬不变，确保了要素消耗的可加性。

ζ 都会下降。和一般的离岸理论一样，假设不同生产任务的离岸成本 χ_{it} 是不同的。常规生产任务由于比较容易实现标准化，因此与复杂任务相比，常规生产任务的离岸成本更低。为了实现任务贸易与产品贸易理论（从封闭到自由贸易）的融合，考虑 χ_{it} 的两种极端变化：对于常规生产任务，也称 1 类生产任务，χ_{it} 会从禁止离岸水平降为 0；对于复杂生产任务，也称 2 类生产任务，χ_{it} 将始终保持在禁止离岸的水平。不失一般性，假设所有部门的生产任务都只有两类，也即对于所有部门 i，$N_i = 2$，$t = 1$ 的生产任务协调成本为 0；$t = 2$ 的生产任务是协调成本极高以致无法离岸的生产任务。

（1）企业在是否离岸之间的决策

为了考察离岸生产，首先考虑在不存在离岸企业当地销售情况下，协调成本 χ_{it} 外生性下降的影响。对于 1 类生产任务，协调成本从禁止离岸水平降低到零，使得该类任务可以离岸；对于 2 类生产任务，协调成本将始终保持禁止性水平，也就意味着企业无法对 2 类生产任务进行离岸。

定理 2－1：为实现成本最小化，本国所有 1 类生产任务都会离岸到外国进行。

受此影响，本国的定价和要素市场出清就要考虑离岸生产带来的对外国要素的使用。外国的价格不会受到离岸生产的影响（因为外国企业仍然使用外国技术同时支付外国工资），但是外国要素市场将体现离岸生产带来的变化。在没有当地销售时，离岸企业的产出都将返销给本国，因此离岸部门使用的外国生产要素与本国生产向量成比例。用上标“O”表示离岸生产均衡条件下的各变量：

$$p_O = (A_O - A_1) w_O + A_1^* w_O^* \quad p_O^* = \gamma A_O^* w_O^*$$

$$V = (A_O^T - A_1^T) X_O \quad V^* = \gamma A_O^{*T} X_O^* + A_1^{*T} X_O^* \tag{2-28}$$

其中，$A_O = A\{w_O\}$ 表示离岸条件下，本国从事全部生产过程所需投入的生产要素数量，也即离岸后本国的生产技术；$A_1 \equiv \{a_{fit}(w_O)\}$ 表示离岸生产条件下，本国从事离岸生产环节需要投入的生产要素数量；$A_1^* = \{a_{fit}(w_O^*)\}$ 表示发生离岸后，外国在要素价格 w_O^* 条件下从事离岸生产环节所需投入的生产要素数量；$A_O^* = A(w_O^*)$ 表示离岸后，外国在要素价格 w_O^* 条件下的生产技术。

没有离岸时，有效 FPE 成立，也即 $w = \gamma w^*$。但是，离岸生产或任务贸易作为条件时，只有在特殊情况下，有效 FPE 才会成立。自由贸易条件下，一价定律成立，有 $(A_O - A_1) w_O + A_1^* w_O^* = \gamma A_O^* w_O^*$。如果有效 FPE 成立，则应存在 $\breve{\gamma}>1$，使得 $w_0=\breve{\gamma}w_0^*$。由于假设本国企业可以用本国技术从事离岸生产，因此有 $A_0^*=A_0$，$A_1^*=A_1$。结合以上，意味着 $(A_0-A_1)w_0=\breve{\gamma}(\gamma A_0-A_1)w_0$。只有当以下条件成立时，上式才能成立：(1) 所有要素价格为零，这不符合零利润条件；(2) $A_1=0$，也即没发生离岸，这不符合企业的成本最小化原则；(3) 类型 1 生产任务的要素密集度与部门整体要素密集度成比例，也即存在 $\phi\in[0,1)$，$A_1=\phi A$。

定理 2-2：除非存在 $\phi\in[0,1)$，使得 $A_1=\phi A$，任务贸易将导致（有效）要素价格差异化，FPE 定理失效。

造成上述结果的原因，是离岸或任务贸易对于进行离岸的国家有类似于技术进步的效果。由于离岸仅涉及部分生产任务且离岸是单向的，因此技术进步是非位似的，这会导致 FPE 的失效。FPE 定理在任务贸易下已经失效，那么任务贸易会影响 HOV 定理的有效性吗？在偏好位似假设下，本国的消费与世界总产出成比例，有 $C_0=sX_0^W$。由式（2-28）：

$$
\begin{aligned}
M_0 &= sX_0^W - X_0 \\
&= s\{[I-(\gamma A_0^{*T})^{-1}A_1^{*T}](A_0^T-A_1^T)^{-1}V+(\gamma A_0^{*T})^{-1}V^*\}-(A_0^T-A_1^T)^{-1}V
\end{aligned}
\tag{2-29}
$$

如果要满足 HOV 定理，也即式（2-26），需要式（2-29）中的 A_1 和 A_1^* 为零，也即没有离岸生产发生，这与定理 2-1 相悖。这意味着，在以任务贸易为特征的全球价值链分工下，HOV 定理失效。

定理 2-3：在任务贸易模式下，HOV 定理失效。

（2）任务贸易与 HO 框架的整合：要素的影子移动

从上文分析可知，任务贸易下包括要素价格均等化、HOV 定理等 H—O 框架下的重要定理均失效。原因在于：第一，任务贸易的前提是离岸生产，而离岸生产模式下没有办法确保实行离岸的国家与承接离岸的国家的生产技术在等产量线的同一位置上，因此两国的生产技术矩阵 A 是不成比例的；第二，由式（2-28），即使在里昂惕夫生产技术下，也即生产技术不受要素价格影响的情况下，除非出现 $A_1=\phi A$ 的极端情况，本国和外国的生产技术差异是非位似的，这将导致要素价格的差异；第三，一些外国要素使用外国技术，而有些则使用本国技术。

为了将任务贸易整合进 H—O 框架下的产品贸易理论，本部分将离岸生产视为要素的“影子流动”（shadow migration），也就是说本国雇用外国工人利用本国生产技术从事生产任务，因此离岸对均衡状态的影响类似于外国要素向本国流动，但被支付的是外国工资而不是本国工资。要素影子流动的变形有两种表现，一是数量，二是价格，每一个都需要引入新的向量。令 ΔV 表示影子移动向量，相当于从事离岸生产任务的外国要素，也即 $A_1^{*T}X_0$。离岸带来的成本节约向量 S，也即本国和外国从事离岸生产任务的成本差异，也即 $A_1w_0-A_1^*w_0^*$。任务贸易下用影子移动调整后的要素禀赋（分别用 V_0 和 V_0^* 表示）表达的要素雇佣条件为：

$$V_0=A^TX_0+R_1 \quad V_0^*=\gamma A^{*T}X_0^*+R_2 \tag{2-30}$$

其中，经过影子移动调整后的外国要素禀赋为 $V_0^*=V^*-\Delta V$，$\Delta V\equiv A_1^{*T}X_0>0$，$R_2$是 A 围绕 w 的泰勒级数展开的余项①。$V_0$ 和 R_1 则是本国经过影子移动调整后的要素禀赋和泰勒级数展开余项。需要注意的是，由于有效价格不均等，ΔV 并不精确的等于从事离岸生产任务所必须投入的本国生产要素，也即 $V_0=V+\Delta V+R_3$，其中 $R_3=(A_1^T-A_1^{*T})X_0$。变形后的价格条件为：

$$p_0+s=Aw_0+R_5 \quad p_0^*=\gamma A^*w_0^*+R_6 \tag{2-31}$$

由于 R 可以忽略不计，在以下两种情况下，任务贸易的要素使用条件和价格条件（见式（2-30）和式（2-31）），与产品贸易下的要素使用条件和价格条件（见式（2-25））同构：第一，当离岸成本 χ 变化并不显著，由此引发的离岸也相对温和时，要素价格的变化也会相对温和；第二，当生产技术也即 a_{fi} 对要素价格变化不敏感时，即使要素价格变化很大，A 的变化也不明显，里昂惕夫生产技术下要素投入对要素价格变化完全无弹性，此时所有的 R 都为 0。

利用经过影子移动调整后的要素使用条件，并将泰勒级数展开余项近似为 0，任务贸易下的本国进口 M_0 与要素禀赋有关；

$$M_0=sX_0^W-X_0=(A^T)^{-1}(s\tilde{V}_0^W-V_0) \tag{2-32}$$

其中，$\tilde{V}_0^W=\tilde{V}^W+(1-\gamma^{-1})\Delta V$。

定理 2-4：任务贸易下的 HO 定理和 HOV 定理。当用影子移动调整的要素禀赋代替实际要素禀赋时，均衡时任务贸易下的产品贸易可以由 HO 定理解释。

根据对 $\tilde{V}_0^W$ 的定义，贸易中的实际要素含量 A^TM_0 与 HOV 定理预期 $(s\tilde{V}^W-V)$ 的差别是：

---

① 准确地讲，泰勒级数无限展开式为 $A^T(w^*)+\frac{\nabla A^T(w^*)}{\nabla w}(w_0^*-w^*)+H$，其中 H 是更高阶的展开项。因此，$R_2\equiv\gamma\left(\frac{\nabla A^T(w^*)}{\nabla w}(w_0^*-w^*)+H\right)X_0^*$。

$$(s\tilde{V}^{W}-V)-A^{T}M_{0}=[1-s(1-\gamma^{-1})]\Delta V \quad (2-33)$$

按照 HOV 定理，式（2－33）的左边应该等于 0。但是在任务贸易下：

推论 4－1：HOV 定理预期的要素成分与本国进口中的要素成分 $A^{T}M_{0}$ 的差异与 ΔV 成比例，但是比 ΔV 小。

在 2×2×2 框架下，本国是资本丰裕型的，随着协调成本的降低，如果本国实施离岸的生产任务是劳动密集型的，那么本国经过影子流动调整后的要素禀赋会向劳动倾斜。因此，根据定理 2－4 本国会进口技术密集型产品。

由式（2－33），$(s\tilde{V}^{W}-V)-(A^{T}M_{0}+\Delta V)=-s(1-\gamma^{-1})\Delta V$，结合推论 4－1，得到：

推论 4－2（HOV 定理误差范围）：在任务贸易条件下，HOV 定理对要素含量的预期 $s\tilde{V}^{W}-V$，会高估最终产品贸易的要素含量，但是会低估最终产品贸易和任务贸易加总的要素含量。确切地讲，最终产品贸易和任务贸易的要素含量分别为 $A^{T}M_{0}$ 和 ΔV，HOV 定理预期的要素含量的范围为 $A^{T}M_{0}<\tilde{V}^{W}-V<A^{T}M_{0}+\Delta V$。

定理 2－5（任务贸易下的要素价格均等化定理）：以产品贸易均衡为出发点，任务贸易的引入导致有效要素价格的离散，这一差距与任务贸易带来的成本节约成比例。

产品贸易下，有效要素价格均衡成立，也即 $w=\gamma w^{*}$。任务贸易改变了所有产品和要素的价格，如果忽略泰勒展开余项的话，实际要素价格差为：

$$w-\gamma w^{*}=A^{-1}S \quad (2-34)$$

推论 5－1（要素的影子流动不一定会替代实际流动）：由定理 2－5，要素的影子流动既可以加剧也可以减少特定类型劳动的国家间工资差距，因此离岸既可以增加也可以抑制要素在国家间的流动。

由式（2－30）和式（2－31），同时假设泰勒展开余项可忽略，可以直接得出任务贸易下的雷布津斯基定理和 S－S 定理。由式（2－30），将余项约等于 0，$V_{0}=A^{T}X_{0}$，$X_{0}=(A^{T})^{-1}(V+\Delta V)$，在任务贸易之前 $X=(A^{T})^{-1}V$。将本国价格等式（2－31）变形得到，$w_{0}=A^{-1}(p_{0}+S)$，在产品贸易均衡下，$w=A^{-1}p$，外国的工资只受到价格变化的影响。由 $\Delta p=p_{0}-p$，离岸之前和离岸之后各变量的变化为：

$$X_{0}-X=(A^{T})^{-1}\Delta V \quad X_{0}^{*}-X^{*}=-(\gamma A^{T})^{-1}\Delta V$$

$$w_{0}-w=A^{-1}(\Delta p+S) \quad w_{0}^{*}-w^{*}=(\gamma A)^{-1}\Delta p \quad (2-35)$$

定理 2－6（任务贸易下的雷布津斯基定理）：以自由产品贸易为起

点，任务贸易对生产的影响与标准的雷布津斯基定理一样，只不过是用影子移动 ΔV 替代要素禀赋的外生变化。

定理2－7（任务贸易下的S－S定理）：以自由产品贸易为起点，任务贸易通过标准的S－S定理预期的方式影响本国要素价格，但是除了价格的外生变化 Δp 以外，还要考虑离岸带来的成本节约S。

（3）以2×2×2框架为例

下面以2×2×2框架为例，阐释产品贸易和任务贸易之间的联系与区别。假设有两种要素资本（K）和劳动（L），两种要素的价格分别为r和w；两个部门分别为X和Y，其中X是劳动密集型部门（$\kappa_Y > \kappa_X$，其中 $\kappa_i = a_{Ki}/a_{Li}$，$i = X, Y$），该部门的产品将视为计价物（也即价格标准化为1）；两个国家，本国和外国，本国是资本丰裕的国家，外国是劳动丰裕的国家，也即 $k^* < k$，其中 $k = K/L$，$k^* = K^*/L^*$。为了确保自由贸易条件下的生产多样化，假设 $\kappa_Y > k > k^* > \kappa_X$，$\kappa$ 是均衡要素价格下的要素密集度。由式（2－25）可以得到任务贸易均衡条件下的w和X：

$$w = A^{-1}p,\ X = (A^T)^{-1}V,\ w^* = \gamma^{-1}A^{-1}p,\ X^* = \gamma^{-1}(A^T)^{-1}V^* \tag{2-36}$$

其中：

$$w = \begin{bmatrix} w \\ r \end{bmatrix},\ p = \begin{bmatrix} 1 \\ p \end{bmatrix},\ V = \begin{bmatrix} L \\ K \end{bmatrix},\ X = \begin{bmatrix} X \\ Y \end{bmatrix},\ X^* = \begin{bmatrix} X^* \\ Y^* \end{bmatrix},$$

$$A = \begin{bmatrix} a_{LX} & a_{KX} \\ a_{LY} & a_{KY} \end{bmatrix},\ A^* = \begin{bmatrix} a_{LX}^* & a_{KX}^* \\ a_{LY}^* & a_{KY}^* \end{bmatrix}$$

令 $\alpha \in (0, 1)$ 表示对Y的支出比例，根据国际市场出清条件：

$$p = \frac{\alpha/(1-\alpha)}{a_{LK}/a_{LY}} \frac{\kappa_Y - k^w}{\tilde{k}^w - \kappa_X},\quad \tilde{k}^w \equiv \frac{K + K^*/\gamma}{L + L^*/\gamma}$$

下面考虑任务贸易下的均衡，利用式（2－36），通过式（2－30）和式（2－31）求解 X_0 和 w_0，得到：

$$X_0 - X = \left(\frac{1}{a_{LX}}\right)\frac{\kappa_Y \Delta L - \Delta K}{\kappa_Y - \kappa_X} \quad Y_0 - Y = \left(\frac{1}{a_{LY}}\right)\frac{\Delta K - \kappa_X \Delta L}{\kappa_Y - \kappa_X}$$

$$w_0 - w = \frac{a_{KY}S_X - a_{KX}S_Y}{a_{LX}a_{LY}(\kappa_Y - \kappa_X)} + A^{-1}\begin{bmatrix} 0 \\ \Delta p \end{bmatrix} \quad r_0 - r = \frac{a_{LX}S_Y - a_{LY}S_Y}{a_{LX}a_{LY}(\kappa_Y - \kappa_X)} + A^{-1}\begin{bmatrix} 0 \\ \Delta p \end{bmatrix} \tag{2-37}$$

其中，$\Delta p = p_0 - p$，$S_X = a_{LX}^*(w_0 - w_0^*) + a_{KX}^*(r_0 - r_0^*)$，$S_Y = a_{LY}^*(w_0 - w_0^*) + a_{KY}^*(r_0 - r_0^*)$。

由式（2－37）可以判断任务贸易对生产和要素价格的影响，并将其绘制在图2－9中。

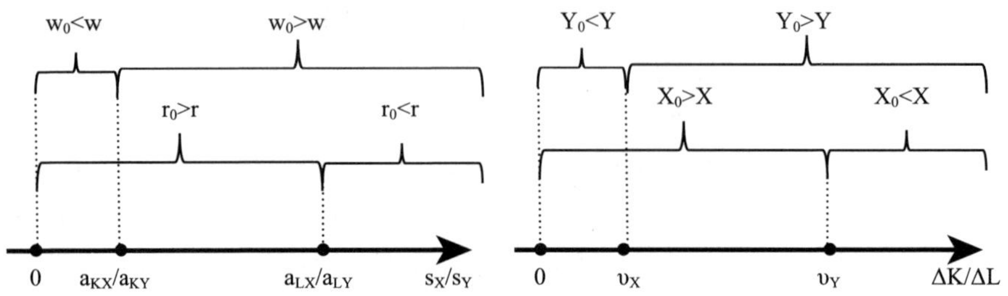

图2－9 任务贸易的产出和要素价格效应

根据式（2－37），如果要素的影子移动严重偏向于劳动，也即$\Delta K/\Delta L<\kappa_X$，那么任务贸易将导致X部门产出增加，Y产出下降；如果要素的影子移动的比例处于中间水平，也即当$\kappa_X<\Delta K/\Delta L<\kappa_Y$时，那么X和Y部门的产出都会增加；如果要素的影子移动严重偏向于资本（$\Delta K/\Delta L>\kappa_Y$），那么任务贸易将导致X部门产出下降，Y产出增加。关于任务贸易的要素价格效应，从式（2－37）可以看到，在不考虑贸易条件效应的前提（假设$\Delta p=0$）下，当且仅当离岸带来的劳动密集部门的成本节约远大于资本密集部门的成本节约，也即$S_X/S_Y>a_{KX}/a_{KY}$时，本国劳动要素才会获益；此时，本国资本要素价格r会小幅上升或下降。r下降的充分必要条件是两部门成本节约的比率高于劳动投入系数的比率，也即$S_X/S_Y>a_{LX}/a_{LY}$。如果$a_{KX}/a_{KY}<S_X/S_Y<a_{LX}/a_{LY}$，本国劳动和资本的价格都会提升。

（二）贸易利益在要素间的分配：高技术劳动与低技术劳动

本部分将在格罗斯曼和罗西汉斯伯格（Grossman and Rossi－Hansberg，2008）基础上，提出理论体系以刻画以任务贸易（trade in tasks）为特征的全球价值链分工，考察离岸成本的降低对发包国（source country）要素价格的影响，进而研讨离岸可能性的增加如何影响贸易利益在高技术工人和低技术工人之间的分配。

1. 基准模型

假设每种生产任务只需要投入劳动这一种生产要素，根据每种任务所需投入劳动的受教育水平不同，将生产任务分为低技术任务（L）和高技术任务（H）。母国企业可以生产两种产品 X 和 Y，且规模报酬不变。无论哪一种产品的生产都需要投入连续的低技术任务和高技术任务。不失一般性，将使用特定生产要素的每个行业的生产任务标准化为 1。同时，假定任何部门的生产任务，无论在哪里进行都需要投入与在母国进行时相同数量的特定生产要素。换言之，如果在生产产品 j 的过程中，低技术任务 i 和 i′在母国进行，那么企业在从事任务 i 时需要与从事任务 i′时投入同等数量的国内低技术劳动①。X 和 Y 部门存在要素密集度差异，意味着与其他行业相比，某行业典型 L 任务需要投入更多的国内低技术劳动。

首先假设生产任务不可替代，那么每个任务就必须以固定密集度投入到 1 单位产品的生产，也即生产 1 单位产品 j，每单位 L 任务和 H 任务只能从事一次。在行业 j，企业需要 a_{fj}单位的国内生产要素 f 来从事一次 f 类型生产任务，f = {L，H，…}。由于对 f 类型生产任务的度量已经标准化为 1，因此 a_{fj}还表示不存在离岸时，生产 1 单位产品 j 所需投入的全部国内生产要素 f 的数量。进一步假设行业 X 是相对技术密集的行业，即 $a_{Hx}/a_{Lx} > a_{Hy}/a_{Ly}$。生产任务既可以在本国进行，也可以在国外进行；既可以在企业边界内进行，也可以在外包给其他企业进行。假设当给定生产任务由国外附属机构或外包给外国供应商时，企业需要投入相同数量的外国生产要素。因此，要素需求是由生产本身以及企业生产技术决定的，与生产任务的区位选择无关。

为了引入离岸成本，假设生产任务在离岸成本上存在差异，有些生产任务离岸成本低，易于离岸；有些生产任务离岸成本高，离岸可能性较小。将离岸成本视为外生，且只关注 L 生产任务的离岸成本。在此过程中，假设所有其他类型生产任务的离岸成本非常高，以至于将这些生产任务从总部分离出去是不可能的。将某行业中的 L 生产任务用 $i \in [0, 1]$ 进行编号，并根据其离岸成本以非递减形式排序，也即编码越大的低技术劳动，离岸成本越高。对离岸成本进行模型化，假设生产产品 j 的企业在国外从事生产任务 i 需要 $a_{Lj}\beta t_j(i)$ 单位的外国劳动力，其中 β 反映离岸技术的改进。假设 $t_j(\cdot)$ 连续可微，且对于所有的 i 和 j，$\beta t_j(i) \geqslant 1$。对生产任务的排序意味着 $t'_j(i) \geqslant 0$。在基准模型中，假设两个行业同一生产任

① 如果生产特定产品所需的一个生产任需要投入两倍于另一个任务的劳动，那么会将这个任务视为两个任务。

务的离岸成本是相同的，也即 $t_x(i)=t_y(y)=t(i)$。

生产要素和生产任务之间由很多种替代形式，既涉及L任务和H任务之间的替代，还可以是使用特定要素的生产任务之间的替代。为了简单，这部分只考虑第一种形式的替代，允许企业改变生产单位产出时的L任务和H任务的投入密集度。任务的要素密集度用在本国从事某个生产任务所需投入的国内要素数量表示。当L任务和H任务可以相互替代时，a_{Lj}和a_{Hj}由企业决定，在保证可以产出1单位产品的前提下，实现成本最小化。对于在L生产任务中投入a_{Lj}的企业，必须在国外从事相同生产任务时雇佣$a_{Lj}\beta t_j(i)$的外国劳动力。

令w和w^*分别表示本国和外国低技术劳动的工资，同时假定$w>\beta t(0)w^*$，这意味着对于本国企业而言将一部分生产任务在国外进行是有利可图的。本国企业将L任务离岸是为了利用外国较低的劳动成本，但同时还需负担管理成本。对于每个行业，在本国进行的边际生产任务由编号I表示，边际生产任务是指工资节约恰好等于离岸成本的生产任务，也即边际生产任务I无论在本国进行还是离岸生产，成本是无差异的，用公式表示为：

$$w=\beta t(I)w^* \tag{2-38}$$

在竞争条件下，任何产品的价格小于或等于单位生产成本，当产品产量为正时，产品单价等于产品的单位成本。产品j的单位成本是支付给本国低技术劳动工人的工资，支付给从事离岸生产任务的国外低技术劳动工人工资，支付给本国高技术劳动工人的工资，以及支付给其他生产要素的要素报酬的总和。考虑企业对a_{Lj}和a_{Hj}的最优选择，以及最优的L任务离岸决策，得到：

$$p_j\leqslant wa_{Lj}(\cdot)(1-I)+w^*a_{Lj}(\cdot)\int_0^I\beta t(i)di+sa_{Hj}\quad j=x,\ y \tag{2-39}$$

其中，s表示本国高技术劳动工人的工资。国内低技术劳动工人的工资反映了在本国进行的L生产任务中的1-I部分，而外国低技术劳动工人的工资包含了离岸生产所需的额外成本。

把式（2-38）代入式（2-39），得到：

$$p_j\leqslant wa_{Lj}(\cdot)\Omega(I)+sa_{Hj} \tag{2-40}$$

其中，$\Omega(I)\equiv 1-I+\frac{\int_0^I t(i)di}{t(I)}$。式（2-39）的右边第一项表示为了实现

成本最小化所作出的生产区位选择条件下，单位 L 任务的总成本，该成本与要素密集度成比例，比例系数为 $w\Omega(I)$。因此，$w\Omega(I)$ 是用于从事低技术任务的低技术工人的平均成本，而 s 则表示从事高技术任务的高技术劳动的平均成本。由于对于所有的 $i\in[0, 1]$，有 $t'_j(i)\geqslant 0$，意味着当 $I>0$ 时，$\Omega(I)<1$，这意味着与所有生产任务都在国内进行相比，只要有一些生产任务离岸，就会成比例的降低劳动力成本。

下面关注本国要素市场。当两个行业在国内进行的生产任务雇用了所有国内技术工人 L 时，国内要素市场就实现出清。每个企业在国内完成 $1-I$ 部分的 L 任务，每个行业的 1 单位 L 任务为了生产出 1 单位产品会投入 a_{Lj} 的劳动。令 x 和 y 表示两个行业的总产出，因此有 $(1-I)a_{Lx}x+(1-I)a_{Ly}y=L$，还可以写成：

$$a_{Lx}(\cdot)x+a_{Ly}(\cdot)y=\frac{L}{1-I} \tag{2-41}$$

从式（2-41）可以看到，离岸增加了国内要素供给，I 增加，也即离岸的生产任务范围扩大，与增加劳动供给 L 有类似的效果。对于技术工人，由于目前假设 H 生产任务不能离岸，因此其市场出清条件为：

$$a_{Hx}(\cdot)x+a_{Hy}(\cdot)y=H \tag{2-42}$$

最后考虑消费，假设所有消费者拥有完全相同和位似的偏好，同时将产品 X 视为计价物。如果本国相对于国际市场是一个小国，那么相对价格 p 对于本国而言就是外生的。如果本国是大国，相对价格 p 由世界相对需求和世界相对供给决定。

2. 离岸的要素价格效应

这部分将通信和运输技术进步以离岸成本 β 下降的形式引入模型，通过对零利润和要素出清条件的微分以及暂时将 Ω，p 以及 I 视为外生，重点考察离岸对本国生产要素价格的影响。

当两个行业都有生产，则式（2-40）代表的零利润条件等式成立。利用两个行业的零利润条件和要素市场出清条件（式 2-41 和式 2-42），可以将国内要素价格以及产出水平表示为 p，I 和 Ω 的函数。对上述条件进行全微分，可将低技术劳动工人工资的变化比例表示为：

$$\hat{w}=-\hat{\Omega}+\mu_1\hat{p}-\mu_2\frac{dI}{1-I} \tag{2-43}$$

将式（2-43）右边第一项称为生产率效应（productivity effect），随着离岸技术的进步（$d\beta<0$），两个行业从事 L 任务的成本都下降（$\hat{\Omega}<0$）。由此带来的企业成本降低，与支付给低技术工人的工资成比例。这一成本

节约类似于低技术工人生产率提高带来的效果，因此将其称之为“生产率效应”。生产率的提高刺激了企业对低技术劳动的需求，由此提高低技术工人工资，带来类似于劳动节约型技术进步的效果。式（2-43）右边第二项表示相对价格效应（relative-price effect），离岸成本的降低会改变均衡的贸易条件。如果劳动密集型产品 Y 价格下降，会通过 S-S 定理机制对低技术工人的报酬形成向下的压力。由于离岸技术的进步给劳动密集型行业带来的成本节约效果大于给技术密集型行业带来的成本节约，因而 β 的下降将导致劳动密集产品相对价格 p 的下降（$\hat{p}<0$）。因此，相对价格效应不利于低技术工人，使其工资下降。式（2-43）右边第三项表示劳动供给效应（labor-supply effect）。通信和运输技术进步导致离岸行为的扩张（也即 $dI>0$），这将释放原先需要从事外包生产任务的国内劳动力，而这些劳动力将被劳动力市场重新吸收，这相当于变相的劳动供给增加，从而可能对工资形成下降压力。由式（2-41）看到，离岸行为的扩张（$dI/(1-I)>0$）将导致低技术劳动有效供给的增加。

与式（2-43）类似，通过全微分可以得到低技术任务离岸成本的降低对高技术劳动工资的影响：

$$\hat{s} = -\mu_3\hat{p} + \mu_4\frac{dI}{1-I} \tag{2-44}$$

对比式（2-43）和式（2-44），可以发现，式（2-44）没有了生产率效应。这是因为离岸成本 β 的下降降低的是低技术生产任务的成本，而对那些需要高技术劳动的生产任务没有直接影响，也就不会对高技术劳动的生产率产生直接的刺激作用。但是并不排除要素比例变化以及相对价格变化对高技术劳动生产率的间接影响。同时还可以发现，相对价格效应对高技术劳动工资的作用与对低技术工人工资的作用方向相反，这是因为在两要素框架下，相对价格对两类要素价格的作用方向是相反的。其逻辑在于，离岸成本的降低，将促进离岸行为，对劳动密集产品 Y 的成本节约效果更加明显，从而提高技术密集产品 X 的相对价格，进而有利于技术密集部门密集使用的高技术劳动力工资的提高，因此高技术工人的工资与劳动密集产品的相对价格呈反方向变化。类似的，劳动供给效应将发挥有利于高技术劳动工人的作用。原因在于，离岸成本的降低，将导致本国低技术劳动供给的变相增加，从而提高每个行业中低技术工人相对于高技术工人的比例，增加高技术劳动的边际产出，提高高技术劳动的工资。然而，从标准的 H—O 框架中可知，要素相对供给的变化带来的可能是产出结构的变化，而不是各行业要素投入比例的变化，在此情况下 $\mu_2=\mu_4=0$，也即考虑到要素市场黏性，暂时不考虑劳动供给效应。

（1）生产率效应

H—O 框架下，生产率效应的效果体现得更加明显。在小国条件下，假设一国将相对价格 p 和外国工资 w^* 视为给定，且生产过程中只投入两种要素：低技术劳动 L 和高技术劳动 H。仍假设产品的生产需要以 L 任务和 H 任务，且只有 L 任务可以在合理的成本条件下进行离岸。如果均衡条件下两个部门都有生产行为，那么零利润条件意味着：

$$1=\Omega w a_{Lx}(\Omega w/s)+s a_{Hx}(\Omega w/s) \tag{2-45}$$

$$p=\Omega w a_{Ly}(\Omega w/s)+s a_{Hy}(\Omega w/s) \tag{2-46}$$

在式（2－45）和式（2－46）中，将企业的生产技术内生化，将要素投入比例视为利润最大化条件下要素相对价格（$\Omega w/s$）的函数。由于两个部门的要素密集度不同，因此通过式（2－45）和式（2－46）可以得到 Ωw 和 s 的唯一解，且与 β 无关。因此，随着 β 下降，$\hat{w}=-\hat{\Omega}$，$\hat{s}=0$。此时，生产率效应是唯一的影响途径。不存在相对价格效应（$\mu_1=\mu_3=0$），是因为按照之前的假定，相对价格 p 对小国是外生的；不存在劳动供给效应（$\mu_2=\mu_4=0$），是因为在要素种类和部门个数相同时要素价格不受要素供给影响。

由式（2－38）以及小国条件下 w^* 不变这一事实，得到 $\hat{w}=-\hat{\Omega}(I)$ 以及 $\hat{w}=\hat{\beta}+\hat{t}(I)$，将两式联立可以计算出生产率效应的大小：

$$\hat{w}=-\hat{\Omega}=-\frac{\int_0^I t(i)\,di}{(1-I)t(I)}\hat{\beta} \tag{2-47}$$

从式（2－47）可以看到，当 $I=0$ 时，也即不存在离岸行为时，生产率效应为零；当 $I>0$ 时，生产率效应为正（$\hat{\beta}<0$），因此低技术劳动会从低技术任务离岸技术进步中获益。对于所有 i，都有 $\eta(i)\equiv t'(i)(1-i)/t(i)<1$，或者 $\eta(i)$ 是常数，那么因离岸成本降低带来的工资增长就会是 I 的单调递增函数。如果这一条件得到满足，就确保了离岸成本不会随着 i 的增加而增长的太快，从而实现 $\partial\hat{\Omega}/\partial\hat{I}<0$，$\partial\hat{w}/\partial\hat{I}>0$。

下面放松两个部门生产任务离岸成本分布一样的假设，考虑下面两种情况：第一，如果只有劳动密集部门 Y 的生产任务可以离岸，且存在离岸技术进步，此时将产生类似于 Y 部门实现劳动节约型技术进步的效果，低技术工人工资上涨的幅度将大于 Ω_y 下降的幅度，而高技术劳动的工资将下降①；如果只有技术密集部门 X 可以进行低技术任务 L 的离岸，那么离岸技术成本的下降会提升高技术工人的工资，降低低技术工人的工资。更一般地，当两个部门都可以降低技术任务进行离岸时，低技术工人工资对离岸技术进步的响应可以写成②：

$$\hat{w} = \frac{\frac{\theta_{Hx}}{\theta_{Lx}}(-\hat{\Omega}_y) - \frac{\theta_{Hy}}{\theta_{Ly}}(-\hat{\Omega}_x)}{\frac{\theta_{Hx}}{\theta_{Lx}} - \frac{\theta_{Hy}}{\theta_{Ly}}} \tag{2-48}$$

其中，$\Omega_x \equiv 1 - I_x + \frac{\int_0^{I_x} t_x(i)\,di}{t_x(I_x)}$。分子中，由于 X 部门相对于 Y 部门是技术密集型的，因此部门 Y 的生产率收益的加权系数 θ_{Hx}/θ_{Lx}，大于技术密集部门 X 的生产率收益加权系数（θ_{Hy}/θ_{Ly}），同时分母也肯定为正。这意味着，如果两个部门的生产率收益相差无几（$\hat{\Omega}_x \approx \hat{\Omega}_y$），或者劳动密集部门的生产率收益更大（$-\hat{\Omega}_y > -\hat{\Omega}_x$），那么低技术工人工资就会提高（$\hat{w} > 0$）。对于高技术工人工资③：

$$\hat{s} = \frac{\theta_{Ly}\theta_{Lx}}{\theta_{Ly}\theta_{Hx} - \theta_{Lx}\theta_{Hy}}[(-\hat{\Omega}_x) - (-\hat{\Omega}_y)] \tag{2-49}$$

由于 $\theta_{Ly} > \theta_{Lx}$，因此当且仅当技术密集部门生产率收益超过劳动密集部门时，也即（$-\hat{\Omega}_x$）>（$-\hat{\Omega}_y$）时，高技术工人才会因小国离岸成本降低而获益。

（2）相对价格效应

为了考察相对价格效应，必须放松小国假设，并且需要探讨外国的均衡条件以及国家间要素价格存在差异的原因。为了达到这个目的，假设外国本土企业使用较为落后的生产技术，技术差距导致外国要素价格低于本国。由于所有生产任务的离岸都需要成本，只有技术先进国家的企业才能从事离岸行为。这样的假设条件意味着只有本国企业才能进行离岸。这里

---

① 定义 $\Omega_y \equiv 1 - I_y + \frac{\int_0^{I_y} t_y(i)\,di}{t_y(I_y)}$，其中 I_y 表示部门 Y 离岸的生产任务部分，经过计算可以得到：$\hat{w} = -\hat{\Omega}_y\left(\frac{\theta_{Hx}\theta_{Ly}}{\theta_{Hx}\theta_{Ly} - \theta_{Lx}\theta_{Hy}}\right) > -\hat{\Omega}_y \geqslant 0$，$\hat{s} = -\frac{\theta_{Lx}}{\theta_{Hx}}\hat{w} < 0$，其中 θ_{fj} 表示 f 类型任务在产业 j 成本中的比例。证明过程请详见附录。

②③ 推导过程请详见附录。

依然沿用基准模型中的假设，两个行业的低技术任务离岸成本分布一样，也即 $t_x(i)=t_y(y)=t(i)$。

令 $A^*>1$ 表示外国企业在两个部门的希克斯中性技术差距，这意味着外国企业与本国企业在进行生产任务时有着相同的密集度，但是产出只有本国企业的 $1/A^*$。假设外国实现不完全专业化，外国本土企业的零利润条件为：

$$1=A^*w^*a_{Lx}(w^*/s^*)+A^*s^*a_{Hx}(w^*/s^*) \qquad (2-50)$$

$$p=A^*w^*a_{Ly}(w^*/s^*)+A^*s^*a_{Hy}(w^*/s^*) \qquad (2-51)$$

对比式（2-45）、式（2-46）和式（2-50）、式（2-51），表明两个国家的不完全专业化意味着实现“调整后的要素价格均等化”，也即 $w\Omega=w^*A^*$，$s=s^*A^*$。在均衡条件下，本国企业基于相对价格 $w\Omega/s$ 选择其生产技术，外国企业基于该国要素相对价格 w^*/s^* 选择生产技术。由于调整后的要素价格均等化，两国企业实现成本最小化的生产技术是相同的，也即 $a_{fj}A^*=a_{fj}^*$。外国要素市场出清条件为：

$$A^*a_{Lx}x^*+A^*a_{Ly}y^*+\beta\int_0^I t(i)di(a_{Lx}x+a_{Ly}y)=L^*$$

$$A^*a_{Hx}x^*+A^*a_{Hy}y^*=H^*$$

其中，x^* 和 y^* 表示外国本土企业两个行业的产量，L^* 和 H^* 表示外国低技术劳动和高技术劳动禀赋数量。对外国低技术劳动的需求由三部分组成：外国 X 部门本土企业对低技术劳动的需求；外国 Y 部门本土企业对低技术劳动的需求；本国两个部门企业离岸 L 任务对外国低技术劳动的需求。对外国高技术劳动的需求仅来自于外国两个部门本土企业，因为这里依然假设高技术任务 H 不能进行离岸。将两国要素市场出清联立，就会得到两个部门的世界总产出①：

$$x+x^*=\frac{a_{Ly}\left(H+\frac{H^*}{A^*}\right)-a_{Hy}\left(\frac{L^*}{A^*}+\frac{L}{\Omega}\right)}{\Delta_a} \qquad (2-52)$$

---

① 作为中间步骤，可以得到：$a_{Lx}x^*+a_{Ly}y^*=\frac{L^*}{A^*}-\frac{\beta}{(1-I)A^*}[\int_0^I t(i)di]L$，$a_{Hx}x^*+a_{Hy}y^*=\frac{H^*}{A^*}$，由此可以解出 x^* 和 y^*。同理，利用式（2-41）和式（2-42），可以解出 x 和 y。加总本国和外国两个部门的总产出就可以得到两个部门的世界总产出。

$$y + y^* = \frac{a_{Hx}\left(\frac{L^*}{A^*} + \frac{L}{\Omega}\right) - a_{Lx}\left(H + \frac{H^*}{A^*}\right)}{\Delta_a} \tag{2-53}$$

其中，$\Delta_a = a_{Hx}a_{Ly} - a_{Lx}a_{Hy} > 0$。产品市场出清，意味着：

$$\frac{y + y^*}{x + x^*} = D(p)$$

其中，D(p) 是世界对产品 Y 的相对需求，且 $D'(p) < 0$。由 $w\Omega = w^*A^*$，$w = \beta t(I)w^*$，得到：

$$A^* = \beta t(I)\Omega(I) = \beta[(1 - I)t(I) + \int_0^I t(i)di]$$

因此，当离岸成本下降（$d\beta < 0$），本国企业会扩展离岸的生产任务范围（$dI > 0$）①，这会降低本国企业低技术任务 L 的成本（$\hat{\Omega} < 0$），且劳动密集部门的成本下降的更多。由式（2－52）和式（2－53），随着 Ω 下降，Y 部门的世界相对产出将提高，又由于 $D'(p) < 0$，因此 Y 产品的相对价格将下降（$\hat{p} < 0$）。

由 S－S 定理，相对价格效应将有利于高技术劳动，不利于低技术劳动。而低技术劳动的工资会因为离岸成本的降低提高还是下降，取决于生产率效应和相对价格效应的相对大小以及劳动密集产品在消费中的比重。如果生产率效应足够大，那么离岸成本的降低将给本国带来帕累托改进，这一点与产品贸易成本下降带来的一方获益一方受损不同。

（3）劳动供给效应

截至目前的讨论，都没有涉及劳动供给效应，因为可贸易产品数量与生产要素数量相同时，要素价格不受要素供给影响。只有当生产要素数量超过产品数量时，才会出现劳动供给效应。为此假设存在一个小国，将外国工资和相对价格视为给定，但是该国只专业化生产一种产品。假设本国只生产计价物 X，零利润条件式（2－45）必须成立，而相对价格 p 小于部门 Y 的单位生产成本。此时，要素市场出清条件为：

$$a_{Lx}(w\Omega/s)x = \frac{L}{1 - I} \tag{2-54}$$

$$a_{Hx}(w\Omega/s)x = H \tag{2-55}$$

当离岸成本下降，对式（2－45）进行全微分得到：

① $\frac{d[(1 - I)t(I) + \int_0^I t(i)di]}{dI} = (1 - I)t'(I) > 0$。

$$\theta_{Lx}(\hat{\Omega}_x+\hat{w})+(1-\theta_{Lx})\hat{s}=0$$

对式（2－54）和式（2－55）的比值进行全微分，得到：

$$\sigma_x(\hat{s}-\hat{w}-\hat{\Omega})=\frac{dI}{1-I}$$

其中，σ_x 表示 X 部门低技术任务和高技术任务之间的替代弹性。联立上面两个式子，得到：

$$\hat{w}=-\hat{\Omega}-\frac{1-\theta_{Lx}}{\sigma_x}\frac{dI}{1-I} \tag{2-56}$$

式（2－56）右边第一项表示生产率效应，第二项表示对低技术工人工资的劳动供给效应。前者为正，后者为负。为了比较两个效应的大小，需要考察 $-\hat{\Omega}$ 与 $dI/(1-I)$ 与之间的关系。由 $\frac{d\Omega}{dI}=\frac{-\int_0^I t(i)di}{[t(I)]^2}t'(I)$，可以得到 $-\hat{\Omega}=\eta\gamma dI/(1-I)$，因此有：

$$\hat{w}=\left[\eta\gamma-\frac{1-\theta_{Lx}}{\sigma_x}\right]\frac{dI}{1-I} \tag{2-57}$$

其中，$\eta(I)\equiv\frac{t'(I)(1-I)}{t(I)}$表示贸易成本弹性；而

$$\gamma(I)\equiv\frac{\int_0^I t(i)di}{\int_0^I t(i)di+(1-I)t(I)}$$

当 $I=0$ 时，$\gamma(I)=0$；当 $I=1$ 时，$\gamma(I)=1$。从式（2－57）可以看到，当技术劳动在总成本中比重（$1-\theta_{Lx}$）很大以及生产任务之间替代弹性（σ_x）很小时，劳动供给效应会很大。当没有离岸行为（$I=0$）时，劳动供给效应将发挥主导作用，这意味着一旦开始离岸，就会拉低低技术工人工资。这是因为生产率效应依赖于边际生产任务 I 的生产成本节约，而当所有生产任务一开始都在本国进行时，不存在这样的任务。然而，离岸成本的下降将导致离岸行为的扩张，从而提升低技术工人工资。当 $I>0$，当且仅当 $\eta\gamma\sigma_x>1-\theta_{Lx}$时，β 的下降才会带来 w 的提升。

劳动供给效应在损害低技术工人的同时，会使高技术工人获益。尽管高技术劳动没有直接享受生产率效应，但是当离岸成本降低时，任务贸易扩张会导致低技术任务 L 密集度的提高，从而导致高技术工人边际产出的增长。同时，得到：

$$\hat{s}=\frac{\theta_{Lx}}{\sigma_x}\frac{dI}{1-I}$$

无论 I 为何值 $\hat{s}$ 都为正。因此，当要素数量比产品数量多时，高技术工人始终会因为低技术任务离岸成本下降而获益。

3. 离岸成本对要素收入份额的影响

由于 $\theta_{Hx}=\frac{a_{Hx}s}{a_{Lx}w\Omega_x+a_{Hx}s}\theta_{Lx}=\frac{a_{Lx}w\Omega_x}{a_{Lx}w\Omega_x+a_{Hx}s}=1-\theta_{Hx}$，令 θ_{Hx} 对 β 求导，得到：

$$\frac{d\theta_{Hx}}{d\beta}=\frac{a_{Lx}a_{Hx}(\hat{s}-\hat{\Omega}_x-\hat{w})}{sw\Omega_x(\Omega_x wa_{Lx}+a_{Hx}s)^2}$$

由式（2－48），$\hat{\Omega}_x+\hat{w}=\frac{\frac{\theta_{Hx}}{\theta_{Lx}}(\hat{\Omega}_x-\hat{\Omega}_y)}{\frac{\theta_{Hx}}{\theta_{Lx}}-\frac{\theta_{Hy}}{\theta_{Ly}}}$，由式（2－49），$\hat{s}=\frac{-(\hat{\Omega}_x-\hat{\Omega}_y)}{\frac{\theta_{Hx}}{\theta_{Lx}}-\frac{\theta_{Hy}}{\theta_{Ly}}}$。又由于分母 $\frac{\theta_{Hx}}{\theta_{Lx}}-\frac{\theta_{Hy}}{\theta_{Ly}}>0$，因此，当 $\hat{\Omega}_x>\hat{\Omega}_y$ 时，$\hat{\Omega}_x+\hat{w}>0$，$\hat{s}<0$，$\frac{d\theta_{Hx}}{d\beta}<0$，$\frac{d\theta_{Lx}}{d\beta}=\frac{d(1-\theta_{Hx})}{d\beta}>0$，也即当劳动密集部门的生产率收益更大（$-\hat{\Omega}_y>-\hat{\Omega}_x$）时，技术密集部门中低技术工人的要素收入份额将随着离岸成本 β 的下降而下降，高技术工人的要素收入份额将随着离岸成本 β 的下降而提升。当技术密集部门的生产率收益更大（$-\hat{\Omega}_y<-\hat{\Omega}_x$）时，技术密集部门中低技术工人的要素收入份额将随着离岸成本 β 的下降而提升，高技术工人的要素收入份额将随着离岸成本 β 的下降而下降。

又由于 $\theta_{Ly}=\frac{a_{Ly}w\Omega_y}{a_{Ly}w\Omega_y+a_{Hy}s}\theta_{Hy}=\frac{a_{Hy}s}{a_{Ly}w\Omega_y+a_{Hy}s}=1-\theta_{Ly}$，令 θ_{Ly} 对 β 求导，得到：

$$\frac{d\theta_{Ly}}{d\beta}=\frac{a_{Ly}a_{Hy}(\hat{\Omega}_y+\hat{w}-\hat{s})}{sw\Omega_y(\Omega_y wa_{Ly}+a_{Hy}s)^2}$$

由式（2－48），$\hat{\Omega}_y+\hat{w}=\frac{\frac{\theta_{Hy}}{\theta_{Ly}}(\hat{\Omega}_x-\hat{\Omega}_y)}{\frac{\theta_{Hx}}{\theta_{Lx}}-\frac{\theta_{Hy}}{\theta_{Ly}}}$。又由于 $\hat{s}=\frac{-(\hat{\Omega}_x-\hat{\Omega}_y)}{\frac{\theta_{Hx}}{\theta_{Lx}}-\frac{\theta_{Hy}}{\theta_{Ly}}}$，因此，当 $\hat{\Omega}_x>\hat{\Omega}_y$ 时，$\hat{\Omega}_y+\hat{w}>\hat{s}$，$\frac{d\theta_{Ly}}{d\beta}>0$，$\frac{d\theta_{Hy}}{d\beta}=\frac{d(1-\theta_{Ly})}{d\beta}<0$，也即当劳

动密集部门的生产率收益更大（$-\hat{\Omega}_y > -\hat{\Omega}_x$）时，劳动密集部门中的低技术工人的要素收入份额将随着离岸成本 β 的下降而下降，高技术工人的要素收入份额将随着离岸成本 β 的下降而提升。当技术密集部门的生产率收益更大（$-\hat{\Omega}_y < -\hat{\Omega}_x$）时，劳动密集部门中低技术工人的要素收入份额将随着离岸成本 β 的下降而提升，高技术工人的要素收入份额将随着离岸成本 β 的下降而下降。

综上，只要劳动密集部门的生产率收益更大（$-\hat{\Omega}_y > -\hat{\Omega}_x$），无论是哪个部门，低技术工人的收入份额都会随着离岸成本 β 的下降而下降，而高技术工人的收入份额则会随着离岸成本 β 的下降而提升；只要技术密集部门的生产率收益更大（$-\hat{\Omega}_y < -\hat{\Omega}_x$），无论是哪个部门，低技术工人的收入份额都会随着离岸成本 β 的下降而提升，而高技术工人的收入份额则会随着离岸成本 β 的下降而下降。

第三章

全球价值链的刻画：贸易增加值核算方法

在过去几十年中，国际贸易属性最重要的变革之一就是价值链上遍布多国的各个生产过程之间日益紧密的联系，而各个国家专业化于生产过程的特定阶段。这一现象在文献中被冠以“全球价值链”（Global Value Chain，GVC）、“国际生产网络”“垂直专业化”“离岸”“生产分割”以及“多阶段生产”等名称。数据表明，平均而言世界出口额的一半是与GVC相关的贸易（OECD，2012）。全球价值链分工的不断发展为传统贸易统计提出了挑战。由于现行国际贸易统计以商品总值为统计口径，因此中间品的价值会在多次跨越国境的过程中被多次统计。

全球价值链贸易可以通过四种方法测度（Daudin et al.，2011）。第一种方法利用企业调研。但是这种方法只对有限的国家和跨国公司适用。第二种方法是利用能够反映关税减免措施的海关统计。为了鼓励国内行业发展，很多发展中国家对用于出口产品生产的进口中间品免收关税，而发达国家减免进口中间品关税则是为了提高进口最终产品中的国内投入品成分。这种方法的困难在于只对上述数据可得的几个国家适用。而上述该方法的另一个局限在于随着零部件关税的逐渐降低，企业利用特别关税优惠的意愿会减弱，这会减少享受税收优惠的国际进口中间品的范围，不足以覆盖GVC贸易。第三种方法是利用区分中间品和最终产品的国际贸易标准分类（standard international trade classification，SITC）数据，这种方法以叶芝（Yeats，1338）为开端，后续的研究还包括阿杜克拉拉和雅玛诗达（Athukorala and Yamashita，2006）、迈罗多特等人（Miroudot et al.，2003）等。这种方法的局限在于对中间品和最终产品在用途上的分类过于随意。鉴于上述方法存在的局限性，运用投入产出（input-output，IO）数据成为测度GVC贸易的首选方法。基于投入产出数据的增加值贸易

(trade in value added，TiVA) 法由此产生，刻画出特定国家特定行业的价值链。

第一节　从垂直专业化到 KWW 法：考虑中间品在国家间的流转

一、出口中的进口成分：垂直专业化

（一）基本概念

垂直贸易是全球价值链分工体系下国际贸易的典型特征。胡梅尔斯、伊诗和伊（Hummels，Ishii and Yi，2001，后简称 HIY）首次提出垂直专业化（vertical specialization，VS）指标。该指标旨在通过测度一国出口中包含的进口成分（VS，也即国外价值增值）以及一国出口中作为中间品被别国进口的成分（VS1，也即一国增加值的间接出口）来考察一国参与垂直分工的程度。VS 指标的测算以投入产出数据为基础，因此避免了区分中间品和最终产品的随意性。此外，使用投入产出表可以计算间接用于出口产品生产的进口中间品出口部门间接使用的进口中间品，是指特定部门的生产过程中使用进口中间品，而该部门的产出又被用去第二个部门的生产，以此类推，直至最终包含在出口产品中。值得注意的是，由于投入产出表是在行业层面的加总，因此会在计算行业层面出口中的进口成分时存在问题。举例来说，假设一个行业涉及两种产品，其中一类产品进口中间品但不出口，而另一种产品不使用中间品但出口。对于这两类产品 VS 指标会为零，但是行业层面的 VS 指标会是大于零的数值。

（二）实证结果

胡梅尔斯、伊诗和伊（2001）利用非竞争型投入产出表计算出 OECD 十个国家及爱尔兰、韩国和中国台湾地区垂直专业化指标。伊（2003）在 HIY 基础上，分析了垂直专业化对世界贸易增长的影响，指出 1962～1993 年间世界贸易增长的超过 50% 是由垂直专业化引起的。此后很多学者利用 HIY 构建的 VS 指标对不同国家的垂直专业化指标进行了测度（Chen et al,

2005；Chen and Chang，2006；Breda et al，2007；Amador and Cabral，2008；OECD，2003；Gonzales，2012 et al.）。但是上述研究中基于产业层面的 VS 指标无法区分跨国公司和贸易方式对各国垂直专业化的影响（OECD，2003）。汉森等（2002）利用跨国公司的微观经营数据，着重考察了美国跨国公司母公司与子公司之间垂直专业化程度及其影响因素。

国内学者对垂直专业化的测度研究主要分为两个阶段：一是基于 HIY 分析框架，利用投入产出表及进出口贸易数据，测算中国总出口或各部门的垂直专业化水平（北京大学中国经济研究中心课题组，2006；张小蒂和孙景蔚，2006；黄先海和韦畅，2007；盛斌和马涛，2008；文东伟和冼国明，2010），进而考察垂直专业化对我国不同产业贸易竞争力的影响（胡昭玲，2007；文东伟和冼国明，2003）；二是考虑到加工贸易对我国垂直专业化程度的影响，对 HIY 方法进行调整，唐东波（2013）通过将海关进出口贸易数据匹配到三位数行业，直接估计不同出口方式下中国各行业的垂直专业化程度。研究发现，2000～2008 年中国出口的垂直专业化程度整体较高且主要缘于加工贸易，资本技术密集型行业的垂直专业化程度显著高于劳动密集型行业，而科技含量集中的电子设备制品行业的垂直专业化达到 80% 以上，说明中国出口的快速增长带有某种“统计假象”（statistical illusion①）。

垂直专业化指标的计算严格依赖于两个关键假设：其一，假设国内最终产品和出口产品具有一样的进口中间品投入密集度；其二，假设进口中间品完全由国外价值增值构成的。以上两点假设在现实中均无法得到满足。原因在于，加工贸易方式下出口产品对进口中间品的依赖程度会远高于国内消费产品。而第二点假设在当前全球价值链分工体系下同样无法得到满足，因为该假设排除了在全球价值链分工体系下普遍存在中间品回流的情况。贸易增加值统计体系正是由于克服了垂直专业化指标在假设条件上存在的缺陷，因而更加符合全球价值链分工的特征。

二、从垂直专业化到 KWW 法：允许中间品的再进口（re-import）

全球价值链分工的本质在于不同国家在最终产品生产链上的彼此承接

---

① SRHOLEC M. High－Tech Exports from Developing Countries：A Symptom of Technology Spurts or Statistical Illusion？Review of World Economics，2007（2）：227－255.

和紧密关联，中间品在到达最终消费者之前会经历处于不同国家的多个环节的加工生产，因而会在多个国家留下价值增值足迹（material footprint）。HIY 试图运用 VS 和 VS1 指标反映和刻画由中间品多次跨越国境形成的增加值足迹。显然，能够融合 VS 和 VS1 并能捕捉一国进口中间品中所含本国成分的度量方法更能真实地反映当前的国际分工体系。KWW 法通过允许中间品在国家间的多次流转形成了全新的贸易统计框架。

（一）基本测算框架

道丁、里夫拉特和施韦斯古斯（Daudin, Rifflart and Schweisguth, 2011）首次提出了“增加值贸易”（value-added trade）概念，并利用 GTAP 数据库中的国家间投入产出数据对世界各国不同行业出口中的价值增值的分布进行了测度，回答了“谁为谁生产什么”的问题。王、鲍沃斯和魏（Wang, Powers and Wei, 2003，后简称 WPW）运用亚洲国际投入产出表（asian international input-output tables, AIIOT），在将一国不同行业出口分解为国外成分和国内成分的基础上，进一步将出口中的国内价值增值分解为直接价值增值出口以及通过出口中间品经国外加工再回流本国而形成的间接价值增值。约翰逊和诺格拉（Johnson and Noguera, 2011 和 2012）则定义了增加值出口（value-added export），并运用 OECD 整合的国际投入产出数据（harmonized input-output database）和双边贸易数据重点测度了增加值出口总占出口的比例（VAX），并从全球、单边贸易以及双边贸易三个层面分析了该比例的内在影响机制和变化原因。库普曼等（2010）融合 HIY 和王、鲍沃斯和魏（2003）方法，形成了规范的增加值贸易统计框架，将一国出口中的价值增值分解为国内价值增值和国外价值增值，并将国内价值增值进一步分解为直接价值增值出口、间接价值增值出口、国内价值增值回流三个部分。在此基础上，库普曼、王和魏（2012）将以上研究纳入到统一框架，实现了对一国出口价值增值的完全分解，并且建立了增加值出口和总值出口之间的联系，成为增加值贸易测算的集大成之作（王岚，2014），被称为 KWW 法。

1. 出口的增加值分解

假设存在 G 个国家和 N 个部门，所有产品既可被用作中间品也可用做最终产品被本国和外国消耗，这是增加值贸易对 VS 第二个假设的放松。因此，产品市场的出清意味着一国产出满足：

$$x_r = a_{rr}x_r + \sum_{r\neq s}^{G} a_{rs}x_s + y_{rr} + \sum_{r\neq s}^{G} y_{rs},\ s = 1, 2, \cdots, G \qquad (3-1)$$

其中，x_r 和 x_s 分别表示 r 国和 S 国的总产出；a_{rr}表示 r 国产品生产过程中对本国产品的直接消耗系数；a_{rs}表示 S 国产品生产过程中对 r 国中间品的直接消耗系数；y_{rr}表示 r 国对本国产品的最终需求，y_{rs}表示 S 国对 r 国产品的最终需求。因此，式（3－1）中等号右边的前两项加总表示的是 r 国产出中以中间品形式满足本国和外国生产的部分，而后两项加总表示的则是 r 国产出中用于满足本国和外国最终需求的部分。将式（3－1）改写成矩阵形式，得到：

$$\begin{bmatrix} X_1 \\ X_2 \\ \cdots \\ X_G \end{bmatrix} = \begin{bmatrix} I - A_{11} & -A_{12} & \cdots & -A_{1G} \\ -A_{21} & I - A_{22} & \cdots & -A_{2G} \\ \cdots & \cdots & \cdots & \cdots \\ -A_{G1} & -A_{G2} & \cdots & I - A_{GG} \end{bmatrix}^{-1} \begin{bmatrix} \sum_r^G y_{r1} \\ \sum_r^G y_{r2} \\ \cdots \\ \sum_r^G y_{rG} \end{bmatrix} \tag{3-2}$$

其中，X_r 表示各国的产出向量，A_{rs}表示直接消耗系数矩阵。令里昂惕夫逆矩阵 $B=(I-A)^{-1}$，其中的系数 B_{rs}被称为“完全消耗系数”，它表示 S 国最终需求多增加 1 单位所需投入的所有 r 国产出。进一步定义直接增加值系数 $v_r = 1 - \sum_{r=1}^{G} a_{sr}$，它表示剔除中间品对产出的贡献（$\sum_{r \neq s}^{G} a_{sr}$）后，r 国创造的直接价值增值对产出的贡献程度。

令 $\hat{V}_r$ 表示 N×N 的对角阵，其对角线上的元素表示 r 国各部门的直接增加值系数，定义多国多部门直接增加值系数矩阵：

$$\hat{V} = \begin{bmatrix} \hat{V}_1 & 0 & \cdots & 0 \\ 0 & \hat{V}_2 & \cdots & 0 \\ \cdots & \cdots & \cdots & \cdots \\ 0 & 0 & \cdots & \hat{V}_G \end{bmatrix}_{(GN \times GN)} \tag{3-3}$$

令 $\hat{E}_r$ 表示 N×N 的矩阵，各元素表示 r 国各部门总出口，定义多国多部门出口矩阵：

$$\hat{E} = \begin{bmatrix} \hat{E}_1 & 0 & \cdots & 0 \\ 0 & \hat{E}_2 & \cdots & 0 \\ \cdots & \cdots & \cdots & \cdots \\ 0 & 0 & \cdots & \hat{E}_G \end{bmatrix}_{(GN \times GN)} \tag{3-4}$$

将直接增加值矩阵 $\hat{V}$ 与完全消耗矩阵 B 以及出口矩阵 $\hat{E}$ 相乘，就可实现对各国出口的价值增值分解：

$$V\hat{B}E=\begin{bmatrix} V_1\sum_r^G B_{1r}E_{r1} & V_1\sum_r^G B_{1r}E_{r2} & \cdots & V_1\sum_r^G B_{1r}E_{rG} \\ V_2\sum_r^G B_{2r}E_{r1} & V_2\sum_r^G B_{2r}E_{r2} & \cdots & V_2\sum_r^G B_{2r}E_{rG} \\ \cdots & \cdots & \cdots & \cdots \\ V_G\sum_r^G B_{Gr}E_{r1} & V_G\sum_r^G B_{Gr}E_{r2} & \cdots & V_G\sum_r^G B_{Gr}E_{rG} \end{bmatrix}_{(GN\times GN)} \tag{3-5}$$

$V\hat{B}E$矩阵各行非对角元素的加总表示 r 国通过将中间品出口给 S 国经后者加工后再出口给 t 国而实现的间接增加值出口（indirect value-added export，IV）：

$$IV_r=\sum_{s\neq t}V_rB_{rs}E_{st} \tag{3-6}$$

而$V\hat{B}E$矩阵各列非对角元素的加总表示其他国家对 r 国出口贡献的价值增值，也即 r 国出口中包含的国外价值增值（foreign value-added，FV）：

$$FV_r=\sum_{s\neq r}V_sB_{sr}E_{r*} \tag{3-7}$$

而$V\hat{B}E$矩阵的对角元素反映的则是出口中的国内价值增值（domestic value-added，DV）：

$$DV_r=V_rB_{rr}E_{r*} \tag{3-8}$$

综合上述分析，最终可将一国出口分解为以下五个部分：

$$E_{r*}=\underbrace{V_rB_{rr}\sum_{s\neq r}Y_{rs}}_{(1)}+\underbrace{V_rB_{rr}\sum_{s\neq r}A_{rs}X_{ss}}_{(2)}+\underbrace{V_rB_{rr}\sum_{s\neq r}\sum_{t\neq r,s}A_{rs}E_{st}}_{(3)}+\underbrace{V_rB_{rr}\sum_{s\neq r}A_{rs}E_{sr}}_{(4)}+\underbrace{FV_r}_{(5)} \tag{3-9}$$

其中，①表示被包含在最终产品和服务出口中直接被进口方吸收的 r 国价值增值；②表示包含在出口中间品中用于进口国生产国内需求产品的 r 国价值增值；③表示包含在出口中间品中，供进口国生产向第三国出口产品的 r 国价值增值，也即 r 国的间接增加值出口；④表示 r 国出口给进口方用来生产回流本国产品的中间品中包含的 r 国价值增值；⑤表示出口中包含的国外价值增值，也即 FV。①、②、③的加总等于 r 国增加值总出口。①～④的加总则为 r 国出口中包含的国内价值增值，其中①表示包含在 r 国最终产品出口中的国内价值增值；②和③表示被包含在 r 国中间品出口中的国内增加值，其中③表示 r 国的间接增加值出口，也即 IV；④表示 r 国国内增加值的回流。

2. 增加值出口

出口中国内/国外价值增值以及增加值出口尽管相关但却是两个不同的概念。增加值出口是指直接或间接用于满足另一国最终消费的一国价值增值；而出口中的价值增值是指包含在总贸易中的不同来源价值增值①。可见，尽管二者测度的都是生产国生产要素创造的价值，但是出口中的价值增值不受消耗地点的影响，而增加值贸易则取决于一国出口如何被进口国使用（王岚，2014）。

令 Y_{rs} 表示 S 国对 r 国产出的总需求矩阵，将式（3 –2）改写为：

$$\begin{bmatrix} X_1 \\ X_2 \\ \cdots \\ X_G \end{bmatrix} = \begin{bmatrix} I-A_{11} & -A_{12} & \cdots & -A_{1G} \\ -A_{21} & I-A_{22} & \cdots & -A_{2G} \\ \cdots & \cdots & \cdots & \cdots \\ -A_{G1} & -A_{G2} & \cdots & I-A_{GG} \end{bmatrix}^{-1} \begin{bmatrix} Y_{r1} \\ Y_{r2} \\ \cdots \\ Y_{rG} \end{bmatrix} \quad (3-10)$$

令 $\hat{Y}_{rs}$ 表示 N × N 的矩阵，各元素表示 S 国各部门对 r 国总需求，定义对 r 国产出的最终需求矩阵：

$$\hat{Y}_{rs} = \begin{bmatrix} \hat{Y}_{r1} & 0 & \cdots & 0 \\ 0 & \hat{Y}_{r2} & \cdots & 0 \\ \cdots & \cdots & \cdots & \cdots \\ 0 & 0 & \cdots & \hat{Y}_{rG} \end{bmatrix}_{(GN \times GN)} \quad (3-11)$$

将直接价值增值矩阵 $\hat{V}$ 与完全消耗矩阵 B 以及总需求矩阵 $\hat{Y}_{rs}$ 相乘，就可计算 r 国增加值贸易：

$$V\hat{B}Y = \begin{bmatrix} V_1\sum_r^G B_{1r}Y_{r1} & V_1\sum_r^G B_{1r}Y_{r2} & \cdots & V_1\sum_r^G B_{1r}Y_{rG} \\ V_2\sum_r^G B_{2r}Y_{r1} & V_2\sum_r^G B_{2r}Y_{r2} & \cdots & V_2\sum_r^G B_{2r}Y_{rG} \\ \cdots & \cdots & \cdots & \cdots \\ V_G\sum_r^G B_{Gr}Y_{r1} & V_G\sum_r^G B_{Gr}Y_{r2} & \cdots & V_G\sum_r^G B_{Gr}Y_{rG} \end{bmatrix}_{(GN\times GN)} \quad (3-12)$$

① Stehrer. Trade in Value Added and the Value Added in Trade. WIOD Working Paper, No. 8, 2012.

$V\hat{B}Y$矩阵第 r 行非对角线元素的加总表示 r 国的增加值出口；$V\hat{B}Y$矩阵第 r 列非对角线元素的加总表示 r 国的增加值进口。

（二）与垂直专业化的比较

1. 两国情形

假设有两个国家，各国生产 N 类可贸易品。式（3－13）考察的是增加值出口：

$$V\hat{B}Y=\begin{bmatrix}\hat{V}_1 & 0\\ 0 & \hat{V}_2\end{bmatrix}\begin{bmatrix}B_{11} & B_{12}\\ B_{21} & B_{22}\end{bmatrix}\begin{bmatrix}Y_{11} & Y_{12}\\ Y_{21} & Y_{22}\end{bmatrix} \qquad (3-13)$$

其中，B_{sr}表示里昂惕夫逆矩阵中的各子阵，表示 r 国多增加 1 单位的最终需求所需投入的 S 国产品，其中 Y_{sr}表示 r 国对 S 国的最终需求，$\hat{V}_r$是 $N\times N$ 的对角阵，其对角线上的元素是直接增加值系数。计算得出 $V\hat{B}Y$矩阵，其对角线元素是各国自身吸收的价值增值，而非对角元素则构成了 $2N\times 2$ 的双边增加值贸易矩阵。设定 E_{r*}表示 r 国总出口，对总出口中不同来源价值增值测度则可以通过下式实现：

$$VBE=\begin{bmatrix}V_1B_{11}E_{1*} & V_1B_{12}E_{2*}\\ V_2B_{21}E_{1*} & V_2B_{22}E_{2*}\end{bmatrix} \qquad (3-14)$$

VBE 矩阵对角线上的元素反映的是一国出口中的国内价值增值，而各列非对角元素的加总则是一国出口的国外价值增值。在两国情形下解出四个 B_{sr}矩阵，可得：

$$\begin{bmatrix}B_{11} & B_{12}\\ B_{21} & B_{22}\end{bmatrix}=\begin{bmatrix}(I-A_{11}-A_{12}(I-A_{22})^{-1}A_{21})^{-1} & B_{11}A_{12}(I-A_{22})^{-1}\\ (I-A_{22})^{-1}A_{21}B_{11} & (I-A_{22}-A_{21}(I-A_{11})^{-1}A_{12})^{-1}\end{bmatrix} \qquad (3-15)$$

由此，总出口可以分解为国外价值增值（foreign value-added，FV）和国内价值增值（domestic value-added，DV）：

$$DV=\begin{bmatrix}V_1B_{11}E_{1*}\\ V_2B_{22}E_{2*}\end{bmatrix}=\begin{bmatrix}V_1(I-A_{11}-A_{12}(I-A_{22})^{-1}A_{21})^{-1}E_{1*}\\ V_2(I-A_{22}-A_{21}(I-A_{11})^{-1}A_{12})^{-1}E_{2*}\end{bmatrix} \qquad (3-16)$$

$$\begin{aligned}FV&=\begin{bmatrix}V_2B_{21}E_{1*}\\ V_1B_{12}E_{2*}\end{bmatrix}\\ &=\begin{bmatrix}u(A_{21}-A_{12}(I-A_{22})^{-1}A_{21})(I-A_{11}-A_{12}(I-A_{22})^{-1}A_{21})^{-1}E_{1*}\\ u(A_{12}-A_{21}(I-A_{11})^{-1}A_{12})(I-A_{22}-A_{21}(I-A_{11})^{-1}A_{12})^{-1}E_{2*}\end{bmatrix}\end{aligned} \qquad (3-17)$$

利用同样的方法，HIY 测量垂直专业化程度的指标就可以表示为：

$$VS=\begin{bmatrix} uA_{21}(I-A_{11})^{-1}E_{1*} \\ uA_{12}(I-A_{22})^{-1}E_{2*} \end{bmatrix} \tag{3-18}$$

对比式（3-17）和式（3-18），可以发现 HIY 测量的是当 $A_{12}=0$ 或 $A_{21}=0$ 时一国出口中的国外价值增值，换言之 HIY 由于假设只有一国出口中间品，因而垂直专业化的度量是增加值贸易测算的一种特殊情况，一旦两国都出口中间品，那么 HIY 的方法就会出现偏差（Johnson and Noguera，2011）。而增加值贸易则考虑了 HIY 没有考虑到的一个重要成分。对于本国而言，HIY 对国内价值增值与国外价值增值的度量与实际值都偏差了 $A_{12}(I-A_{22})^{-1}A_{21}E_{21}$。而增加值贸易则可以测算出口到国外加工后再回流到本国的国内价值增值部分。HIY 对垂直专业化另一个角度的测量，考察的是间接出口到第三国的价值增值（indirectly exported value-added，IV），即 VS1。两国情形下，本国的 IV 等于外国的 FV：

$$\begin{aligned} IV_1 &= V_1B_{12}E_{21}=V_1B_{11}A_{12}(I-A_{22})^{-1}E_{21} \\ &= V_1((I-A_{11})-A_{12}(I-A_{22})^{-1}A_{21})^{-1}A_{12}(I-A_{22})^{-1}E_{21} \end{aligned} \tag{3-19}$$

其中，$A_{12}(I-A_{22})E_{21}$ 表示外国出口中投入的本国中间品；$V_1((I-A_{11})-A_{12}(I-A_{22})^{-1}A_{21})$ 表示本国的国内增加值比例。因此，将这两项相乘就得到用于外国生产出口品的中间品中包含的国内价值增值，由此得到外国出口中间接包含的国内价值增值。两国情形下，这部分必然等于本国进口中的国内成分，也即本国国内增加值的回流。

2. 三国情形

$$\begin{bmatrix} X_1 \\ X_2 \\ X_3 \end{bmatrix}=\begin{bmatrix} I-A_{11} & -A_{12} & -A_{13} \\ -A_{21} & I-A_{22} & -A_{23} \\ -A_{31} & -A_{32} & I-A_{33} \end{bmatrix}\begin{bmatrix} Y_1 \\ Y_2 \\ Y_3 \end{bmatrix}=(I-A)^{-1}Y \tag{3-20}$$

$$\begin{bmatrix} X_1 \\ X_2 \\ X_3 \end{bmatrix}=\begin{bmatrix} A_{11}X_1+Y_{11}+E_1 \\ A_{22}X_2+Y_{22}+E_2 \\ A_{33}X_3+Y_{33}+E_3 \end{bmatrix}$$

其中，$\begin{bmatrix} E_1 \\ E_2 \\ E_3 \end{bmatrix}=\begin{bmatrix} E_{12}+E_{13} \\ E_{21}+E_{23} \\ E_{31}+E_{32} \end{bmatrix}=\begin{bmatrix} A_{12}X_2+Y_{12}+A_{13}X_3+Y_{13} \\ A_{21}X_1+Y_{21}+A_{23}X_3+Y_{23} \\ A_{31}X_1+Y_{31}+A_{32}X_2+Y_{32} \end{bmatrix}$。里昂惕夫逆矩阵为：

$$\begin{bmatrix} I-A_{11} & -A_{12} & -A_{13} \\ -A_{21} & I-A_{22} & -A_{23} \\ -A_{31} & -A_{32} & I-A_{33} \end{bmatrix}^{-1} = (I-A)^{-1} = \begin{bmatrix} B_{11} & B_{12} & B_{13} \\ B_{21} & B_{22} & B_{23} \\ B_{31} & B_{32} & B_{33} \end{bmatrix} \tag{3-21}$$

定义三国情形下的 VB 矩阵：

$$VB = \begin{bmatrix} V_1B_{11} & V_1B_{12} & V_1B_{13} \\ V_2B_{21} & V_2B_{22} & V_2B_{23} \\ V_3B_{31} & V_3B_{32} & V_3B_{33} \end{bmatrix} \tag{3-22}$$

其中，V_r 表示 $1 \times N$ 的直接增加值系数行向量，B_{sr} 是 $N \times N$ 的方阵，因此 V_sB_{sr} 是 $1 \times N$ 的行向量，VB 是 $3 \times 3N$ 的矩阵。该矩阵的对角线元素表示各国单位出口中国内增加值的比重。每一行非对角元素的加总表示以中间品形式被包含在第三国出口中的国内价值增值比重，也即 VS1 的比重；每一列非对角线元素的加总表示一国出口中国外价值增值的比重，也即 VS 的比重。

在三国情形下，准确计算不同来源价值增值需要对多次跨境的中间品进行调整，以 VB 矩阵的第一个对角元素为例：

$$\begin{aligned} V_1B_{11} = V_1\{I - A_{11} - A_{12}[I - A_{22} - A_{23}(I - A_{33})^{-1}A_{32}]^{-1}[A_{21} + A_{23}(I - A_{33})^{-1}A_{31}] \\ - A_{13}[I - A_{33} - A_{32}(I - A_{22})^{-1}A_{23}]^{-1}[A_{31} + A_{32}(I - A_{22})^{-1}A_{21}]\}^{-1} \end{aligned} \tag{3-23}$$

其中，$V_1 = (u - A_{11} - A_{21} - A_{31})$。对比式（3－16）和式（3－23），可以看到三国情形与两国情形相比包含了更多的调整成分，而所有调整都涉及经由第三国的中间品出口。具体而言，以测度国家 1 总出口中国内价值增值为例，需要同时包含将该国对国家 2 和国家 3 出口中间品中包含的国内价值增值。这些中间品既可被进口国用于生产最终产品并返销给出口国，也可被进口国用于生产出口给第三国的产品。其中 $A_{23}(I - A_{33})^{-1}A_{32}$ 反映的是国家 2 向国家 3 出口的用来生产返销给国家 2 产品的中间品；$A_{23}(I - A_{33})^{-1}A_{31}$ 反映的是国家 2 向国家 3 出口的用来生产国家 3 对国家 1 出口产品的中间品；$A_{32}(I - A_{22})^{-1}A_{23}$ 表示的是国家 3 出口给国家 2 用于该国生产向国家 3 出口产品的中间品；$A_{32}(I - A_{22})^{-1}A_{21}$ 则表示国家 3 出口给国家 2 用于该国生产向国家 1 出口产品的中间品。

进一步比较三国情形下的 FV 和 VS。国家一出口中的国外价值增值比例为：

$$FV_1 = V_2B_{21} + V_3B_{31} = V_2B_{22}[A_{21} + A_{23}(I - A_{33})^{-1}A_{31}][I - A_{11} - A_{13}(I - A_{33})^{-1}A_{31}]^{-1} + V_3B_{33}[A_{31} + A_{32}(I - A_{22})^{-1}A_{21}][I - A_{11} - A_{12}(I - A_{22})^{-1}A_{21}]^{-1} \tag{3-24}$$

其中，$B_{22} = \{I - A_{22} - A_{21}[I - A_{11} - A_{13}(I - A_{33})^{-1}A_{31}]^{-1}[A_{12} + A_{13}(I - A_{33})^{-1}A_{31}] - - A_{23}[I - A_{33} - A_{31}(I - A_{11})^{-1}A_{13}]^{-1}[A_{32} + A_{31}(I - A_{11})^{-1}A_{12}]\}^{-1}$；$B_{33} = \{I - A_{33} - A_{31}[I - A_{11} - A_{12}(I - A_{22})^{-1}A_{21}]^{-1}[A_{13} + A_{12}(I - A_{22})^{-1}A_{23}] - - A_{32}[I - A_{22} - A_{21}(I - A_{11})^{-1}A_{12}]^{-1}[A_{23} + A_{21}(I - A_{11})^{-1}A_{13}]\}^{-1}$。

而三国情形下，国家一出口中的进口成分，也即国家1出口的VS比例为：

$$VS_1 = (V_2A_{21} + V_3A_{31})(I - A_{11})^{-1} \tag{3-25}$$

对比式（3-24）和式（3-25），可以看到，三国情形下VS忽略了价值增值经由第三国的流转，不能准确反映一国出口中的国外价值增值：一方面，VS由于没有剔除直接进口中间品中包含的国内价值增值，因此存在高估一国出口国外成分的可能；另一方面，由于VS没有考虑国外价值增值在其他国家间的流转因而存在低估一国出口中国外成分的可能。

（三）KWW法的指标拓展

库普曼等（2010）构建价值链参与度指标用来度量一国对全球价值链的参与程度，该指标越大，表明一国参与全球价值链的程度越高。

$$GVC\_Participation_{ir} = \frac{IV_{ir}}{E_{ir}} + \frac{FV_{ir}}{E_{ir}} \tag{3-26}$$

考虑到即使两国特定行业参与全球价值链分工程度相同，两国国际分工地位也会存在差异。如果一国处于上游环节，它参与国际生产的方式更多的是通过向其他国家提供中间品实现。对于这样的国家，其出口中的间接价值增值（IV）就会高于国外价值增值（FV）；相反，如果一国处于生产的下游环节，就会使用大量来自别国的中间品来生产最终产品，此时的IV会小于FV。基于这一思想，库普曼等（2010）构造了价值链地位指数：

$$GVC\_Position_{ir} = \ln\left(1 + \frac{IV_{ir}}{E_{ir}}\right) - \ln\left(1 + \frac{FV_{ir}}{E_{ir}}\right) \tag{3-27}$$

该指标越大，表明一国在全球价值链上所处的位置就越靠近上游；该指标越小，则表明一国在全球价值链上的位置越靠近下游。

第二节　区分贸易方式的贸易增加值核算：DPN 法

KWW 法虽然克服了垂直专业化的第二个假设条件，但是还没有考虑出口品和国内消费品在进口中间品投入密集度上的差异。迪恩、方和王（Dean、Fung and Wang，2007）考虑到加工贸易对中国垂直专业化程度的影响，运用区别于胡梅尔斯等（2001）的新方法，对中间品进行了新的界定，在此基础上对中国各部门历年来的垂直专业程度进行了度量，迈出了考虑加工贸易特殊性的第一步。而要真正克服垂直专业化不考虑加工贸易和非加工贸易的缺陷，还需通过投入产出表在贸易方式以及中间品用途上的拆分来实现。

一、区分加工贸易和非加工贸易的非竞争型投入产出表

根据对进口产品处理方法的不同，投入产出模型可以分为竞争（进口）型投入产出模型和非竞争（进口）型投入产出模型两个类型。在竞争型投入产出模型中假设本国生产中间品和进口中间品可以完全替代，因而没有区分各生产部门消耗的中间投入部分中哪些是本国生产的，哪些是进口的，只在最终需求象限中有一个进口列向量。因而，此类投入产出模型无法反映各生产部门与进口投入品之间的联系。非竞争型投入产出模型则将中间投入分为国内生产的中间投入和进口中间投入两大部分，反映了二者的不完全替代性。而仅仅这样的改进还不足以实现厘清加工贸易对一国出口的国内价值增值的影响。

刘等（Lau et al.，2007）构建了考虑加工贸易的非竞争型投入产出模型（见表 3－1），将生产活动分为国内需求生产（D）、加工出口的生产（P）以及非加工出口（N），提出了一个国家总出口与分部门产品单位出口对国内增加值和就业的拉动效应的计算方法（简称 DPN 方法）。据此测算和分析了中美两国出口对各自国内增加值和就业的影响，开辟了此领域的先河。从表 3－1 中的水平方向，可以得到国内产品 D、加工出口 P、非加工出口及其他 N 和进口 M 的如下供求关系方程：

$$Z^{DD}\mu + Z^{DP}\mu + Z^{DN}\mu + F^{D} = X^{D}$$

$$E^{P} = X^{P}$$

$$Z^{ND}\mu + Z^{NP}\mu + Z^{NN}\mu + F^{N} = X^{N}$$
$$Z^{MD}\mu + Z^{MP}\mu + Z^{MN}\mu + F^{M} = M \tag{3-28}$$

表 3-1　　区分加工出口和非加工出口的非竞争型投入产出模型（DPN 模型）

			中间需求			最终需求				国内总产出或进口
			用于国内需求的生产	加工出口生产	非加工出口生产及其他	消费	资本形成总额	出口	最终需求合计	
投入部分	国内产品中间投入	国内需求生产	Z^{DD}	Z^{DP}	Z^{DN}	F^{DC}	FDI	0	F^{D}	X^{D}
		加工出口生产	0	0	0	0	0	E^{P}	F^{P}	X^{P}
		非加工出口生产及其他	Z^{ND}	Z^{NP}	Z^{NN}	F^{NC}	F^{NI}	E^{N}	F^{N}	X^{N}
	进口产品中间投入		Z^{MD}	Z^{MP}	Z^{MN}	F^{MC}	F^{M}	0	F^{M}	M
	增加值		V^{D}	V^{P}	$V^{N'}$					
	总投入		$X^{D'}$	$X^{P'}$	$X^{N'}$					

注：右上标 D、P、N 和 M 分别表示国内需求产品、加工出口、非加工出口和进口，X^{D}、X^{P} 和 X^{N} 分别表示 D、P 和 N 总产出的列向量，M 表示进口列向量；F^{D}、F^{P} 和 F^{N} 分别表示 D、P 和 N 最终需求的列向量，Z^{DD}、Z^{DP}、Z^{DN} 表示国内产品用于 D、P 和 N 的中间投入矩阵，F^{DC} 和 F^{DI} 表示用于国内消费和资本形成的国内产品的列向量，且 $F^{D}=F^{DC}+F^{DI}$；E^{P} 表示加工出口列向量，且 $E^{P}=F^{P}=X^{P}$，加工生产完全用于出口，故中间需求和其他最终需求都为零；Z^{ND}、Z^{NP} 和 Z^{NN} 分别表示非加工出口生产及其他中间品用于 D、P 和 N 的中间投入矩阵；F^{NC}、F^{NI} 和 E^{N} 分别表示非加工出口及其他生产作为消费、资本形成以及一般出口的列向量，且 $F^{N}=F^{NC}+F^{NI}+E^{N}$；$Z^{MD}$、$Z^{MP}$ 和 Z^{MN} 分别表示进口产品用于 D、P 和 N 的中间投入矩阵；F^{MC}、F^{MI} 表示进口产品作为最终消费和资本形成的列向量，且 $F^{M}=F^{MC}+F^{MI}$；$V^{D'}$、$V^{P'}$ 和 $V^{P'}$ 分别表示 D、P 和 N 中各部门增加值的列向量。

资料来源：刘遵义，陈锡康，杨翠红等．非竞争型投入占用产出模型及其应用——中美贸易顺差透视［J］．中国社会科学．2007（5）：91-103.

定义直接消耗系数 $a_{ij}^{DD}=z_{ij}^{DD}/x_{j}^{D}$，它表示生产 1 单位 j 部门产品所需投入的 i 部门用于国内产品生产的中间品，同理可以定义其他各类生产的直接消耗系数矩阵：

$$A^{DD}=[a_{ij}^{DD}]=[z_{ij}^{DD}/x_{j}^{D}],\ A^{DP}=[a_{ij}^{DP}]=[z_{ij}^{DP}/x_{j}^{P}],\ A^{DN}=[a_{ij}^{DN}]=[z_{ij}^{DN}/x_{j}^{N}]$$

$$A^{ND}=[a_{ij}^{ND}]=[z_{ij}^{ND}/x_j^D],\ A^{NP}=[a_{ij}^{NP}]=[z_{ij}^{NP}/x_j^P]$$
$$A^{NN}=[a_{ij}^{NN}]=[z_{ij}^{NN}/x_j^N],\ A^{MD}=[a_{ij}^{MD}]=[z_{ij}^{MD}/x_j^D]$$
$$A^{MP}=[a_{ij}^{MP}]=[z_{ij}^{MP}/x_j^P],\ A^{MN}=[a_{ij}^{MN}]=[z_{ij}^{MN}/x_j^N] \quad (3-29)$$

把式（3－29）带入式（3－28）得到：

$$A^{DD}X^D+A^{DP}X^P+A^{DN}X^N+F^D=X^D$$
$$E^P=X^P$$
$$A^{ND}X^D+A^{NP}X^P+A^{NN}X^N+F^N=X^N \quad (3-30)$$
$$A^{MD}X^D+A^{MP}X^P+A^{MN}X^N+F^M=M \quad (3-31)$$

由式（3－31）可得：

$$\begin{bmatrix}X^D\\X^P\\X^N\end{bmatrix}=\begin{bmatrix}(I-A^{DD})^{-1} & -A^{DP} & -A^{DN}\\O & I & O\\-A^{ND} & -A^{NP} & (I-A^{NN})\end{bmatrix}^{-1}\begin{bmatrix}F^D\\F^P\\F^N\end{bmatrix}$$

进一步可以写成：

$$X=(I-A)^{-1}F=BF \quad (3-32)$$

其中，$X=\begin{bmatrix}X^D\\X^P\\X^N\end{bmatrix}$，$A=\begin{bmatrix}A^{DD} & A^{DP} & A^{DN}\\O & O & O\\A^{ND} & A^{NP} & A^{NN}\end{bmatrix}$，$F=\begin{bmatrix}F^D\\F^P\\F^N\end{bmatrix}$，$B=(I-A)^{-1}$。B 是扩展的里昂惕夫逆矩阵，即扩展的完全消耗系数矩阵，矩阵中的元素表示最终需求增加 1 单位所需投入的全部中间品。将其分块矩阵记为：

$$\begin{bmatrix}(I-A^{DD})^{-1} & -A^{DP} & -A^{DN}\\O & I & O\\-A^{ND} & -A^{NP} & (I-A^{NN})\end{bmatrix}^{-1}=\begin{bmatrix}B^{DD} & B^{DP} & B^{DN}\\B^{PD} & B^{PP} & B^{PN}\\B^{ND} & B^{NP} & B^{NN}\end{bmatrix}$$

其中，B^{DD}、B^{DP}和B^{DN}分别表示 D、P 和 N 的单位最终需求对 D 部门产品的完全消耗系数矩阵；B^{PD}、B^{PP}和B^{PN}分别表示 D、P 和 N 的单位最终需求对 P 部门产品的完全消耗系数矩阵；B^{ND}、B^{NP}和B^{NN}分别表示 D、P 和 N 的单位最终需求对 N 部门产品的完全消耗系数矩阵。

令 v_j 表示部门 j 完成的增加值，则直接增加值系数向量 $A'_V=(a_{vj})=(v_j/x_j)$，D、P 和 N 三个部门的直接增加值向量分别为 $A_V^{D'}=(a_{vj}^D)=(v_j^D/x_j^D)$，$A_V^{P'}=(a_{vj}^P)=(v_j^P/x_j^P)$，$A_V^{N'}=(a_{vj}^N)=(v_j^N/x_j^N)$。完全增加值系数矩阵可写为：

$$B_V=\overline{A_V}(I-A)^{-1}=\overline{A_V}B \quad (3-33)$$

其中

$$B_V=\begin{bmatrix}B_V^D\\B_V^P\\B_V^N\end{bmatrix},\ \overline{A_V}=\begin{bmatrix}A_V^D\\A_V^P\\A_V^N\end{bmatrix},\ B=\begin{bmatrix}B^{DD}&B^{DP}&B^{DN}\\B^{PD}&B^{PP}&B^{PN}\\B^{ND}&B^{NP}&B^{NN}\end{bmatrix}=\begin{bmatrix}B^{DD}&B^{DP}&B^{DN}\\O&I&O\\B^{ND}&B^{NP}&B^{NN}\end{bmatrix}。$$

那么，

可以得到：

$$\begin{aligned}B_V^{D'}&=A_V^{D'}B^{DD}+A_V^{N'}B^{ND}\\B_V^{P'}&=A_V^{D'}B^{DP}+A_V^{P'}+A_V^{N'}B^{NP}\\B_V^{N'}&=A_V^{D'}B^{DN}+A_V^{N'}B^{NN}\end{aligned}\tag{3-34}$$

式（3-34）中的三个等式分别反映了特定部门国内需求产品、加工出口产品以及非加工出口产品中包含的完全国内价值增值（total value added，TVA），也即国内成分（domestic content，DC）所占的比例。

在此基础上，库普曼、王和魏（2008）为了更好地突出加工贸易的特点，将加工生产部分（P）单独考察，并将国内需求生产和一般贸易生产合并为（D），构建了如表3-2所示的非竞争型投入产出表。其中，D、P和M分别表示国内需求和一般出口、加工出口以及进口；E、Y、X和V分别表示出口、最终需求、国内产出以及直接增加值系数向量。A^{DD}表示国内最终需求和一般出口产品生产对国内中间品的直接消耗系数矩阵，A^{DP}表示加工出口产品生产对国内中间品的直接消耗矩阵；Y^D表示用于满足国内最终需求的国内产出，E^P表示加工贸易出口；A^{MD}表示国内最终需求和一般出口产品生产对进口中间品的直接消耗系数矩阵；A^{MP}表示加工出口生产对进口中间品的直接消耗系数矩阵；Y^M表示用于满足最终需求的进口品，V^D和V^P分别表示D、P两部门的直接增加值系数行向量。最终需求则由最终消费、资本形成、政府采购以及出口四部分构成。

表3-2　考虑加工贸易的非竞争型投入产出模型

			中间品使用			
			国内需求/一般出口生产	加工出口	最终使用（C+I+G+E）	总产出或进口
		维度	1，2，…，N	1，2，…，N	1	1
国内中间品投入	国内需求/一般出口生产（D）	1 . N	A^{DD}	A^{DP}	Y^D-E^P	$X-E^P$

续表

			中间品使用			
			国内需求/一般出口生产	加工出口	最终使用（C+I+G+E）	总产出或进口
		维度	1，2，…，N	1，2，…，N	1	1
国内中间品投入	加工出口（P）	1 · N	0	0	E^P	E^P
进口中间品投入		1 · N	A^{MD}	A^{MP}	Y^M	M
价值增值		1	V^D	V^P		
总产出		1	$X-E^P$	E^P		

资料来源：Koopman，Wang and Wei. How much Chinese exports is really made in China – Assessing foreign and domestic value – added in gross exports. NBER Working Paper No. 14109，2008.

二、基本框架

考虑加工贸易的投入产出模型可以描述成如下形式：

$$\begin{bmatrix} I-A^{DD} & -A^{DP} \\ 0 & I \end{bmatrix}\begin{bmatrix} X-E^P \\ E^P \end{bmatrix}=\begin{bmatrix} Y^D-E^P \\ E^P \end{bmatrix} \tag{3-35}$$

$$A^{MD}(X-E^P)+A^{MP}E^P+Y^M=M \tag{3-36}$$

$$uA^{DD}+uA^{MD}+A_v^D=u \tag{3-37}$$

$$uA^{DP}+uA^{MP}+A_v^P=u \tag{3-38}$$

式（3-35）和式（3-36）刻画的是市场出清条件，其中式（3-36）中的 $A^{MP}E^P$ 刻画了加工出口中投入的进口中间品，这是上一部分没有单独考虑的。式（3-37）、式（3-38）表示 D、P 两部门生产投入产出关系的约束条件。以式（3-38）为例，它表明一国加工出口的价值增值来源包括：国内其他部门的价值增值（A^{DP}）、进口中间品的价值增值（A^{MP}）以及加工出口部门自身的价值增值（A_v^P）。通过求解可以得到对进口中间品的总需求为：

$$M-Y^M=A^{MD}(1-A^{DD})^{-1}(Y^D-E^P)+A^{MD}(1-A^{DD})^{-1}A^{DP}E^P+A^{MP}E^P \tag{3-39}$$

可以看到，对进口中间品的总需求由三个部分组成：国内最终需求和一般出口生产间接引致的中间品进口（等号右边第1项）；加工出口间接引致的中间品进口（等号右边第2项）；加工出口直接引致的中间品进口（等号右边第3项）。由此可以分别计算各行业D、P两部门中的国外成分：

$$\begin{vmatrix} VSS^D \\ VSS^P \end{vmatrix}^T = \begin{vmatrix} uA^{MD}(1-A^{DD})^{-1} \\ uA^{MD}(1-A^{DD})^{-1}A^{DP}+uA^{MP} \end{vmatrix}^T \tag{3-40}$$

特定部门出口的国外成分是对两类生产国外成分的加权和，权重为该部门一般出口和加工出口的比重（s^P 和 $u-s^P$）：

$$\overline{VSS} = (u-s^P,\ s^P)\begin{vmatrix} VSS^D \\ VSS^P \end{vmatrix} \tag{3-41}$$

一国总出口中的国外价值增值比例为：

$$TVSS = uA^{MD}(1-A^{DD})^{-1}\frac{E-E^P}{E} + u(A^{MD}(1-A^{DD})^{-1}A^{DP}+A^{MP})\frac{E^P}{E} \tag{3-42}$$

类似地，各行业D、P两部门中的国内成分为：

$$\begin{vmatrix} DVS^D \\ DVS^P \end{vmatrix}^T = \begin{vmatrix} A_v^D(1-A^{DD})^{-1} \\ A_v^D(1-A^{DD})^{-1}A^{DP}+A_v^P \end{vmatrix} \tag{3-43}$$

一国某行业出口中的国内成分为：

$$\overline{DVS} = (u-s^P,\ s^P)\begin{vmatrix} DVS^D \\ DVS^P \end{vmatrix} \tag{3-44}$$

一国总出口中的国内成分比例为：

$$TDVS = A_v^D(1-A^{DD})^{-1}\frac{E-E^P}{te} + (A_v^D(1-A^{DD})^{-1}A^{DP}+A_v^P)\frac{E^P}{te} \tag{3-45}$$

式（3-45）中te表示一国总出口。利用上述方法，并结合国际投入产出表以及双边贸易数据就可以更加客观地测度一国出口中国内成分和国外成分的比例。

库普曼、王和魏（2008）通过构建上述考虑加工贸易的出口中国内成分（domestic value added，DVA）的测度方法，整合中国投入产出数据和海关统计的贸易数据，和对相关参数进行估算和校准，测度了1992年、1997年和2002年中国不同出口方式下的国内价值增值和国外价值增值比例。结果表明考虑加工贸易后中国整体出口中的国外价值增值比重约

50%，约是传统垂直专业化指数测算结果的两倍。可见，区分贸易方式对于准确测度中国出口的国内外增值以及国际分工地位非常必要。

三、DPN 方法拓展

DPN 方法虽然通过区分不同贸易方式下进口中间品密集度来克服垂直专业化的不足，但依然存在缺陷：首先，采用单一国家的投入产出表，没有考虑一国出口对国内和国外增加值的间接消耗，这意味着会因为没有考虑国内增加值包含在进口中间品而低估一国出口中国内增加值比例的可能，同时还存在着因为没有考虑国内中间品中包含的国外增加值导致高估一国出口中国内增加值比例的可能；其次，在对一国投入产出表的拆分过程中对大量关键参数进行估算，会影响结果准确程度；最后，没有充分考虑同一行业中的企业异质性。

（一）投入产出模型的拓展

考虑到加工贸易在中国对外贸易中的重要地位，同时为了解决 DPN 方法存在的第一个问题，陈等（Chen et al.，2014）在 DPN 方法基础上，提出了区分贸易方式的国际投入产出表的构建方法，以克服忽略中国加工贸易特性情况下带来的计算误差①。由于中国区分贸易方式的非竞争型投入产出表（Chinese DPN input-output table）是产品 × 产品的投入产出表，为了构建区分贸易方式的国家间投入产出表，需要同样类型的世界投入产出表。由于 WIOD 是行业 × 行业的投入产出表，因此需要将其调整为产品 × 产品的投入产出表。产品 × 产品的投入产出表可以通过 WIOD 公布的 40 个经济体的国际供给使用表（Supply – Use Tables，SUTs）获得②。需要以下三个步骤：（1）将 40 个经济体的国际 SUTs 整合为世界 SUT；（2）基于生产技术假设，将世界 SUT 转换为基础的产品 × 产品的世界投入产出表，在这个基础表中，世界其他地区（rest of world，RoW）被视为外生经济体，因为它没有国际 SUT；（3）基于世界投入产出基础表和贸易差额数

① 中国 95% 的国内最终需求被国内产品满足，而国内产品的进口成分低于平均水品，因此如果不区分贸易方式，用于满足中国国内需求的国外价值增值（也即中国的增加值进口）会被高估；中国通过出口满足外国的最终需求，而中国出口尤其是加工出口中的国内成分要低于平均水平，因此如果不区分贸易方式会高估满足国外最终需求的中国价值增值（也即中国增加值出口）。

② 与国家 SUTs 不同，国际 SUTs 基于双边贸易进一步区分了特定国家进口品额用途。

据将 RoW 内生化，获得最终的可供分析的产品层面的世界投入产出表。

基于区分贸易方式的国家间投入产出表，陈等（2014）重新计算了中国与主要贸易伙伴之间的增加值贸易，结果表明如果不区分贸易方式，用于满足外国最终需求的中国价值增值（中国增加值出口）和满足中国最终需求的国外价值增值（中国增加值进口）都会被高估。这一点在美国、日本、韩国、德国等中国主要贸易伙伴上体现得尤为明显。同时，实证结果还表明与调整前相比，中美贸易顺差被高估了 7.4%；而中国与德国、俄罗斯等贸易差额则存在明显的低估情况。

（二）引入企业所有权性质差异

考虑到不同所有权形式企业出口行为异质性对一国增加值贸易的影响，马、王和祝（Ma、Wang and Zhu，2013）在库普曼、王和魏（2008）基础上，构建了同时区分贸易方式和企业性质的非竞争型投入产出表（见表 3－3），分别考察了不同所有权性质企业在不同出口方式下的国内成分，据此分解了不同类型企业在参与贸易过程中获得的收入，将一国参与价值链贸易的贸易利益进行了所有权分解。结果表明，中国出口国内价值增值中的将近 45% 是由外资企业创造的，而与内资企业相比，外资企业更高的加工出口比例以及由此导致的对进口中间品更高的依赖程度，拉低了中国外资企业出口中的国内价值增值比例；一般贸易与加工贸易相比能够给中国带来的更多的贸易利益；中国出口价值中的 52.6% 被国外要素所有者获得（见图 3－1）。

表 3－3　　同时区分贸易方式和企业性质的非竞争型投入产出表

<table>
<tr><th rowspan="2">投入</th><th rowspan="2">产出</th><th colspan="2">内资企业使用的中间品</th><th colspan="2">外资企业使用的中间品</th><th rowspan="2">最终需求</th><th rowspan="2">出口</th><th rowspan="2">国内总产出或进口</th></tr>
<tr><th>N</th><th>P</th><th>N</th><th>P</th></tr>
<tr><td rowspan="2">内资企业国内中间品投入</td><td>N</td><td>Z^{CCN}</td><td>Z^{CCP}</td><td>Z^{CFN}</td><td>Z^{CFP}</td><td>Y^{C}</td><td>E^{CN}</td><td>$X^{C}-E^{CP}$</td></tr>
<tr><td>P</td><td>0</td><td>0</td><td>0</td><td>0</td><td>0</td><td>E^{CP}</td><td>E^{CP}</td></tr>
<tr><td rowspan="2">外资企业的国内中间品投入</td><td>N</td><td>Z^{FCN}</td><td>Z^{FCP}</td><td>Z^{FFN}</td><td>Z^{FFP}</td><td>Y^{F}</td><td>E^{FN}</td><td>$X^{F}-E^{FP}$</td></tr>
<tr><td>P</td><td>0</td><td>0</td><td>0</td><td>0</td><td>0</td><td>E^{FP}</td><td>E^{FP}</td></tr>
</table>

续表

投入	产出	内资企业使用的中间品		外资企业使用的中间品		最终需求	出口	国内总产出或进口
		N	P	N	P			
进口		Z^{MCN}	Z^{MCP}	Z^{MFN}	Z^{MFP}	Y^{M}	0	M
增加值		V^{CN}	V^{CP}	V^{FN}	V^{FP}			
总投入		$X^{C}-E^{CP}$	E^{CP}	$X^{F}-E^{FP}$	E^{FP}			
收入		G^{CN}	G^{CP}	G^{FN}	G^{FP}			

资料来源：Ma, Wang, Zhu et al. Domestic Content in China's Exports and its Distribution by Firm Ownership. Journal of Comparative Economics, 2015, 43 (1): 3－18.

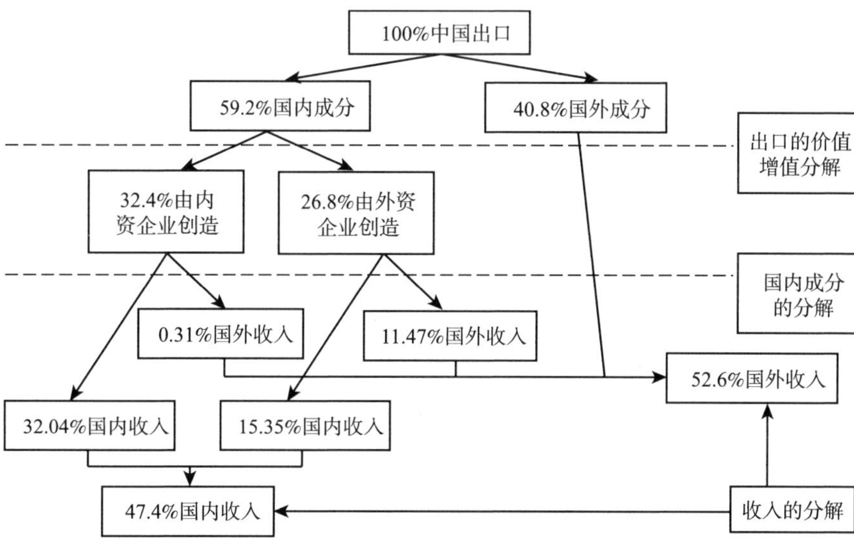

图 3－1 中国出口价值增值和要素收入的所有权分解

资料来源：Ma, Wang, Zhu et al. Domestic Content in China's Exports and its Distribution by Firm Ownership. Journal of Comparative Economics, 2015, 43 (1): 3－18.

第三节 基于微观企业异质性的贸易增加值核算

利用投入产出表计算行业层面以增加值为口径的出口国内增加值现已成为广泛使用的方法，由于其能够提供包括直接进口和间接进口在内的全面分析，因此具有明显优势。但是，投入产出表一直以来作为分析一国各产业间相互关联的工具，全都由各国统计部门编制。在投入产出表的构建过程中，假设特定部门所有厂商的生产技术是一致的。然而，随着全球价值链生产体系的不断深化，生产过程的国际分割对该假设提出了挑战。尤其是当企业在生产出口产品或服务时，采用与生产国内同类消费产品、服务或不同的生产技术时，这一情况就更加应该受到重视。因此，需要一种能够充分反映企业异质性的、更加详尽的投入产出表。然而这一工作需要时间，尤其需要统计部门提供大量数据。因此，直接利用企业经营数据测算出口中的国内价值增值逐渐成为体现企业异质性的折中方法。

近年来，一些研究尝试通过整合企业数据和贸易数据来直接测算一国贸易增加值。纪和唐（Kee and Tang，2012）通过对接中国工业统计数据库中的企业经营数据和海关贸易数据，对中国不同行业加工贸易中的国内增加值比例进行了测度，结果表明我国在全球价值链分工地位出现了提升，已不再仅从事加工装配等最终生产环节。阿普沃德、王和郑（Upward、Wang and Zheng，2012）利用类似的方法，对 2000 ~ 2007 年中国不同行业出口中的国内价值增值比例进行了测度。艾哈迈德等（Ahmad et al.，2013）通过整合对接土耳其的企业经营数据、贸易数据、行业产出数据测算了土耳其不同行业出口中包含的国外价值增值，并与基于投入产出表测算的结果进行了比较。国内学者张杰（2013）在上述研究基础上，进一步调整了间接进口与资本品进口对一国出口国内价值增值的影响，测算结果发现加工贸易的国内增加值比例显著低于一般贸易，外资企业国内增加值比例显著低于本土企业，推动中国出口国内增加值上升的主要动力是民营企业与从事加工贸易的外资企业。此外还有一些研究，对特定产品或企业的全球价值链进行了刻画。这个领域的大多数研究选择以电子信息产品为研究对象（Linden，Kraemer and Dedrick，2009，2011；Xing and Detert，2010 et al.）。斯德哥恩等人（Sturgeon et al，2013）则在上述研究的基础上，进一步考察了企业经营行为的方式选择和区位选择对贸易增加值核算的影响。

第四节　贸易增加值核算方法演进逻辑和评价

一、脉络梳理

图 3 -2 对贸易增加值测算方法演进以及各方法之间的关系进行了全

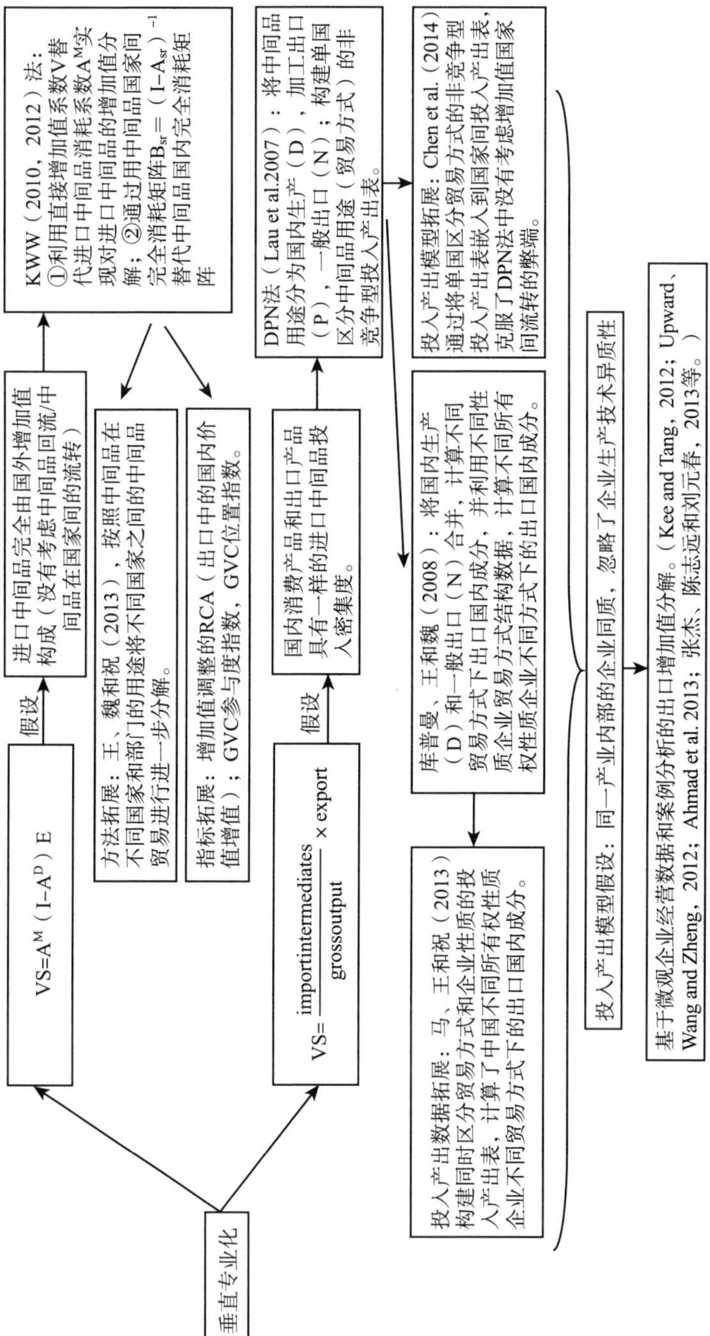

图 3-2　贸易增加值核算方法演进路径

资料来源：笔者根据相关文献整理。

面梳理。从图中可以看到，贸易增加值方法的不同分支源于对垂直专业化（VS）不同假设的修正。VS 在计算时有两个假设：其一，只存在单向的中间品流动，而不存在双向（two-way）中间品贸易；其二，国内消费产品和出口品的进口中间品投入密集度一样。基于以上假设，HIY 利用国家间非竞争型投入产出表，对主要国家出口中的国外成分进行了测度。

第一个假设在 GVC 分工体系下并不适用，原因在于中间品在国家间的多次流转是 GVC 的典型特征，如果假设只存在单向的中间品流动，那么就忽略了中间品在国家间的流转，这意味着进口中间品完全由国外价值增值构成，没有考虑国内增加值的回流，造成计算结果的不准确。两国情形下，这会低估出口国内成分，高估国外成分；多国情形下，这一假设对计算结果的影响并不确定，一方面，VS 由于没有剔除直接进口中间品中包含的国内价值增值，因此存在高估一国出口国外成分的可能；另一方面，由于 VS 没有考虑国外价值增值在其他国家间的流转因而存在低估一国出口中国外成分的可能。基于以上考虑，库普曼等人（2010）和库普曼、王和魏（2012），利用直接增加值系数代替进口中间品直接消耗系数，同时将中间品国内完全消耗矩阵替换为中间品国家间完全消耗矩阵，实现了对不同来源价值增值在国家间流转的刻画，克服了 VS 第一个假设条件在 GVC 下的不符。以上贸易增加值分解方法被称为 KWW 法。KWW 法将一国总出口分解为国内价值增值（国内成分，domestic content）和国外价值增值（国外成分，foreign content）。其中，国外成分对应 HIY 中的 VS。而国内价值增值可以进一步分解为增加值出口，国内价值增值回流。而增加值出口又可以分解为直接增加值出口和间接增加值出口，也即 HIY 中的 VS1 部分。基于以上分解框架，库普曼等（2010）进一步提出了增加值调整的 RCA 指标、GVC 参与度指标（GVC participation index）和 GVC 位置指标（GVC position index），实现了对 KWW 法的指标拓展和应用。王、魏和祝（2013）在 KWW 方法基础上，进一步将不同国家之间的中间产品贸易分解为被不同国家和部门最终吸收的各种增加值，实现了一国总出口的全分解。

VS 的第二个假设则由于没有考虑加工贸易与一般出口和国内生产相比，更高的进口中间品密集度，将低估一国出口中的国外成分，高估一国出口中的国内成分，这一点对于中国、墨西哥等加工贸易占比较大国家尤为重要。基于此，刘等（Lau et al.）通过将中间品用途区分为国内生产（D）、一般出口（N）和加工出口（P），构建了中国区分贸易方式的非竞争型投入产出表，被称为 DPN 法。库普曼、王和魏（2008）为了突出加工贸易的特征，将国内生产（D）、一般出口（N）合并为一个部门，并引入不同所有权性质企业贸易方式结构的差异，计算了不同性质企业不同贸易方式下的出口国内成分。但是由于以上方法以单国国内产出为基础，无法刻画中间品在国家外的流转，因此存在误差。为了克服这一问题，陈等（2014）将区分贸易方式的单国非竞争型投入产出表嵌入到国家间投入产出表，构建了区分贸易方式的多国投入产出表，克服了这一问题。马、王和祝（2013）则在库普曼、王和魏（2008）基础上，构建了同时区分企业所有权性质和贸易方式的投入产出表，克服了库普曼、王和魏（2008）中对不同所有权性质企业中间品投入密集度一致的假设，进一步提高了计算结果的准确度。

可以看到，无论是 VS、KWW 法还是 DPN 法，它们的计算都以投入产出表为基础。但是不容忽视的是，投入产出表的关键假设之一就是同一部门不同企业的生产技术的一致的，这就忽略了企业生产技术异质性。基于以上考虑，越来越多的研究将研究视角聚焦在微观企业，形成了利用微观企业经营数据或案例分析进行贸易增加值分解的新方法。

二、方法评价

图 3 – 3 梳理了描绘和度量 GVC 的不同研究分支。图中的横轴表示度量方法所需数据的复杂度，纵轴表示度量结果的准确度，也即度量方法可以在多大程度上反映 GVCs 的特征；图中第三个维度是测度方法的涵盖范围，也即在涉及世界 GVC 贸易的多大比例。为了排序，每个维度都被赋值 1 ~ 5，值越高表示对应测度方法所需数据的复杂度越高，准确度越高，对 GVCs 的覆盖面越广。从图中可以看到，作为刻画 GVC 的主要方法，贸易增加值法的优势非常明显，与垂直专业化、案例研究以及微观企业数据等方法相比，贸易增加值法能够涵盖更多的 GVC 贸易，同时与零部件和中间品相比，贸易增加值能够更加全面和准确地反映 GVCs 分工的特征，因此成为刻画 GVC 的主流方法。基于以上分析，表 3 – 4 比较了以上三种方法的优势和劣势，同时从适用对象和数据可获得性方面对三种方法进行评价。

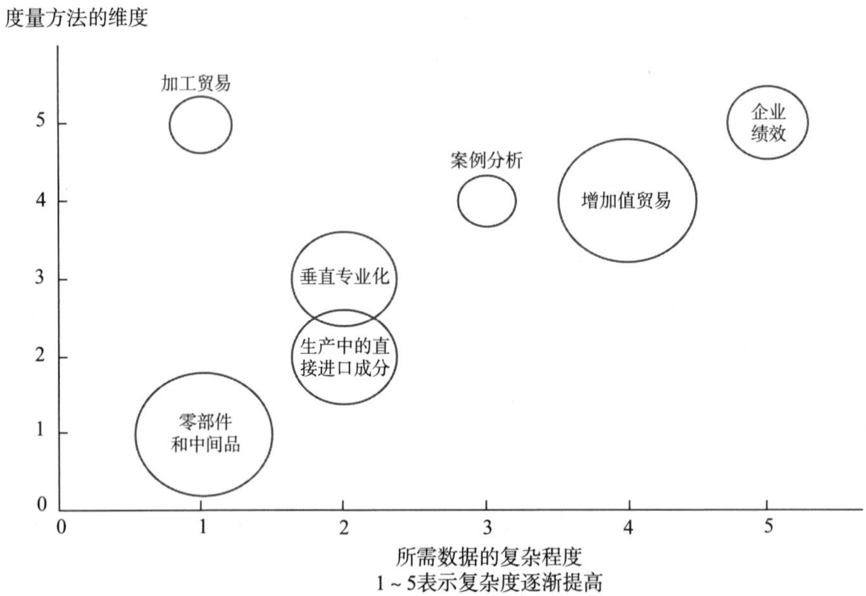

图3－3　刻画全球价值链的主要方法：准确度 vs 数据复杂度

注：图中圆圈的大小表示测度方法对全球价值链的覆盖程度。圆圈越大，覆盖范围越大。

资料来源：Amador，Cabral. Global Value Chains：Surveying Drivers，Measures and Impacts. Banco de Portugal，Working Papers，No. 3，2014.

表3－4　　贸易增加值分解方法的比较

	优势	劣势	适用对象	数据可获得性
KWW 法	充分刻画 GVC 分工下中间品在国家间多次流转的特征	没有考虑不同贸易方式中间品投入密集度的差异	加工出口占比较小，且需要跨国比较的研究	WIOD、Eora、GTAP、OECD、ASIA ICIO 等
DPN 法	区分了不同贸易方式下中间品投入密集度的差异	仅限于单国模型，无法进行跨国比较；没有考虑中间品在国家间的流转；存在大量参数估算，影响准确性	加工贸易占比较大的经济体，比如中国、墨西哥、越南等	目前只可获得中国的数据
微观数据法	体现企业异质性，通过直接测算企业层面的出口增加值，回避了 GVC 下 VS 假设条件的问题	仅限于对提供微观企业数据的国家进行分析，无法分析宏观问题	在某一行业领域具有重要地位的企业，或 GVC 分工较为明显的行业	对微观企业数据要求较高

资料来源：笔者整理。

第四章

全球价值链下的中美双边贸易利益：增加值视角

在全球价值链分工体系下，以商品总值为统计口径的传统贸易统计体系由于将出口产品的所有价值增值都统计在完成最后一个生产环节的国家上，因此会高估出口国的贸易规模。换言之，当产品是由“世界生产”而不是由一个国家生产时，传统贸易体系已不能反映一国贸易的真实情况，即“所见非所得”（Maurer and Degain，2010）。2011 年，OECD 和 WTO 正式联合提出“增加值贸易”（trade in value-added）统计[①]，以还原传统贸易统计在新型国际分工体系下的“统计幻象”（statistical illusion）[②]。增加值贸易与传统贸易的核心区别在于它以价值增值而不是商品总值为统计口径，因此在全球价值链分工背景下，增加值贸易通过剔除国外价值增值对一国出口的贡献，克服了传统贸易统计重复计算（double counting）的问题，从而还原国际贸易的真实格局，并从供给层面明确一国贸易竞争力的实际来源。

全球价值链分工体系下，中国以加工贸易方式承接了大量价值链分工中的劳动密集型生产环节，形成了加工装配进口中间品和零部件再出口给最终需求所在国的分工格局，在此格局下中国积累了大量贸易顺差，而这背后却是中国加工企业赚取的微薄的加工费用。与此同时，美国凭借其技术优势，负责上游高附加值生产环节的生产，并通过跨国公司将低附加值生产环节安排在海外生产，并进口最终产品，由此导致它在获得高增加值的同时却成为了逆差国。中美两国价值链分工地位的差异导致传统贸易统

---

① OECD，WTO. Trade in value-added：Concepts，methodologies and challenges. 2011.

② SRHOLEC M. High－Tech Exports from Developing Countries：A Symptom of Technology Spurts or Statistical Illusion? *Review of World Economics*，2007（2）：227－255.

计下中美贸易差额与双边贸易利得之间存在严重错配。增加值贸易由于可以剔除中国出口中的国外价值增值，避免了传统贸易统计下由于贸易差额转嫁带来的中国对美出口的高估，同时通过剔除美国进口中的本土价值增值回流，还原美国通过参与全球价值链分工获得的实际利益。因此，利用增加值贸易统计可以更加全面准确地调整中美贸易差额，还原两国在双边贸易中所处的地位，而这对于当前分工体系下真实刻画两国经贸关系，推动两国贸易健康发展显得尤为必要。

第一节　双边增加值贸易与贸易中的价值增值：方法和数据

增加值贸易统计的基础是垂直专业化（vertical specialization，VS），该指标由胡梅尔斯、伊诗和伊（Hummels，Ishii and Yi，2001）提出，旨在利用一国非竞争型投入产出表测算一国出口中包含的进口成分。但是该指标测算中“所有进口中间品完全是由国外价值增值构成的”的假设条件在全球价值链分工背景下无法得到满足，因为它排除了由一国向另一国家出口中间品，经后者加工后再返销给出口国的情况。而增加值贸易由于以国家间投入产出关系为基础，可以有效地克服垂直专业化的上述不足。

一、增加值贸易出口

假设存在 G 个国家和 N 个部门，所有产品既可被用作中间品也可用做最终产品被本国和外国消耗。因此，产品市场出清意味着一国产出满足：

$$y_r = a_{rr}y_r + \sum_{r\neq s}^{G} a_{rs}y_s + f_{rr} + \sum_{r\neq s}^{G} f_{rs},\ r,\ s = 1,\ 2,\ \cdots,\ G \quad (4-1)$$

其中，y_r 和 y_s 分别表示 r 国和 S 国的总产出，a_{rr}表示 r 国产品生产过程中对本国产品的直接消耗系数，a_{rs}表示 S 国产品生产过程中对 r 国中间品的直接消耗系数；f_{rr}表示 r 国对本国产品的最终需求，f_{rs}表示 S 国对 r 国产品的最终需求。将式（4－1）整理成矩阵形式，得到：

$$\begin{bmatrix} Y_1 \\ Y_2 \\ \cdots \\ Y_G \end{bmatrix} = \begin{bmatrix} I-A_{11} & -A_{12} & \cdots & -A_{1G} \\ -A_{21} & I-A_{22} & \cdots & -A_{2G} \\ \cdots & \cdots & \cdots & \cdots \\ -A_{G1} & -A_{G2} & \cdots & I-A_{GG} \end{bmatrix}^{-1} \begin{bmatrix} F_1 \\ F_2 \\ \cdots \\ F_G \end{bmatrix} \quad (4-2)$$

其中，Y_r 和 $F_r(r=1,\ \cdots,\ G)$ 都是 $N\times1$ 的列向量，分别表示 r 国总产出和对 r 国产出的最终需求，A_{rs}是 $N\times N$ 阶的方阵，其中的元素表示 S 国生产对 r 国中间品的消耗系数。定义 $L=(I-A)^{-1}$，也即里昂惕夫逆矩阵：

$$L=\begin{bmatrix} L_{11} & L_{12} & \cdots & L_{1G} \\ L_{21} & L_{22} & \cdots & L_{2G} \\ \cdots & \cdots & \cdots & \cdots \\ L_{G1} & L_{G2} & \cdots & L_{GG} \end{bmatrix} \tag{4-3}$$

其中，L_{rs}是 $N\times N$ 阶方阵，表示 S 国最终需求增加 1 单位需要消耗的 r 国产出。令 V_r 表示 r 国各部门的直接价值增值系数向量：

$$V_r=(v_1,\ v_2,\ \cdots,\ v_N)_{1\times N} \tag{4-4}$$

根据增加值出口的定义，r 国对 S 国的增加值出口（VBE_{rs}）可以写为：

$$VBE_{rs}=V_rL_{rr}F_{rs}+V_rL_{rs}F_{ss}+V_rL_{rt}F_{ts} \tag{4-5}$$

其中，$F_{rs}(N\times1)$ 表示 S 国对 r 国的最终需求。r 国对 S 国的增加值出口可分解为：包含在 r 国出口给 S 国最终消费品中的 r 国价值增值（$V_rL_{rr}F_{rs}$）；包含在 r 国对 S 国出口中间品中，供其生产国内最终消费品的 r 国价值增值（$V_rL_{rs}F_{ss}$）；包含在 r 国对 t 国出口中，经由后者加工在出口给 S 国，用以满足 S 国最终需求的 r 国价值增值。前两部分为 r 国对 S 国的直接增加值出口，而最后一部分为 r 国对 S 国的间接增加值出口。

二、双边贸易的价值增值分解

对贸易的价值增值的测算是考察一国出口或进口中的国内价值增值部分（即国内成分）和国外价值增值部分（即国外成分）。以三国模型为例，当分解双边贸易中价值增值时，只需考虑涉及 r 国和 S 国双边的总值贸易，由此 r 国对 S 国出口中的价值增值可以表示为：

$$\begin{aligned} t^{rs} &= [v^r \quad v^s \quad v^t]\begin{bmatrix} L^{rr} & L^{rs} & L^{rt} \\ L^{sr} & L^{ss} & L^{st} \\ L^{tr} & L^{ts} & L^{tt} \end{bmatrix}\begin{pmatrix} t^{rs} \\ 0 \\ 0 \end{pmatrix} \\ &= (v^rL^{rr}+v^sL^{sr}+v^tL^{tr})\ t^{rs} \end{aligned} \tag{4-6}$$

上式中第 1 项表示 r 国对 S 国出口中所包含的国内成分；第 2 项表示 r 国对 S 国出口中包含的 S 国的价值增值，也即 S 国价值增值的回流部分；第 3 项表示 r 国对 S 国出口中包含的第三国成分。后两项之和为 r 国对 S

国出口中所包含的国外成分。将其拓展到多国模型，S 国对 r 国总出口可表示为：

$$t^{rs} = f^{rs} + A^{rs}Y^{s} = f^{rs} + A^{rs}f^{ss} + \sum_{t\neq r,s} A^{rs}t^{st} + A^{rs}t^{sr} \tag{4-7}$$

$$= \underbrace{v_rL^{rr}A^{rr}f^{rs}}_{①} + \underbrace{v_rL^{rr}A^{rs}f^{ss}}_{②} + \underbrace{v_rL^{rr}\sum_{t\neq s,r} A^{rs}t^{st}}_{③} + \underbrace{v_rL^{rr}A^{rs}t^{sr}}_{④} + \underbrace{v_sL^{ss}A^{sr}f^{rs}}_{⑤} + \underbrace{\sum_{t\neq s,r} v_tL^{tt}A^{tr}f^{rs}}_{⑥} \tag{4-8}$$

式（4-7）从出口产品用途角度对 r 国对 S 国的出口进行了分解，等号右边第 1 项表示直接用于满足 S 国最终需求的 r 国价值增值；第 2 项表示作为中间品用于 S 国生产最终需求品的 r 国价值增值；第 3 项表示用于 S 国生产它向第三国出口产品的 r 国价值增值；第 4 项表示 r 国出口给 S 国供其生产返销产品的 r 国价值增值。式（4-8）从价值增值来源角度对上述四部分进行了进一步分解。其中，①~④项对应式（4-8）中四种用途的 r 国国内价值增值，⑤表示 r 国对 S 国出口中所包含的 S 国价值增值，⑥表示 r 国对 S 国出口中所包含的第三国价值增值；其中，①~③之和是 r 国对 S 国的增加值出口，①~④之和是 r 国对 S 国出口中的国内成分，⑤和⑥之和是 S 国对 r 国出口中的国外成分。

三、数据及其说明

本节中涉及的投入产出数据和贸易数据均来自 2013 年版的 WIOTs。WIOTs 时间涵盖 1995~2009 年，涉及的地区包括 27 个欧盟成员国[①]、其他 13 个国家和地区[②]以及“世界其他地区”在内的 41 个经济体，涵盖的部门共 35 个，其中包括生产行为产品分类（classification of products by activity，CPA）标准下 16 个生产部门和 19 个服务部门。本部分考察的对象包括以下 16 个商品部门，包括：农业、畜牧业、林业和渔业（C1）；矿业和采掘业（C2）；食品饮料和烟草（C3）；纺织原料及其制品（C4）；皮革、皮革制品和鞋类（C5）；木材及其制品（C6）；纸浆、纸制品和印

① 包括奥地利、比利时、保加利亚、塞浦路斯、捷克、丹麦、爱沙尼亚、芬兰、法国、德国、希腊、匈牙利、爱尔兰、意大利、拉脱维亚、立陶宛、卢森堡、马耳他、荷兰、波兰、葡萄牙、罗马尼亚、斯洛伐克、西班牙、瑞典和英国。

② 包括加拿大、美国、巴西、墨西哥、中国、印度、日本、韩国、澳大利亚、中国台湾地区、土耳其、印度尼西亚、俄罗斯。

刷出版（C7）；煤炭、炼油和核燃料（C8）；化学原料及其制品（C9）；橡胶和塑料制品（C10）；其他非金属矿物（C11）；基础金属和合金（C12）；机械（C13）；电子和光学仪器（C14）；运输设备（C15）；其他制造业及回收（C16）。

第二节　中美双边增加值贸易与总值贸易的比较

本节将通过比较中美两国商品增加值贸易和总值贸易，在剔除第三国对中美双边贸易影响的基础上，明确两国之间的相互需求和供给关系及其各自的国际分工地位。

一、中美增加值贸易与总值贸易的比较：整体水平

图 4 - 1 分别从出口和进口角度对比了中美增加值贸易和总值贸易的规模。可以看出，从贸易规模上看，增加值贸易无论从出口方向还是进口方向都小于总值贸易额，而且两者差异在逐渐加大。图 4 - 2 对比了中美增加值贸易差额和总值贸易差额，可以看到在两种贸易统计框架下，中国始终处在顺差地位，但中美增加值贸易顺差远低于总值贸易顺差。1995 ~

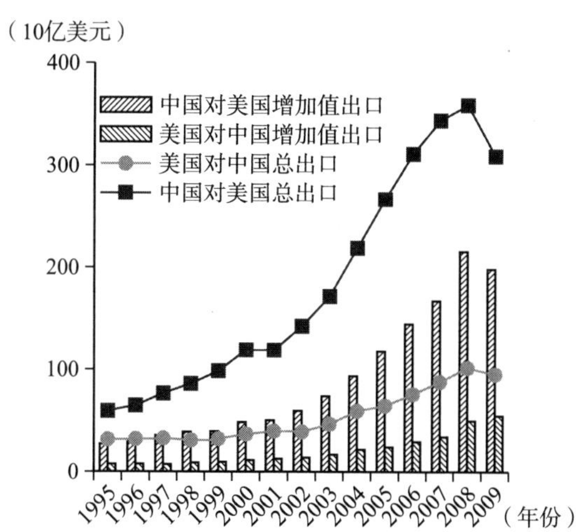

图 4 - 1　中美总值贸易规模与增加值贸易规模的比较

资料来源：笔者计算。

2009 年，中美增加值贸易顺差占总值贸易顺差的平均比例为 50.6%。换言之，1995～2009 年传统贸易统计对中美贸易顺差的高估程度达到将近一倍。由此可见，传统贸易差额严重高估了中美贸易顺差。值得关注的是，近年来随着中国出口转型战略的实施，总值贸易对中美贸易失衡的高估程度有所收敛，以 2008 年为例，中美增加值贸易顺差为 1457 亿美元，占到中美总值贸易顺差（2572 亿美元）的 56.7%。

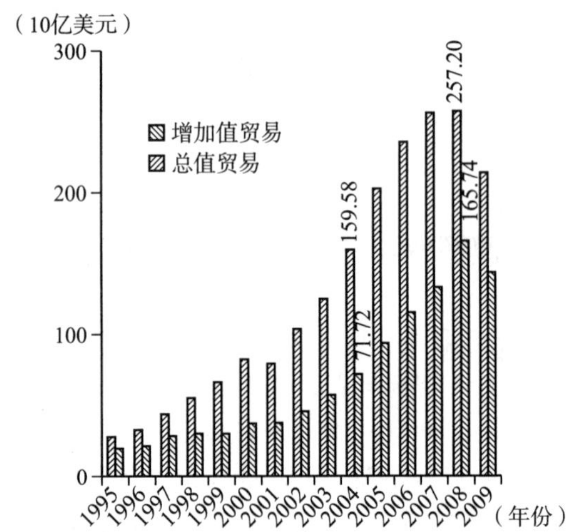

图 4－2　中美总值贸易差额与增加值贸易差额的比较

资料来源：笔者计算。

而更加有趣的是，中美增加值贸易占总值贸易在出口方向的比例始终大于在进口方向的比例。这表明中国对美国商品出口更多地是为了满足美国的最终需求，而美国对中国的出口中用于满足中国最终需求的比例较少，占比较多的是需要加工生产后进一步出口给第三国的中间品。这一点可以通过比较直接和间接中美增加值贸易进一步得到印证。图 4－3 和图 4－4 对中美双边增加值进一步分解为直接贸易和间接贸易两个部分。对比两张图可以发现，在大多数年份中，直接增加值出口在中国对美国出口中的比重要高于它在美国对中国出口中的比例。这意味着中国对美国出口的往往是可以直接用于最终消费的产品，美国对中国最终需求的满足往往需要经过第三国对中间环节的参与。以上分析都反映出美国在价值链上游生产中间品，中国在价值链下游提供最终产品的分工格局。

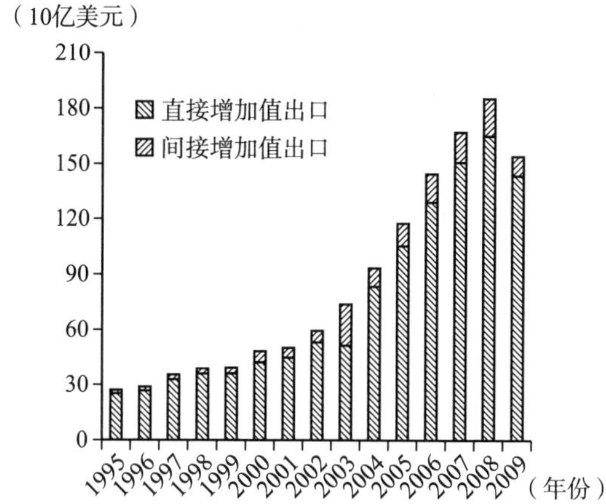

图4－3 中国对美国增加值出口分解

资料来源：笔者计算。

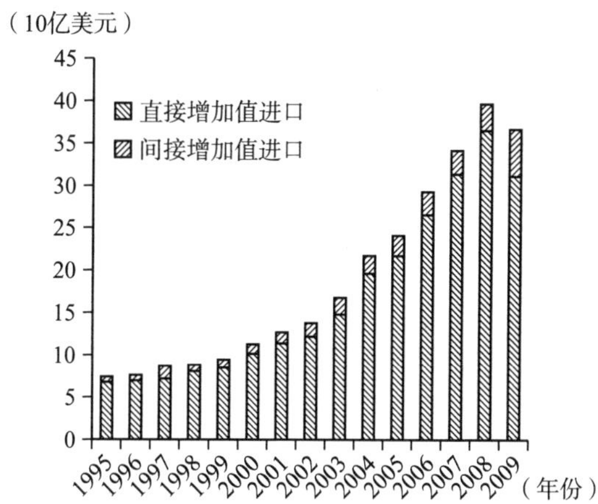

图4－4 美国对中国增加值出口分解

资料来源：笔者计算。

二、中美增加值贸易与总值贸易的比较：分行业考察

表4－1对比了1995年和2009年中美不同行业的总值贸易和增加值贸易。从表中可以看到，对于不同类型的行业，增加值贸易与总值贸易的关系存在差异。对于农业、采矿业、化学原料及其制品等原料型行业以及食品、饮料和烟草等资源加工型行业，中国对美国的增加值出口大于总值

出口，而美国对中国增加值出口小于总值出口。这意味着对于上述行业，中国对美国的出口包含较高的国内价值增值，且要经过其他国家和美国的深加工后最终用于满足美国的国内最终需求，而美国对中国的出口则主要用于中国的再加工而后出口给其他国家。换言之，在上述行业的双边贸易中，中国扮演了资源输出国的上游角色，而美国则更多地扮演了最终需求来源地的角色。对于将大部分产出用于中间品投入的资源加工型行业，增加值贸易和总值贸易差别并不明显，表明中美两国上述行业出口的主要成分都是由本国完成的价值增值，并不含有太多的国外增值。这反映出上述行业国际生产分割程度不高，各国自给自足的分工模式。

表 4－1　　中美增加值贸易与总值贸易：分行业　　单位：10 亿美元

	1995 年				2009 年			
	增加值出口	增加值进口	总值出口	总值进口	增加值出口	增加值进口	总值出口	总值进口
农、林、牧、渔业	4.1	0.8	0.2	3.4	22.4	4.4	0.8	12.2
矿产及采矿业	1.7	0.2	0.5	0.1	15.7	2.9	0.4	1.3
食品、饮料和烟草	0.8	0.3	0.7	2.5	7.2	1.4	4.2	3.9
纺织材料及其制品	4.3	0.2	12.9	0.5	17.4	0.5	35.6	0.6
皮革、皮制品及鞋类	1.5	0.0	8.1	0.4	5.0	0.0	19.5	0.4
木材及木制品	0.5	0.1	0.5	0.1	3.2	0.3	2.8	0.4
纸浆及纸制品	0.7	0.5	0.7	1.3	5.0	2.2	4.4	2.4
焦炭、炼油和核燃料	0.4	0.1	0.1	0.2	3.3	1.2	0.2	0.5
化学原料及其制品	1.7	1.0	1.2	4.6	16.1	6.4	9.4	14.7
橡胶和塑料制品	1.2	0.2	2.1	0.4	8.1	1.1	11.7	1.7
其他非金属矿产品	1.1	0.1	1.0	0.3	3.8	0.6	4.2	0.7
金属及其制品	2.8	0.9	2.0	1.6	23.0	5.9	15.2	3.3
机械	1.3	0.8	2.4	3.3	12.8	5.3	30.0	8.8
电子和光学仪器	3.8	1.6	15.7	8.8	41.4	17.2	120.1	24.3
运输设备	0.5	0.4	0.6	2.2	5.4	4.4	6.2	13.0
其他制造业	0.8	0.1	10.4	1.9	8.3	1.0	44.3	6.9

资料来源：笔者计算。

对于在中美贸易中占主导的最终消费行业（比如纺织服装、皮革制品、机械、运输设备以及电子和光学产品），无论是出口还是进口，中美双边贸易都出现了较为一致的总值贸易大于增加值贸易的情况。造成这种现象的原因在于以上行业均为全球价值链分工体系发展程度较高的行业，产品的生产过程需要中间品和服务在多个国家完成流转，导致总值贸易重复计算问题在上述行业体现得尤为严重。而且越是靠近下游的国家，出口中包含的国外成分就越多，总值贸易与增加值贸易的差异就越大。从表4－1中可以看到，增加值贸易与总值贸易在中国出口方向上的差距要大于中国进口方向（运输设备行业除外），这体现出美中在上述产品价值链上分处上下游的分工格局。另一个有趣的现象是，中美增加值贸易与总值贸易在纺织服装、皮革鞋类等行业的差异要小于它们在电子和光学产品上的差异。这表明作为国际生产分割程度更高的产品，电子产品出口①中往往包含了更多来自其他国家的价值增值，传统贸易统计将本应属于上游国家的对美顺差转嫁到中国身上，这是导致传统贸易统计高估中美贸易顺差的根本原因。

表4－2进一步比较了1995年和2009年中美双边增加值贸易结构和总值贸易结构。可以发现经过增加值调整后，中美贸易结构呈现出显著的变化。主要表现为：原料型和资源加工型产品在中美增加值贸易中（包括出口和进口）比重显著提升，体现最为明显的是矿产和采矿业以及金属及其制品行业，此类行业还包括木材及木制品、纸浆及纸制品、焦炭、炼油以及核燃料、橡胶及塑料制品、其他非金属矿产品等。对于食品、饮料和烟草、化学原料及其制品以及运输设备行业，则出现了在中国出口方向上增加值比重高于总值贸易比重，而在进口方向上增加值贸易比重低于总值贸易比重的情况。这表明在中美上述行业的贸易中，美国相对于中国更大的国内需求是导致中国对美增加值顺差的主要原因。而对于皮革鞋类行业，增加值贸易由于剔除了国外价值增值，同时将产品用途限定在最终需求，因此调整后上述行业在中美贸易中的比重出现了较为明显的下降。

---

① WTO和IDE－JETRO（2011）研究表明，在传统贸易统计下，2009年中国与美国在（苹果手机）iPhone上的顺差为19亿美元，而经过增加值贸易调整后，其中只有7900万美元是真正属于中国的对美顺差，而其余部分都是其他国家对中国贸易顺差的转接，其中包含了日本的6.85亿美元、韩国的2.59亿美元、德国的3.41亿美元以及世界其他国家的5.43亿美元。

表 4-2　　中美增加值贸易和总值贸易的比较：贸易结构　　单位：%

	1995 年				2009 年			
	增加值出口	增加值进口	总值出口	总值进口	增加值出口	增加值进口	总值出口	总值进口
农、林、牧、渔	15.0	10.9	0.4	10.7	11.3	8.1	0.3	12.9
矿产及采矿业	6.2	3.3	0.9	0.2	7.9	5.3	0.1	1.4
食品、饮料和烟草	2.9	3.5	1.2	7.8	3.6	2.6	1.4	4.1
纺织材料及其制品	15.9	2.8	21.8	1.7	8.8	0.9	11.5	0.7
皮革、皮制品及鞋类	5.4	0.2	13.7	1.2	2.5	0.1	6.3	0.4
木材及木制品	2.0	0.8	0.8	0.4	1.6	0.5	0.9	0.4
纸浆及纸制品	2.7	7.0	1.2	4.1	2.5	3.9	1.4	2.6
焦炭、炼油和核燃料	1.5	1.4	0.2	0.5	1.7	2.2	0.1	0.5
化学原料及其制品	6.5	14.2	2.0	14.7	8.1	11.7	3.0	15.5
橡胶和塑料制品	4.4	2.5	3.5	1.2	4.1	2.0	3.8	1.8
其他非金属矿产品	4.1	0.9	1.7	0.8	1.9	1.0	1.3	0.7
金属及其制品	10.3	12.6	3.4	5.1	11.6	10.7	4.9	3.4
机械	4.8	11.3	4.1	10.6	6.4	9.6	9.7	9.3
电子和光学仪器	13.9	22.0	26.5	27.9	20.9	31.5	38.9	25.6
运输设备	1.7	5.9	0.9	6.9	2.7	8.0	2.0	13.7
其他制造业	2.8	0.9	17.6	6.1	4.2	1.8	14.3	7.2

资料来源：笔者计算。

电子和光学产品以及纺织服装类产品作为中美贸易中排名前两位的行业，经过增加值调整后，则一致出现了在中国对美出口中占比下降，在美国对中国出口占比上升的情况。这一点在电子产品体现得尤为明显，2009 年该行业在中国对美增加值出口中的比重为 20.9%，远低于总值贸易测算的 38.9%；而在美国对中国增加值出口中的比重则比总值贸易的测算结果高出将近 6 个百分点。作为最终需求产品，影响电子行业在两国贸易中比重的因素不再是产品的用途，而是出口中国内价值增值的比例。因此，上述差异意味着，美国对中国电子产品出口中包含的国内价值增值比例要高于中国对美国出口中的这一比例。进一步对比 1995 年和 2009 年贸易结构测算结果差异的变化趋势，可以发现两种贸易统计下，纺织服装类产品在中美贸易中占比的差异在收敛，而电子产品的上述差异则进一步分化。这意味着我国纺织服装产品出口中国内价值增值占比提升，而电子产品出口中国内价值增值占比下降。

综上所述，在全球价值链分工背景下，传统贸易统计由于以商品总值为统计口径，存在着严重的重复计算问题，对于处在价值链分工下游环节的国家，传统贸易统计的偏差更加明显。对比不同类型行业增加值贸易和总值贸易的差异，可以看到中美参与不同类型行业国际分工的方式存在差异：对于原料型和资源加工型产品，中国作为原料和资源的提供方，位于生产链的上游，美国作为资源的进口加工方位于价值链的下游；对于国际生产分割程度高的行业，美中分处全球价值链上游和下游的分工格局十分明显，而且这种格局在电子类产品上体现得更加明显。

第三节 中美融入全球价值链分工模式比较

一、中美全球价值链分工参与度与分工地位

（一）中美全球价值链分工参与度

利用库普曼等（2010）构建的全球价值链参与程度（式 3 - 26）指数，图 4 - 5 对 2000 年和 2009 年中国制造业各行业的全球价值链分工参与程度进行了测度和比较，并分解了间接增加值出口（IV）和出口中国外价值增值（FV）对全球价值链分工参与程度的贡献。从图 4 - 5 中可以看到，大部分中国制造业对全球价值链分工的参与程度逐渐提高，其中煤炭、炼油和核燃料（C8）、基础金属和合金（C12）、化学原料及其制品（C9）以及纸浆、纸制品和印刷出版（C7）等行业是我国参与国际分工程度最高的行业，导致上述行业国际分工参与程度提高的主要因素是间接增加值出口比重的提升。而机械（C13）、电子和光学仪器（C14）、运输设备（C15）行业参与国际分工程度的提高则主要源于这些行业生产中投入的进口中间品比例的提升。与上述行业不同，中国纺织原料及其制品（C4）以及皮革、皮革制品和鞋类（C5）行业的国际分工参与程度出现了

小幅下降，导致此现象的主要原因是进口中间品比例的下降，也即出口中国内价值增值比例的提升。

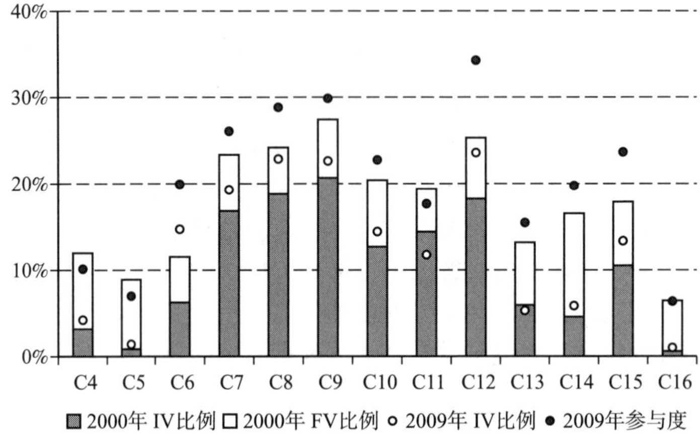

图 4-5　中国制造业全球价值链参与程度

资料来源：根据 WIOT 数据计算绘制。

图 4-6 对 2000 年和 2009 年美国制造业各行业的全球价值链分工参与程度进行了测度和比较。从图中可以看到，与中国大部分制造业全球价值链分工参与程度逐渐提高不同，美国绝大多数制造业（电子和光学仪器

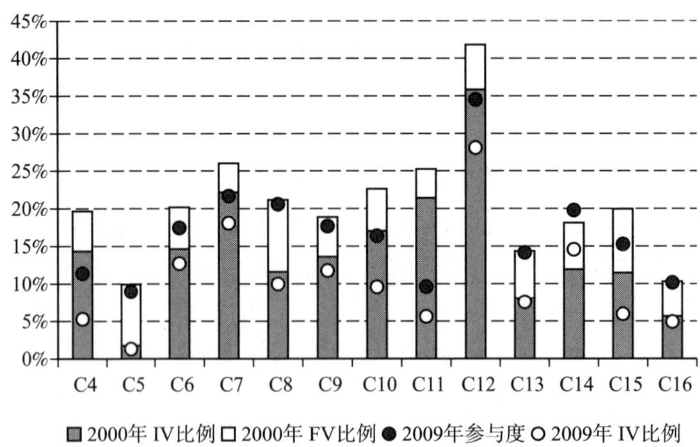

图 4-6　美国制造业全球价值链参与程度

资料来源：根据 WIOT 数据计算绘制。

行业除外）参与全球价值链分工的程度在2000～2009年出现了比较明显的下降。其中，其他非金属矿物（C11），基础金属和合金（C12），橡胶和塑料制品（C10），纸浆、纸制品和印刷出版（C7）以及纺织原料及其制品（C4）行业是参与度下降最为明显的行业。从图中可以看到，导致上述行业国际分工参与程度下降的主要因素是间接增加值出口占总出口比例的下降。以参与度最高的基础金属和合金（C12）行业为例，2000年该行业的IV比例为35.8%，2009年该比例下降至28.1%；而FV的比例却从2000年的5.9%提高到2009年的6.4%。在美国制造业中，唯一一个全球价值链分工参与度提高的行业是电子和光学仪器（C14），在此过程中间接增加值出口比例的提升发挥了重要作用。

（二）中美全球价值链分工地位

利用库普曼等人（Koopman et al.，2010）构建的全球价值链分工地位指数［式（3－27）］，图4－7对2000年和2009年中国制造业各行业在全球价值链分工中的地位进行了测度和比较。从图中可以看到，中国制造业整体处在下游位置，且出现了并不明显的上游化趋势（制造业整体的国际分工地位指数由－0.05提升到－0.02）。分行业来看，在中国制造业出口的主导行业（C4、C5、C13、C14和C15）中，除了运输设备行业（C15）外，其他所有行业都处在全球价值链分工的下游。而且对于电子和光学仪器、机械以及运输设备等技术水平较高的产品，我国出现了明显下游化趋势。与之相反，纺织服装以及皮革鞋类等中国出口传统优势产品的国际分工地位稳步提升，逐渐向上游位置攀升。在煤炭炼油、木材、橡胶等资源型行业中，中国则处在国际价值链分工中的上游位置，并且呈现进一步的上游化趋势。但这并不符合中国的利益，因为资源型行业国际分工地位提升意味着中国越来越多地扮演原材料提供者的角色，背后是大量的资源输出和环境污染。

对比中美两国不同制造业价值链分工地位可以发现，与中国不同，美国制造业整体处在上游位置（见图4－8），同时也出现了一定的下游化趋势（制造业整体国际分工地位指数由0.07下降到0.04）。分行业来看，美国绝大多数制造业都处在价值链分工的上游，但同时也出现了非常一致的下游化趋势。其中，有一些行业在价值链分工地位出现了质的变化，比如纺织原料及其制品（C4）、炼油和核燃料（C8）以及其他制造业及回收（C16）等行业，从2000年的上游位置转移到2009年的下游位置。在美国制造业中，唯一出现分工位置提升的就是电子和光学仪器（C14）行业，分工地位指数从2000年的0.05提高到2009年的0.09。从上一部分的分析中可以得知，美国在电子和光学仪器（C14）行业分工位置的提升得益于间接增加值出口的比重大幅提升，这一点与中国该行业的分工地位变化形成了鲜明的对比。作为全球价值链分工最为典型的行业，中美两国该行业分工地位镜像式的变化，在一定程度上反映出两国在全球价值链分工中的地位。

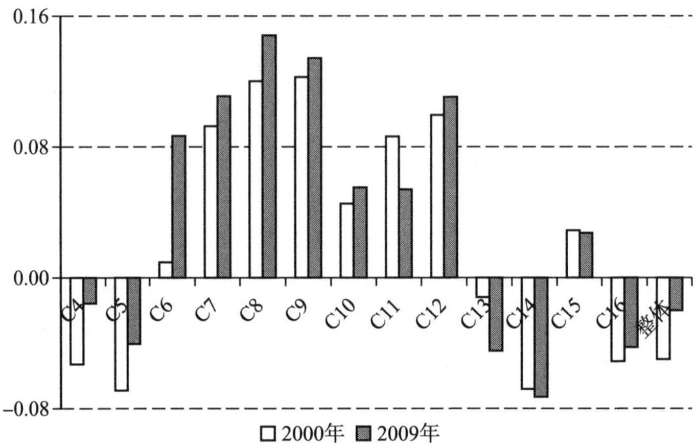

图4-7　中国制造业全球价值链分工地位

资料来源：根据WIOT数据计算绘制。

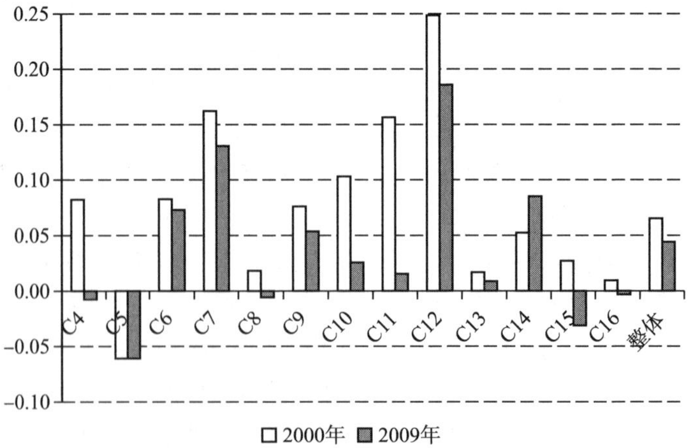

图4-8　美国制造业全球价值链分工地位

资料来源：根据WIOT数据计算绘制。

二、中美在全球价值链中的上游度

（一）测度方法

上游度（upstreamness）的测度方法来自安特勒斯等人（Antràs et al.，2012），其核心思想是在运用投入产出分析方法的基础上，计算某一行业的产出在到达最终消费端（final consumption expenditure）之前所经历的生产环节的数量，实现对特定行业与最终需求距离的度量。

首先假设存在 G 个国家，N 个部门。根据投入产出恒等式，特定国家特定部门的产出有两个用途，一部分适用于满足消费的最终产品，另一部分作为中间品投入到其他行业的生产，从而可以得到下列表达式：

$$Y_{i,k} = F_{i,k} + \sum_{k=1}^{N}\sum_{i=1}^{G} d_{ik,jl}Y_{j,l} \tag{4-9}$$

上式中，$Y_{i,k}$表示 k 国 i 部门总产出，$Y_{j,l}$表示 l 国 j 部门总产出，$F_{i,k}$表示 k 国 i 部门生产的最终产品，$d_{ik,jl}$表示 l 国 j 部门对 k 国 i 部门中间品的直接消耗系数。最终可将一个行业在价值链上的位置定量描述为该行业与最终产品间的加权平均距离，即：

$$U_{i,k} = 1 \times \frac{F_{i,k}}{Y_{i,k}} + 2 \times \frac{\sum_{j=1}^{N} d_{ij}F_{j,l}}{Y_{i,k}} + 3 \times \frac{\sum_{j=1}^{N}\sum_{k=1}^{N} d_{ik}\,d_{kj}F_{j,l}}{Y_{i,k}} + 4 \times \frac{\sum_{j=1}^{N}\sum_{k=1}^{N}\sum_{l=1}^{N} d_{il}\,d_{lk}\,d_{kj}F_{j,l}}{Y_{i,k}} + \cdots \tag{4-10}$$

式（4-10）等号右侧的每一项都对应着与最终消费距离不等的价值链生产环节。其中，1，2，3，…这一系列的指数表示“距离”（进行了加 1 处理，从而消除 0 值的情况），而每一项中乘号后方的部分则表示行业 i 产出中被用在对应位置上的比例，作为权重存在。将式（4-10）改写成矩阵形式，可得：$U = [I-\Delta]^{-1}1(GN \times 1)$，其中［I－Δ］是 GN × GN 的方阵，$\frac{d_{ik,jl}Y_{j,l}}{Y_{i,k}}$是［I－Δ］中的元素。由式（4-10）可以看到，上游度指数 $U_{i,k} \geqslant 1$。上游度指数越大意味着行业处于生产链的相对上游环节（relatively upstream stages），即越靠近生产链的中间投入品端，反之则处于生产链的相对下游环节（relatively downstream stages），亦即越靠近最终消费支出端（鞠建东和余心玎，2014）。有一点需要说明的是，生产链上、下游环节区别于传统的价值链高、低端概念，一个行业位于生产链的上游环节并不意味着该行业就处于价值链的高端。上游度测算理论认为，如果某一行业经历的生产环节越多，那么其产品的增加值经多次摊薄之后最终归行业所得的那部分附加值也将越发有限。正如伊顿和科图母（Eaton and Kortum，2002）、法利和希尔贝利（Fally and Hillberry，2014）等所指出，一般情况下处于生产链条的下游环节从事专业化生产的国家（地区）获得的贸易利得反而要高于上游国家（地区），因为经验事实表明发达国家往往偏向下游出口（Fally，2012；鞠建东和余心玎，2014）。

（二）行业性质决定上游度

法利（Fally，2011 和 2012）首次对序贯性生产阶段进行界定和量化分析，他提出了生产阶段数量（production stages）和最终需求距离（distance to final demand）两个测算指标。在此基础上，安特拉斯等（2012）提出上游度（upstreamness）指标，其内涵是衡量每个国家在全球价值链上所承担的中间品生产环节与最终品环节之间的距离，也即与最终需求的距离，其值越大说明各国在全球价值链上的位置越趋于上游。因而，行业的最终需求导向决定了其上游度。这部分利用 OECD - TIVA 数据库中“全球价值链指标”（global value chains indicator）中的“与最终需求距离”（Index of distance to final demand）指数，刻画不同行业的上游度。

图 4 -9 给出了各行业的上游度，并区分商品和服务，对两个部门中的细分行业的上游度进行排序。通过对比可以发现行业的原料型特征越强，服务性功能越强，与最终需求的距离越远，上游度越高；反之行业的消费性越强，最终使用导向越强，与最终需求的距离越近，上游度越低。从图中可以看到，在商品部门中，上游度排名靠前的行业包括采矿业、基础金属和金属制品、化学制品和非金属矿物制品以及木材纸制品和印刷，上述行业的上游度均超过 2. 5。不难理解，上述行业和之所以位于 GVC 分工中的上游环节，是因为上述行业的产品多数被用作中间品投入到其他部门的生产；而商品部门中最靠近最终需求的行业包括食品饮料业，机械设备、纺织皮革以及运输设备，上述行业中的产品多数被消费者直接消费（食品饮料、运输设备、纺织皮革）或被用作资本品用于投资（机械设备）。而农产品、电子和光学设备行业的上游度介于上述行业之间，正如前文所述表明两个行业同时具有原料性和消费性特征，同时还表明两个行

业的价值链较长。服务业中也具有类似的特征，水电气供给作为基本的动力来源，为所有行业的生产提供了来源，上游度较高达到2.72。金融中介、交通运输和邮政仓储、商业服务以及批发零售和酒店餐饮作为典型的生产性服务业为制造业各个生产环节提供了连接的纽带，在GVC分工中扮演着日益重要作用。上述行业具有大致相同的上游度，处于2.0~2.5之间。而建筑服务和其他服务等最终消费特征，导致其上游度较低。综合商品部门和服务部门，全行业的上游度均值为2.13。

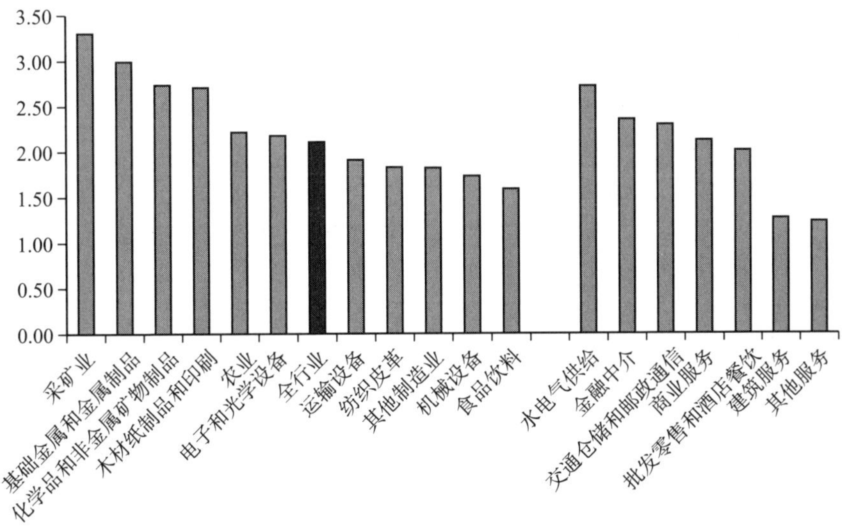

图4-9 不同行业的上游度比较

注：图中数据为1995年、2000年、2005年、2008年以及2009年各行业上游度的均值。
资料来源：笔者根据OECD TIVA数据库数据计算得出。

价值链逐渐延长是GVC分工不断深化背景下的另一个典型事实。就全行业而言，上游度从1995年的1.98提升到2009年的2.13。具体到行业，可以看到绝大多数商品部门的价值链也呈现出延伸的特征。从图4-10可以看到，除采矿业之外，所有行业的上游度都呈现上升态势，其中尤以电子和光学设备、机械设备、基础金属和金属制品以及化学品和非金属矿物制品体现得最为明显。以上四个行业的上游度分别从1995年的1.91、1.62、2.80和2.60提高到2009年内的2.31、1.78、3.08和2.78，表明上述行业的价值链呈现出明显的延伸态势。相比之下，纺织皮革以及食品饮料等消费型行业的价值链延伸并不明显。在商品部门中采矿业是唯一一个出现下游化的行业，该行业的上游度从1995年的3.39下降到2009年的3.18。

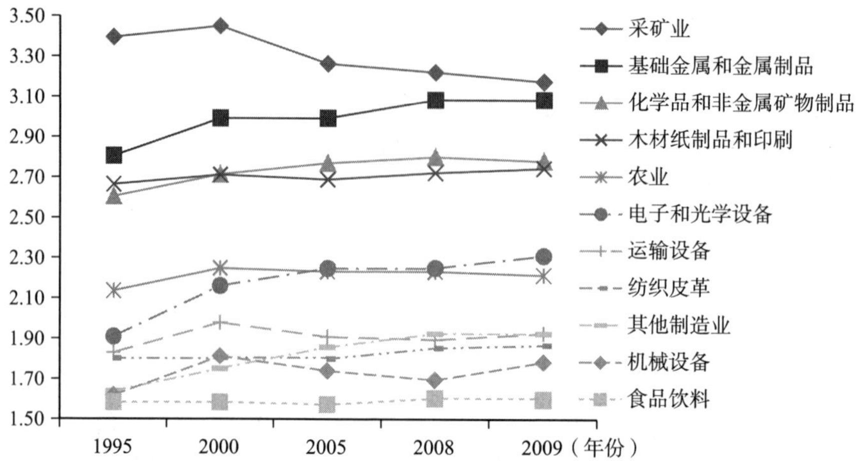

图4-10 商品部门不同行业上游度变化（1995~2009年）

资料来源：笔者根据OECD TIVA数据库数据计算得出。

与商品部门一样，服务部门各行业的上游度也出现了不同程度的提升（见图4-11）。其中提升最为明显的是建筑服务，该行业的上游度从1995年的1.18提高到2009年的1.37，上涨幅度达到15%。其次为批发零售和酒店餐饮业以及金融中介业。结合各行业的上游度及其变化趋势可以发现，

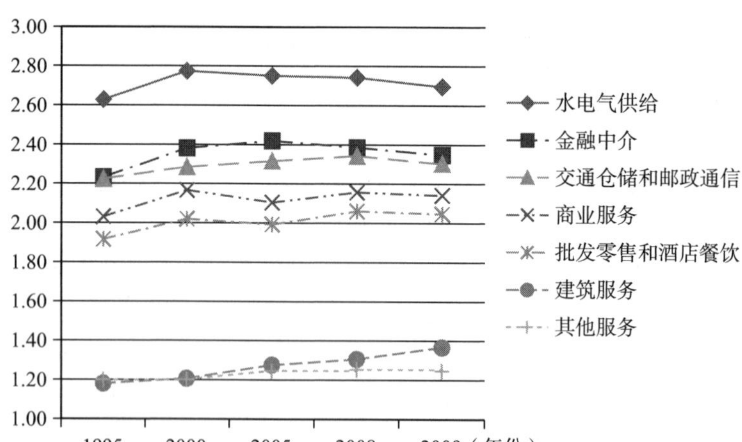

图4-11 服务部门不同行业上游度变化（1995~2009年）

资料来源：笔者根据OECD TIVA数据库数据计算得出。

对于商品部门各行业，上游度越高，价值链延伸的越明显；而服务部门各行业，则是上游度越低，价值链延伸越明显。这是商品和服务部门的显著差异，同时也反映出商品部门和服务部门参与 GVC 分工模式的差异。

（三）中美两国上游度比较

1. 中国各行业上游度

图 4-12 刻画了 1995 年、2005 年以及 2011 年的中国商品部门的上游度。从图中可以看到，与预期一致，采矿业（C2），纸浆、纸制品和印刷出版（C7）以及煤炭、炼油和核燃料（C8）等资源型行业是上游度最高的几个行业；而农业（C1），纺织原料及其制品（C4），皮革、皮革制品和鞋类（C5），电子和光学仪器（C14）以及运输设备（C15）等行业由于最终消费特征明显，因此与最终需求距离较小。其他行业，比如化学原料及其制品（C9）、橡胶和塑料制品（C10）、基础金属和合金（C12）等行业，由于同时具备中间品和最终产品用途，与最终需求的距离处于中间品水平。从图中还可以看到，对比 1995 年和 2011 年，可以发现，中国所有商品部门的上游度均出现了不同程度的提升，其中以农业（C1），纺织原料及其制品（C4），皮革、皮革制品和鞋类（C5）以及电子和光学仪器（C14）等为代表的消费型行业上游度提升的尤为明显，这一方面说明全球价值链分工的不断深化；另一方面也在一定程度上反映出中国上述行业正在摆脱低端环节，逐渐向上游环节攀升的事实。

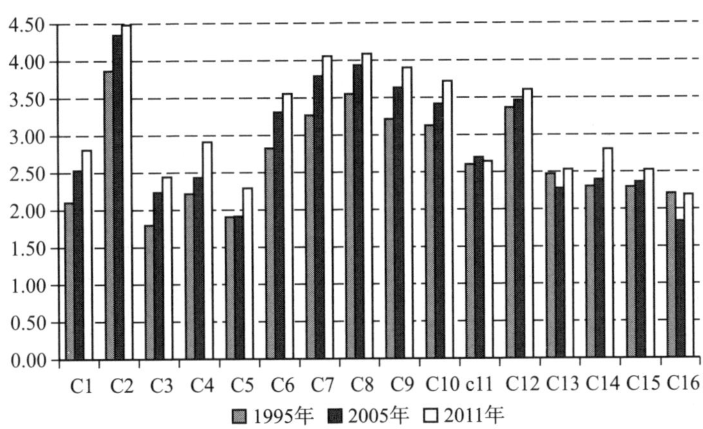

图 4-12 中国商品部门上游度

资料来源：根据 WIOT 数据计算绘制。

图4－13刻画了1995年、2005年、2011年中国各服务业的上游度。与商品部门格局类似，水电煤气供给（C17）以及运输（C23、C24）、金融（C28）等具有中间投入性质的服务生产性服务业，都具有较高的上游度；而用于满足最终消费的服务，比如建筑（C18），国防和社会保障（C31）、教育（C32）以及健康医疗（C33）等行业，上游度则相对较低。与商品部门上游度普遍提升不同的是，中国服务业上游度的变化趋势在行业间出现了分化。大部分消费型服务行业的上游度都出现了提升，同时内陆和海上运输服务（C23、C24）、租赁及其他商业服务（C30）以及其他服务（C34）距离最终需求的距离也出现了明显的拉长。与上述行业相反，其他运输和旅游服务（C26）、房地产（C29）等行业的上游度出现了下降。

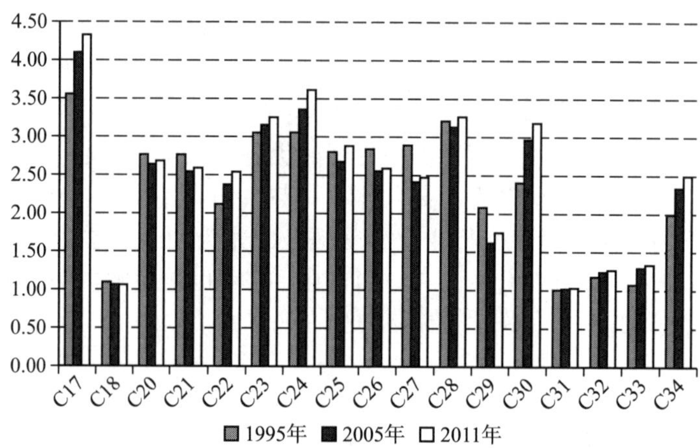

图4－13　中国服务部门上游度

数据来源：根据WIOT数据计算绘制。

2. 美国各行业上游度

对比图4－12、图4－13、图4－14和图4－15，可以发现中国和美国不同行业上游度的差异：首先，无论是商品部门和服务部门，中国不同行业的上游度都大于美国的相同行业，这表明与美国同行业相比，中国各行业更加处于上游位置，而美国各行业具有更加明显的消费特征，这一点也符合中美两国分别作为世界工厂和最大消费国的角色；其次，中国大部分行业的上游度提升，美国大部分行业的上游度下降或保持稳定，这表明中美两国在国际分工格局中的地位正在进一步分化，分别向着价值链的上游和下游转移。从这个意义上讲，中美两国在国际分工中将呈现更多的互补性。

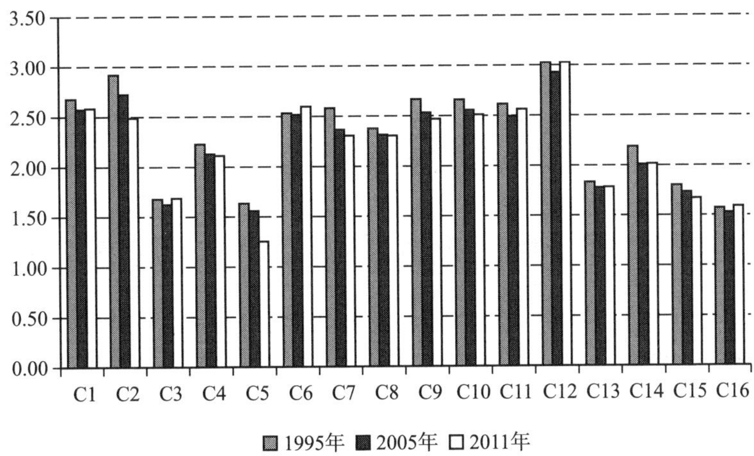

图 4－14　美国商品部门上游度

资料来源：根据 WIOT 数据计算绘制。

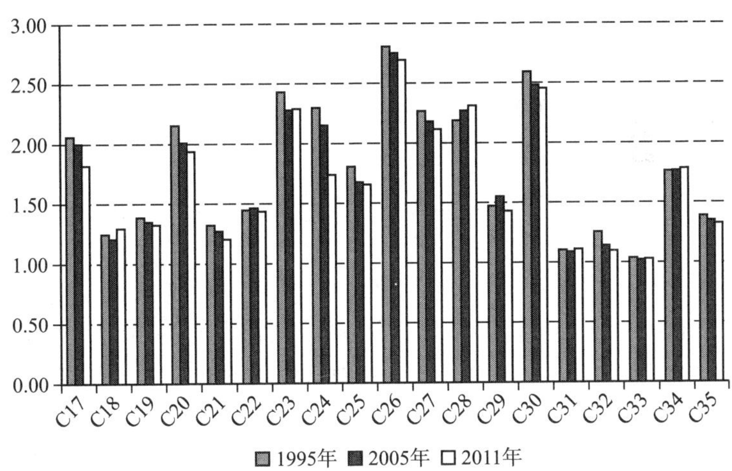

图 4－15　美国服务部门上游度

资料来源：根据 WIOT 数据计算绘制。

对比分工地位和上游度的计算结果，可以发现，全球价值链分工体系下“分工地位”和“分工位置”是两个相关但不等同的概念。上游度指标通过测度产品在到达最终需求之前需要经历的生产阶段个数以量化特定行业在 GVC 的嵌入位置，而没有办法体现各行业的增值能力，因此无法说明各国在价值链上的获利能力，而后者才是国际分工地位的体现。因此，上游度指数只说明了经济体特定行业在 GVC 分工中的“嵌入位置”而与一国的增值能力无关。上游度相较于 GVC 分工地位指数的优势在于，它可以抛开增值能力等经济变量的影响，单纯考虑价值链的实物形态，为刻画不同价值链上的国家布局提供有效的工具。

第四节　中美双边贸易利益的分配：贸易的价值增值解构

全球价值链分工背景下，由于产品的生产涉及多个国家或地区，就导致贸易利益在国家间的分配机制更加复杂。一国出口中包含的国内价值增值越多，该国国内要素通过国际贸易获得要素报酬越多，贸易利益也就越多。这部分将通过分解中美双边贸易中的国内成分和国外成分，从价值增值角度测度中美两国从双边贸易中获得的贸易利益。①

一、中美双边贸易的价值增值分解：整体层面

表 4－3 是中国对美国出口中不同来源价值增值所占的比例。可以发现：第一，国内价值增值在中国对美出口中的比例逐渐降低，从 1995 年的 62.3% 下降到 2009 年的 54.6%，这意味着中国从对美出口中的获利能力在逐渐降低；第二，国外成分比例提升（从 11.1% 到 2008 年的峰值 17.9%②），表明中国从对美出口中的获利空间正在越来越多地被其他国家挤占，其中东亚作为中国对美出口的价值增值主要来源国的地位在逐渐下降，表明东亚国家提供中间品再由中国加工装配成最终产品出口美国的“三角贸易模式”在逐渐弱化，中国业已形成的国际生产关联已经不再局限于亚洲国家；第三，中国对美出口中的“回流”的部分在中国对美出口

① 需要说明的是，由于本部分的重点是纠正传统贸易统计对中美商品贸易利益的错配，因此仅考虑商品部门创造的价值增值，而不考虑服务部门创造的价值增值。因此，除非特别指出，后文提到的国内（外）价值增值（成分）指的是国内（外）商品部门创造的价值增值。

② 2009 年次贷危机带来的国际贸易衰退是导致 2009 年国外成分对中国对美出口贡献下滑的重要原因。

中的比例逐渐减小，这表明中国对美国的出口的最终需求导向日趋明显，这在一定程度上反映出中国国际分工地位的下游化趋势；第四，美国价值增值对中国对美出口的贡献率逐渐提高（从1.1%提高到1.7%），这意味着美国本身也是造成中国对美国巨额贸易顺差的始作俑者之一，且其作用在逐渐增强。以上发现的政策含义在于，全球价值链分工背景下的生产共担（production sharing）关系会使“与邻为壑”的贸易政策带来“与己为壑”的政策效果①。

表4-3　中国对美国商品出口的价值增值分解　单位：%

年份	中国对美国的出口						
	国内成分	其中：		国外成分	其中：		
		增加值出口	回流		EA-4	美国	其他
1995	62.3	45.7	16.6	11.1	5.3	1.1	4.7
1996	64.8	44.7	20.1	9.8	4.6	1.0	4.2
1997	65.2	46.4	18.8	9.7	4.8	1.0	3.9
1998	65.5	45.2	20.3	8.8	4.3	0.9	3.6
1999	65.9	40.1	25.8	9.9	4.6	1.0	4.3
2000	61.6	40.7	20.9	11.7	4.9	1.0	5.8
2001	61.7	42.3	19.4	10.8	4.3	1.0	5.5
2002	59.8	41.7	18.1	11.7	4.7	1.1	5.9
2003	58.4	43.1	15.3	9.5	5.2	1.2	3.1
2004	55.1	42.7	12.4	16.4	5.9	1.6	8.9
2005	54.9	44.1	10.8	16.6	4.5	1.6	10.5
2006	57.9	46.5	11.4	16.2	5.1	1.6	9.5
2007	55.6	48.7	6.9	15.4	4.6	1.5	9.3
2008	52.4	51.7	0.7	17.9	4.4	1.7	11.8
2009	54.6	49.9	4.7	15.2	4.2	1.7	9.3

注：表中EA-4包括日本、韩国、印度尼西亚和中国台湾。限于WIOD数据的可获得性，本书对除中国之外东亚地区的考察仅限于日本、韩国、印度尼西亚和中国台湾地区。

数据来源：根据WIOT数据计算绘制。

① OECD, WTO. Trade in value-added: Concepts, methodologies and challenges. 2011.

表4-4是对美国对中国出口中不同来源价值增值的分解。对比中国对美国出口的价值增值分解，可以发现以下显著差异：首先，国内成分在美国对中国出口中的比例稳中有升，表明美国从对中国出口中的获利能力在逐渐增强；其次，美国对中国较低的增加值出口比例以及较高的回流比例，反映出美国对中国的出口中间品经中国加工后返销给美国的分工格局，再次体现美中两国分处在国际生产链上下游环节的国际分工地位；再次，东亚4国在美国对中国出口中贡献比例低于它在中国对美出口中的比例，这意味着从价值链关联程度上讲，中国与东亚联系要比美国紧密，而东亚作为美国进口中间品来源地地位的下降意味着美国承接东亚提供中间品在出口给中国的分工格局在逐渐弱化；最后，美国对中国出口中包含了越来越多的中国价值增值（从0.3%提高到1.5%），表明两国在全球价值链上的产业关联在逐渐增强。

表4-4　　美国对中国商品出口的价值增值分解　　单位：%

年份	美国对中国的出口						
	国内成分	其中：		国外成分	其中：		
		增加值出口	回流		东亚4国	中国	其他
1995	55.9	23.5	32.4	7.1	1.9	0.3	4.9
1996	56.0	23.8	32.2	7.1	1.7	0.3	5.1
1997	55.4	26.6	28.8	6.9	1.7	0.3	4.9
1998	56.0	28.6	27.4	6.5	1.6	0.4	4.5
1999	54.7	29.4	25.3	7.0	1.6	0.4	5.0
2000	54.0	30.6	23.4	7.9	1.7	0.4	5.8
2001	52.9	32.0	20.9	7.2	1.3	0.5	5.4
2002	55.5	35.4	20.1	6.9	1.2	0.5	5.2
2003	55.4	35.9	19.5	7.1	1.1	0.5	5.5
2004	56.7	36.6	20.1	8.7	1.4	0.9	6.4
2005	55.5	37.4	18.1	9.4	1.4	1.1	6.9
2006	55.5	38.7	16.8	9.8	1.4	1.3	7.1
2007	54.6	38.9	15.7	9.7	1.3	1.4	7.0
2008	54.4	39.1	15.3	10.5	1.0	1.7	7.8
2009	57.8	38.6	19.2	8.0	0.9	1.5	5.6

资料来源：根据WIOT数据计算绘制。

二、中美双边贸易的价值增值分解：行业层面

表4－5将中国对美不同部门出口分解为国内制造业价值增值（简称国内增值）、国外制造业价值增值（简称国外增值）以及服务业增值。可以看到，对于大多数原料型和资源加工型行业，国内增值比例相对较高。而对于价值链分工较为深化的行业（如电子和光学产品、运输设备以及机械行业），由于生产过程中需要投入大量的国外价值增值和服务业投入，因此国内增值比例相对较低。对比1995年和2009年，可以发现中国对美绝大多数行业出口中的国内价值增值所占比例都出现了下降。其中，机械（C13）、电子和光学产品（C14）以及运输设备（C15）的下降最为明显。以电子和光学设备行业为例，国内增值所占比例从1995年的57.5%下降到2009年的44.1%。与此不同的是，中国纺织服装和鞋类生产行业对美出口实现了国内增值比例的提升。这表明中国上述行业对美出口的获利能力增强。形成差异的原因在于，对于生产高度分割行业，跨国公司为了降低成本，将加工装配等劳动密集环节安排在中国，在使其迅速融入国际分工的同时，也使中国相关行业面临着被锁定在低附加值环节的风险，难以实现价值链升级。而对于纺织服装以及鞋类行业，中国则主要通过加工贸易向一般贸易的转型实现了国内增值比例的提升。加工贸易在纺织服装行业出口中的比例从1995年的43.5%降低到2009年的21.8%①。

表4－5　中国对美国不同部门出口的价值增值分解　单位：%

	中国对美国出口					
	国内成分		国外成分		服务业	
	1995年	2009年	1995年	2009年	1995年	2009年
农、林、牧、渔	85.4	82.2	3.6	4.7	11.0	13.1
矿产及采矿业	72.6	65.5	5.7	9.5	21.7	25.0
食品、饮料和烟草	77.9	73.2	5.2	6.9	16.9	19.9
纺织材料及其制品	63.8	64.9	10.8	9.5	25.3	25.5
皮革、皮制品及鞋类	61.7	66.5	11.2	9.4	27.1	24.0

① 1995年的数据来自周耀昌（1996），2009年的数据源于2010年《中国贸易外经统计年鉴》。

续表

	中国对美国出口					
	国内成分		国外成分		服务业	
	1995 年	2009 年	1995 年	2009 年	1995 年	2009 年
木材及木制品	65.6	64.7	10.6	10.9	23.8	24.4
纸浆及纸制品	64.5	59.6	8.8	11.5	26.6	28.9
焦炭、炼油和核燃料	60.5	45.4	14.3	28.8	25.2	25.8
化学原料及其制品	63.3	53.3	9.5	15.6	27.1	31.2
橡胶和塑料制品	62.1	54.7	11.2	15.2	26.7	30.1
其他非金属矿产品	66.4	58.7	6.6	10.8	27.0	30.5
金属及其制品	59.9	51.0	9.7	18.2	30.4	30.8
机械	64.6	53.2	9.1	15.2	26.3	31.5
电子和光学仪器	57.5	44.1	13.8	20.3	28.7	35.5
运输设备	63.8	53.1	10.1	14.7	26.2	32.1
其他制造业	65.3	68.3	9.6	9.3	25.1	22.4
整体	62.3	54.6	11.1	15.2	26.6	30.2

资料来源：根据 WIOT 数据计算绘制。

对比表 4－5 和表 4－6 可以发现，美国对中国大部分部门出口中的国内增值比例也都出现了下降，国外增值比例则相应提高。特例则体现在纺织服装、皮革鞋类以及电子和光学产品等中国对美出口的主导行业上，其中尤以电子和光学产品体现得最为明显。从表 4－6 中可以看到，1995～2009 年，国内价值增值在美国对中国上述行业出口中从 1995 年的 51.3% 提高到 2009 年的 65.6%。国内价值增值比例在中美纺织服装以及皮革鞋类行业双边贸易中的同时提高，意味着两国从上述行业双边贸易中的获利能力同时增强，双边贸易利益在两国之间的分配体现出互利共赢的局面。而在电子和光学产品出口上，中国国内增值比例显著下降，伴随美国国内增值比例显著提升。这意味着，美国凭借对上游高附加值技术环节的垄断正在上述行业双边贸易中获得越来越强的获利能力，而中国则面临着出口规模扩大但获利能力下降的局面。中美两国在国际分工地位上的这种差别，导致贸易利益在两国间的分配呈现较为明显地“此消彼长”态势，分工地位的互补带来的是贸易利益的竞争。整体而言，国内增值在美国对中国出口中的比例从1995年的55.9%提高到2009年的57.8%，可见美国商品部门在双边贸易中的获利能力更强，由于WIOD数据在处理过程中没有考虑加工贸易和一般贸易在进口中间品投入密集度上的差异，因此据此数据测算的结果会高估中国出口中的国内增值比例。如果对加工贸易进行调整，中国各行业，尤其是加工贸易主导行业，出口中的国内增加值还会进一步降低。考虑到这一因素，美国从双边贸易中的获利能力将进一步增强。

表4-6　　美国对中国不同部门出口价值增值分解　　单位：%

	国内增值		国外增值		服务业增值	
	1995年	2009年	1995年	2009年	1995年	2009年
农、林、牧、渔	61.0	59.8	4.3	6.4	34.7	33.8
矿产及采矿业	67.2	75.6	3.4	4.3	29.4	20.2
食品、饮料和烟草	56.0	53.9	5.7	6.7	38.4	39.5
纺织材料及其制品	58.4	62.2	6.0	8.1	35.6	29.7
皮革、皮制品及鞋类	49.5	64.3	8.8	9.8	41.7	26.0
木材及木制品	58.7	47.7	6.4	6.8	35.0	45.5
纸浆及纸制品	56.2	51.9	5.1	4.8	38.8	43.3
焦炭、炼油和核燃料	49.5	48.1	20.0	29.3	30.5	22.6
化学原料及其制品	55.1	51.9	6.4	9.3	38.5	38.8
橡胶和塑料制品	57.5	53.5	6.8	9.6	35.7	36.8
其他非金属矿产品	62.7	56.8	4.4	5.5	32.8	37.7
金属及其制品	59.0	52.9	7.3	8.6	33.7	38.4
机械	59.2	58.9	7.2	8.3	33.6	32.8
电子和光学仪器	51.3	65.6	8.7	6.5	40.1	27.9
运输设备	55.7	49.8	9.6	11.2	34.7	39.1
其他制造业	61.7	58.2	5.8	6.9	32.5	35.0
整体	55.9	57.8	7.1	8.0	37.0	34.2

资料来源：根据WIOT数据计算绘制。

三、中美贸易差额的价值增值分解

表4－7对中美贸易差额进行了分解。可以看到：首先，中美双边贸易中的国内价值增值绝对额（中国国内价值增值净出口）的差异是导致中美贸易顺差的主要因素，但该因素对中美贸易失衡的贡献率在逐渐下降（从69.5%下降到53.2%）；其次，第三国价值增值对中美贸易顺差的贡献比例显著提升（从15.6%提高到18.4%），传统贸易统计对中国对美贸易顺差的转嫁作用不断加强；最后，中国服务部门价值增值净出口成为造成中美贸易顺差的第二大因素，且贡献逐渐增强（从14.8%提高到28.4%）。但同时，考虑到美国相对更加发达的服务业，如果将服务业也作为国内价值增值的来源，有理由预期美国出口中的国内增值比例将进一步提高，贸易利益在两国之间分配的不均衡还将加剧。

表4－7　　中美贸易顺差的价值增值分解（1995～2009年）

年份	总值贸易差额（10亿美元）	国内成分（10亿美元）	第三国（10亿美元）	服务业（10亿美元）	国内成分（%）	第三国（%）	服务业（%）
1995	27.8	19.3	4.3	4.1	69.5	15.6	14.8
1996	32.7	24.0	4.1	4.6	73.4	12.4	14.2
1997	43.8	31.7	5.2	6.9	72.5	11.8	15.7
1998	55.1	39.0	5.6	10.5	70.8	10.1	19.1
1999	66.3	47.3	7.5	11.5	71.3	11.3	17.4
2000	82.2	53.4	11.0	17.8	65.0	13.4	21.6
2001	79.2	52.4	10.0	16.9	66.1	12.6	21.3
2002	103.6	63.6	14.0	26.0	61.4	13.5	25.1
2003	124.9	74.3	13.0	37.6	59.5	10.4	30.1
2004	159.6	87.0	30.7	41.9	54.5	19.3	26.2
2005	202.4	110.7	38.2	53.4	54.7	18.9	26.4
2006	235.6	138.2	43.0	54.4	58.7	18.3	23.1
2007	256.0	143.2	44.4	68.4	55.9	17.4	26.7
2008	257.2	132.7	53.5	70.9	51.6	20.8	27.6
2009	213.9	113.7	39.4	60.8	53.2	18.4	28.4

资料来源：根据WIOT数据计算绘制。

综上所述，中美两国由于国际分工地位的不同在双边贸易利益的分配中处于不平衡的地位，而这种不平衡并没有因为中国对美国出口的快速发展而得到扭转，反而在逐渐加剧；在劳动密集型产品和高新技术产品双边贸易的贸易利益分配格局中，中美两国分别呈现互补和竞争的关系，而提升国内价值增值在中国高新技术产品出口的比例，是改善我国贸易利益分配格局中不利地位的关键；中国商品部门国内价值增值对美净出口是导致中美贸易顺差的主导因素，但第三国和服务部门的影响在逐渐增强，因此国际价值链分工使双边贸易利益的分配机制趋于复杂。

小　结

本部分运用增加值贸易测度框架对中美双边货物贸易增加值进行了测度，并通过对中美双边贸易进行价值增值分解，剖析了两国在不同行业双边贸易中的利益分配格局，得出了以下主要结论：第一，GVC 分工体系下，传统贸易统计对 1995 ~ 2009 年中美贸易顺差平均高估程度近 100%，贸易顺差与贸易利益之间的错配日益严重；第二，整体而言，中国（美国）从双边货物贸易中获利的能力逐渐减弱（增强），双边贸易利益在两国间的分配正在向着对中国愈发不利的局面发展；第三，两国在不同行业价值链分工中呈现不同的分工格局，对于原料型行业和资源加工型行业，中国作为资源输出国处于上游，美国作为资源加工国处于下游，而对于消费型行业，美国处于上游高附加值环节，中国处于下游低附加值环节的分工格局十分明显；第四，两国在不同行业双边贸易中的利益分配格局存在差异，在纺织服装以及皮革鞋类等劳动密集型行业的双边贸易中，两国贸易利益呈现互利共赢局面，而在电子产品等高新技术产品的双边贸易中，两国分工地位的差别导致两国贸易利益体现出较强的竞争属性；第五，中国国内价值增值净出口对导致中美贸易顺差贡献程度逐渐减弱，表明贸易顺差对贸易利益的实际带动作用逐渐减弱。

第五章

全球价值链下的中美双边贸易利益：要素视角

自要素禀赋理论建立以来，对贸易要素含量（factor content of trade）的研究就成为新古典贸易理论的核心内容。HOV（heckscher-ohlin-vanek）模型通过在要素禀赋与净贸易量之间建立确定的数量关系使实证检验以要素禀赋为基础的比较优势成为可能。近年来，以国际生产分割（fragmentation）为表现形式的全球价值链分工（global value chain，GVC）体系得以形成。GVC 分工模式下商品和要素的国际流动，企业行为的国际分布，模糊了贸易利益分配主体之间的界限，贸易收益不再凝结在国家或行业层面，要素成为参与价值链分工的基本单位（李宏艳和王岚，2015）。揭去“商品”这一层面纱，分析一国贸易的要素含量可以更清晰、更本质地了解一国贸易优势所在（刘瑶，2011）。单纯提出国外价值增值还不足以还原贸易利益格局，也不足以明确中国参与国际分工的比较优势，因为当前国际分工体系下要素的跨境流动导致要素可以流动到国外创造价值增值并获取要素报酬。这意味着即使是中国出口中的国内价值增值也会包含外国要素创造的价值增值，同理外国出口中也会包含由中国要素创造的价值增值。唯有从所有权角度厘清中国贸易要素含量，才能从根本上还原中国的贸易获利能力；唯有通过对中国贸易要素含量进行解构，才能识别出中国参与国际分工的比较优势，为中国对外贸易的转型升级以及贸易获利能力的提升寻求方向和空间。

本章首先在厘清 GVC 背景下“贸易要素含量”和“要素贸易”内涵基础上，区分了属权原则和属地原则下双边要素贸易和贸易的要素含量，利用增加值贸易的要素分解方法并基于国家间投入产出表（inter-country input-output tables，ICIOs），提出了适于 GVC 分工体系的双边贸易要素含量和要素贸易的测算框架，并通过将要素贸易分解为直接要素贸易和间接要素贸易，间接反映生产要素的分工位置。进而通过测度中美两国出口要素结构，明确两国参与国际分工比较优势来源；通过测度并分解中美双边要素贸易，检验了 HOV 定理在 GVC 分工体系下的有效性，并从劳动生产率差异、FDI 和离岸生产以及要素收入差异等方面解释其原因，据此提出中国通过改善要素结构实现比较优势动态升级的对策建议。

第一节　增加值贸易要素含量的概念与框架

一、贸易要素含量测算框架

（一）单边贸易要素含量

令 $g=1, \cdots, G$ 表示部门，$i, j=1, \cdots, N$ 表示国家，$f=1, \cdots, K$ 表示生产要素，V_i 表示国家 i 的要素禀赋。令 $A_{ij}(g, h)$ 表示 j 国生产 1 单位 h 产品所需投入的 i 国 g 部门中间品的数量，也即国家间投入产出表（inter-country input-output tables，ICIOs）中的直接消耗系数。写成矩阵形式有：

$$Y_{ij} = A_{ij}Q_j \qquad (5-1)$$

其中，$Q_j(G\times1)$ 表示 j 国产出向量，$A_{ij}(G\times G)$ 表示国家间直接消耗矩阵，Y_{ij} 表示 j 国生产过程中消耗的 i 国中间品。令 $D_i(K\times G)$ 表示要素直接消耗矩阵，其中的元素（f，g）表示 i 国生产单位产品 g 直接消耗的要素 f 的数量。为了确保要素被充分利用，假设 $D_iQ_i = V_i$。国家 j 从国家 i 的进口 M_{ij} 为：

$$M_{ij} = Y_{ij} + C_{ij} \qquad (5-2)$$

其中 C_{ij} 表示 j 国对 i 国最终产品的消费。国家 i 的出口为：

$$X_i = Q_i - A_{ii}Q_i - C_{ii} \qquad (5-3)$$

其中，$A_{ii}Q_i$ 表示用于本国生产的本国中间品，C_{ii} 表示被本国消费的产品。

考虑到国家间生产技术的差异，国家间中间品直接消耗矩阵 A 是一个 $NG\times NG$ 的矩阵：

$$A=\begin{bmatrix} A_{11} & A_{12} & \cdots & A_{1N} \\ A_{21} & A_{22} & \cdots & A_{2N} \\ \vdots & \vdots & \ddots & \vdots \\ A_{N1} & A_{N2} & \cdots & A_{NN} \end{bmatrix} \tag{5-4}$$

矩阵 A 中的非对角线元素表示对进口中间品的消耗。生产矩阵 Q、消费矩阵 C 以及贸易矩阵 T 分别为：

$$Q=\begin{bmatrix} Q_1 & 0 & \cdots & 0 \\ 0 & Q_2 & \cdots & 0 \\ \vdots & \vdots & \ddots & \vdots \\ 0 & 0 & \cdots & Q_N \end{bmatrix}_{(NG\times N)},\quad C=\begin{bmatrix} C_{11} & C_{12} & \cdots & C_{1N} \\ C_{21} & C_{22} & \cdots & C_{2N} \\ \vdots & \vdots & \ddots & \vdots \\ C_{N1} & C_{N2} & \cdots & C_{NN} \end{bmatrix}_{(NG\times N)}$$

$$T=\begin{bmatrix} X_1 & -M_{12} & \cdots & -M_{1N} \\ -M_{21} & X_2 & \cdots & -M_{2N} \\ \vdots & \vdots & \ddots & \vdots \\ -M_{N1} & -M_{N2} & \cdots & X_N \end{bmatrix}_{NG\times N} \tag{5-5}$$

由式（5－2）和式（5－3），有

$$T=Q-AQ-C \tag{5-6}$$

整理得到：$Q=(I-A)^{-1}(C+T)$，其中（C＋T）是消费和贸易的加总，表示最终需求；令 $B\equiv(I-A)^{-1}(NG\times NG)$，也即里昂惕夫逆矩阵，表示最终需求多增加 1 单位所需投入的中间品。定义要素直接消耗矩阵 $D(K\times NG)$：

$$D\equiv[D_1,\ D_2,\ \cdots,\ D_N] \tag{5-7}$$

表示生产 1 单位产出需要投入的要素增加值。定义 $B_F\equiv D(I-A)^{-1}$ 为要素完全消耗矩阵，也即最终需求增加 1 单位所需投入的要素增加值。令 F_i 表示 i 国的贸易实际要素含量，也即生产 i 国净贸易流所需投入世界范围内的所有要素：

$$F_i=B_FT_I \tag{5-8}$$

（二）双边贸易要素含量

1. *要素贸易与贸易的要素含量*

GVC 分工背景下，HOV 定理的内涵是“要素贸易”。如瓦内克（Vanek，1968）所述，“一个劳动丰裕的国家应该出口劳务，而一个资本丰裕的国家应该出口资本”，也即一国应是“其”丰裕要素的净出口国

（Trefler and Zhu，2010）。换言之，一国应该是“它所拥有的”相对丰裕要素的净出口国，而不是该国净出口中蕴含较多的“该类”要素。具体到双边层面，假设 r 国是相对劳动丰裕的，S 国是相对资本丰裕的。按照 HOV 定理，通过双边贸易 S 国实现了对 r 国的资本要素的净出口（$K_{sr}-K_{rs}>0$）；同时，r 国实现了对 S 国的劳动要素净出口（$L_{rs}-L_{sr}>0$）。剔除贸易失衡的影响，双边层面上 HOV 定理成立至少应意味着 r 国对 S 国出口的劳动/资本比（$(L/K)_{rs}$）要高于 S 国对 r 国出口的劳动/资本比（$(L/K)_{sr}$），也即（$(L/K)_{rs}>(L/K)_{sr}$。

2. *双边要素贸易*

根据上述分析，在计算双边贸易要素含量时，需要剔除其他国家要素的贡献，但同时要考虑两国与第三国之间的贸易，因为要素可能通过第三国在两国之间流动。定义 r 国和 S 国要素直接消耗矩阵 D_r 和 $D_s(K\times G)$。同时剔除其他国家要素贡献，得到单独考虑一国要素时的直接消耗矩阵 D^r 和 $D^s(K\times NG)$：

$$D^r\equiv[0,\ \cdots,\ D_r,\ \cdots,\ 0],\ D^s\equiv[0,\ \cdots,\ D_s,\ \cdots,\ 0] \quad (5-9)$$

令 $B_F^r=D^r(I-A)^{-1}=D^rB(K\times NG)$，$B_F^s=D^s(I-A)^{-1}=D^sB(K\times NG)$ 分别表示 r 国和 S 国生产要素完全消耗矩阵。剔除 T 矩阵中的第 r 列和第 s 列，并使对角元素为零，也即 r 国和 S 国出口为零，就可以得到 r 国和 S 国的进口矩阵 M_r 和 $M_s(NG\times 1)$：

$$M_r=\begin{bmatrix} M_{1r} \\ \vdots \\ 0 \\ \vdots \\ M_{Nr} \end{bmatrix},\ M_s=\begin{bmatrix} M_{1s} \\ \vdots \\ 0 \\ \vdots \\ M_{Ns} \end{bmatrix} \quad (5-10)$$

将 r 国生产要素完全消耗矩阵与 S 国进口矩阵相乘，就可以得到 S 国进口产品生产过程对 r 国生产要素的完全消耗，也即 r 国对 S 国的要素出口 $F_{rs}(K\times 1)$：

$$F_{rs}=D^r(I-A)^{-1}M_s=B_F^rM_s \quad (5-11)$$

类似的，S 国对 r 国的要素出口 $F_{sr}(K\times 1)$ 为：

$$F_{sr}=D^s(I-A)^{-1}M_r=B_F^sM_r \quad (5-12)$$

两国净要素贸易 FB_{sr} 为：

$$FB_{rs}=F_{rs}-F_{sr}=B_F^rM_s-B_F^sM_r \quad (5-13)$$

进一步，将双边要素贸易进一步分解为直接要素贸易（direct factor

trade）和间接要素贸易（indirect factor trade）。以 r 国对 S 国的要素出口为例，直接要素出口指被包含在 r 国对 S 国出口中的 r 国要素含量，也即 r 国对 S 国出口国内价值增值（domestic value added）中的要素含量；间接要素出口指包含在 S 国从第三国进口中的 r 国要素含量。

令 r 国对 S 国的出口矩阵 E_{rs} 以及 S 国对 r 国的出口矩阵 E_{sr} 为：

$$E_{rs}=\begin{bmatrix}0\\ \vdots\\ e_{rs}\\ \vdots\\ 0\end{bmatrix}_{(NG\times1)},\quad E_{sr}=\begin{bmatrix}0\\ \vdots\\ e_{sr}\\ \vdots\\ 0\end{bmatrix}_{(NG\times1)} \tag{5-14}$$

其中，$e_{rs}(N\times1)$ 表示 r 国对 S 国的出口向量，$e_{sr}(N\times1)$ 表示 S 国对 r 国的出口向量。r 国对 S 国的直接要素出口 F_{rs}^{DVA} 以及 S 国对 r 国的直接要素出口 F_{sr}^{DVA} 分别为：

$$F_{rs}^{DVA}=B_F^rE_{rs},\quad F_{sr}^{DVA}=B_F^sE_{sr} \tag{5-15}$$

r 国对 S 国的间接要素出口 F_{rs}^{INDIC} 为：

$$F_{rs}^{INDIC}=F_{rs}-F_{rs}^{DVA}=B_F^rM_s-B_F^rE_{rs}=B_F^r(M_s-E_{rs}) \tag{5-16}$$

也即 S 国从第三国进口中蕴含的 r 国要素含量。S 国对 r 国的间接要素出口 F_{sr}^{INDIR} 为：

$$F_{sr}^{INDIC}=F_{sr}-F_{sr}^{DVA}=B_F^sM_r-B_F^sE_{sr}=B_F^s(M_r-E_{sr}) \tag{5-17}$$

分解直接要素出口和间接要素出口的意义在于：一方面，直接要素出口在总要素出口中占比越多，表明贸易双方在价值链上的位置越接近，如果间接要素出口占比越大，则意味着贸易双方在价值链上的位置相对较远；另一方面，间接要素出口在总要素出口中占比越大，双边净贸易要素含量在反映两国要素禀赋时的偏差越大。

二、数据

本部分所使用的投入产出数据和贸易数据均来自世界投入产出数据库（world input-output database，WIOD）中的世界投入产出表以及社会—经济账户表（socio-economic accounts，SEAs）。SEAs 提供了劳动和资本两种生产要素对各经济体特定行业增加值中的贡献，同时根据劳动的平均受教育年限将劳动要素分解为高技术劳动、中技术劳动以及低技术劳动。利用 SEAs 中的数据，可以计算出各经济体特定行业单位产出对资本、高技术劳动、中技术劳动以及低技术劳动四种生产要素的直接消耗系数。

第二节　中美增加值贸易的要素分解

一、中国贸易增加值要素含量解构

（一）总体分析

表5－1中对1995年、2000年、2005年及2009年的中国出口国内价值增值以及进口中的国外价值增值进行了要素分解。从表中可以看到：

第一，与劳动要素相比，中国在资本出口上的优势更加明显。首先，中国的资本要素净出口规模大于劳动要素，从表5－1中可以看到，2009年中国资本要素和劳动要素同时出现净出口，资本要素净出口4115亿美元的规模远高于劳动441亿美元的规模。其次，中国的资本要素先于劳动要素实现净出口，从表中可以看到，2000年在中国整体贸易增加值出现逆差的情况下，中国资本要素扭转1995年的逆差状态实现70亿美元的净出口，而劳动要素依然维持着净进口状态，并于2009年实现净出口。

第二，中国劳动要素净出口主要依靠低技术劳动，在中高技术劳动上中国则处于净进口地位。从表中可以看到，中国在低技术劳动力上始终处于净出口地位且规模逐年扩大；与低技术劳动相反，中国在高技术劳动上处于净进口地位，且净进口规模逐渐扩大，从1995年的284亿美元增长到2009年的999亿美元；对于中技术劳动，中国也处于净进口地位，但是规模在逐渐收窄。以上情况表明，中国参与国际分工的主要优势来源是低技术劳动；而在中高技术劳动上仍存在劣势。

表5－1　　中国贸易增加值的要素含量　　单位：10亿美元

	1995年			2000年		
	出口的国内价值增值	进口的国外价值增值	要素净出口	出口的国内价值增值	进口的国外价值增值	要素净出口
总计	120.8	187.1	－66.3	181.4	227.5	－46.1
资本	61.2	71.6	－10.4	99.6	92.6	7.0

续表

		1995 年			2000 年		
		出口的国内价值增值	进口的国外价值增值	要素净出口	出口的国内价值增值	进口的国外价值增值	要素净出口
劳动		59.7	115.5	-55.8	81.8	134.9	-53.2
其中：	高技术	1.6	30.0	-28.4	3.5	41.2	-37.7
	中技术	19.7	58.7	-39.0	33.3	68.8	-35.5
	低技术	38.4	26.8	11.6	44.9	24.9	20.1
		2005 年			2009 年		
		出口的国内价值增值	进口的国外价值增值	要素净出口	出口的国内价值增值	进口的国外价值增值	要素净出口
总计		488.5	472.4	16.2	1118.8	663.2	455.6
资本		293.1	205.9	87.2	697.9	286.4	411.5
劳动		195.4	266.4	-71.1	421.0	376.9	44.1
其中：	高技术	14.6	93.5	-78.9	38.2	138.1	-99.9
	中技术	75.6	132.6	-57.0	156.6	185.7	-29.1
	低技术	105.1	39.9	65.2	226.2	53.1	173.1

资料来源：笔者根据 WIOD 数据库相关数据计算得出。

表 5-2 在表 5-1 的基础上，进一步明确了中国出口增加值和进口增加值的要素结构。从表 5-2 中可以发现：第一，资本（劳动）在中国出口增加值中的比例逐年提升（下降），导致中国出口和进口增加值中的资本/劳动比同时提升。第二，中国出口增加值中的资本/劳动比始终高于进口，且差距逐渐扩大，这表明相对于进口，中国出口优势更多地集中在资本密集型环节，而不是劳动密集型环节。这与中国属于劳动相对丰裕国家的一般认识不符，需要进一步解释。第三，中国出口增加值中的劳动要素结构正在优化，体现为中、高技术劳动在中国出口劳动增加值中占比稳步提高，而低技术劳动占比下降。第四，从中国进口增加值中劳动要素结构变化趋势看，高技术劳动在中国进口劳动增加值中比例提升，低技术劳动比例逐渐下降，中技术劳动占比保持平稳。高技术劳动在中国出口和进口劳动增加值中占比的同时提高，低技术劳动在中国出口（进口）劳动增加值中比例的下降（提高），表明中国参与 GVC 分工的环节正在向着高技术

劳动密集环节移动，正在附加值更高的环节或链条上与其他国家形成生产共担关系，出现了积极的转型升级迹象。

表 5-2　　中国贸易增加值的要素结构　　单位：%

		1995 年		2000 年	
		出口的国内价值增值	进口的国外价值增值	出口的国内价值增值	进口的国外价值增值
资本		50.6	38.3	54.9	40.7
劳动		49.4	61.7	45.1	59.3
资本/劳动		1.02	0.62	1.22	0.69
其中：	高技术劳动	2.6	25.9	4.3	30.6
	中技术劳动	33.0	50.8	40.7	51.0
	低技术劳动	64.4	23.2	55.0	18.4
		2005 年		2009 年	
		出口的国内价值增值	进口的国外价值增值	出口的国内价值增值	进口的国外价值增值
资本		60.0	43.6	62.4	43.2
劳动		40.0	56.4	37.6	56.8
资本/劳动		1.50	0.77	1.66	0.76
其中：	高技术劳动	7.5	35.1	9.1	36.6
	中技术劳动	38.7	49.8	37.2	49.3
	低技术劳动	53.8	15.0	53.7	14.1

资料来源：笔者根据 WIOD 数据库相关数据计算得出。

（二）分行业

从图 5-1 中可以看到，中国绝大多数行业出口的资本/劳动比都出现提升。在上述趋势的推动下，中国出口整体的资本劳动比从 1995 年的 1.02 提高到 2009 年的 1.66。换言之，资本对中国出口国内增加值的贡献程度高于劳动，中国出口国内增加值中的资本密集度在逐渐增强。在 16 个行业中，资本密集度高的行业主要集中在基础金属和合金制造业（C12）、煤炭、炼油和核燃料业（C8）、电子和光学设备制造业（C14）

以及其他制造业及回收业（C16）；资本密集度低的行业主要集中在初级制品行业（如农林牧渔业、食品饮料和烟草制品业）以及传统的劳动密集型行业（如纺织原料及其制品业、皮革、皮革制品和鞋类制品业等）。

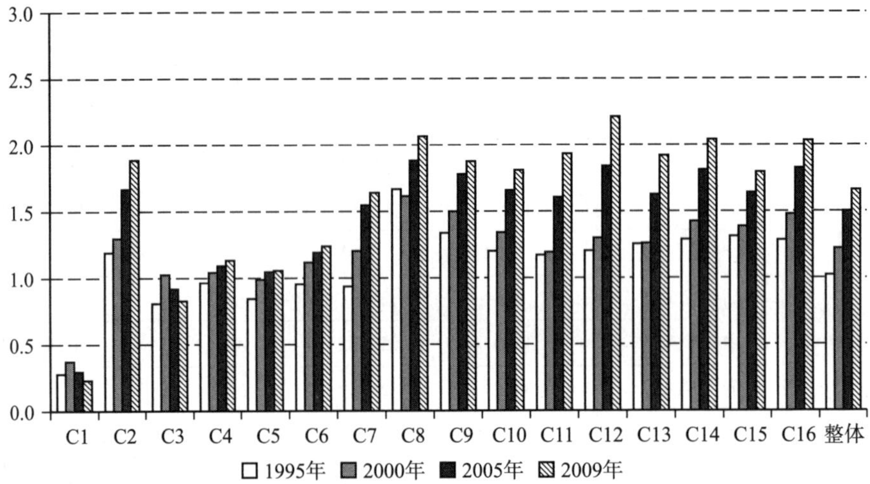

图 5－1　中国各行业出口国内增加值中的资本/劳动比

资料来源：笔者根据 WIOD 数据库相关数据计算得出。

图 5－2 进一步将劳动要素增加值分解为高技术劳动含量、中技术劳动含量以及低技术劳动含量，并对 1995 年和 2009 年的劳动要素结构进行了比较。从图中可以看到，密集使用低技术劳动、部分依赖中技术劳动，较少投入高技术劳动是中国各行业的普遍特征。表现在，在中国制造业出口的劳动增加值中低技术劳动贡献最高（53.7%），中技术劳动次之（37.2%），高技术劳动最低（9.1%）。

对比发现，中国劳动要素增加值结构正在优化，低技术劳动占比下降（皮革、皮革制品和鞋类制品业（C5）除外），高技术劳动占比提升，中技术劳动占比保持相对稳定是各行业的普遍趋势。这一点在基础金属和合金制造业（C12）、机械设备制造业（C13）、电子和光学设备制造业（C14）以及运输设备制造业（C15）等行业体现得尤为明显。而农业、畜牧业、林业和渔业（C1）、食品饮料和烟草制品业（C3）、纺织原料及其制品业（C4）、皮革、皮革制品和鞋类制品业（C5）、木材及其制品业（C6）等传统劳动密集型行业的劳动要素结构优化并不显著，低技术劳动在上述行业劳动增加值中的比例下降的并不明显。以皮革、皮革制品和鞋类制品业（C5）行业为例，该行业中低技术劳动对增加值的贡献度出现了提升，与之伴随的是高技术劳动占比的小幅提升以及中技术劳动占比的下降，导致中高技术劳动在上述行业出口劳动增值中的比例提升并不明显。

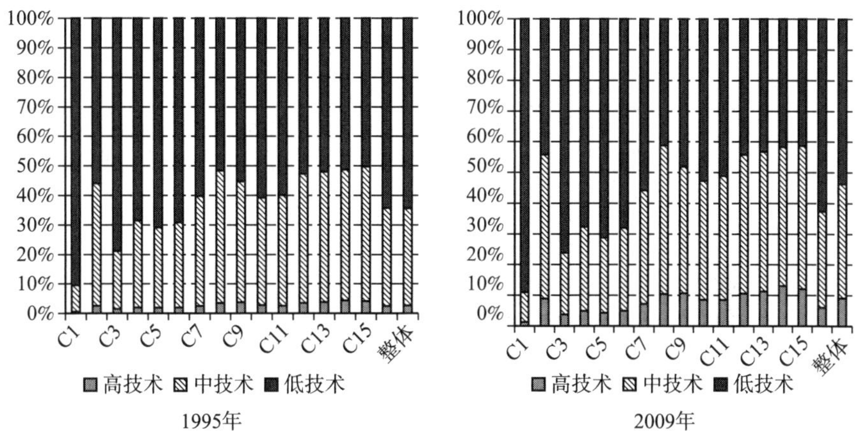

图 5－2　各技术层次劳动在中国出口劳动增加值中的比重（1995 年和 2009 年）

资料来源：笔者根据 WIOD 数据库相关数据计算得出。

二、美国贸易增加值要素含量解构

（一）总体分析

表 5－3 对 1995 年、2000 年、2005 年以及 2009 年美国出口的国内价值增值以及进口中的国外价值增值进行了要素分解。对比表 5－1 和表 5－3 可以看到，与中国贸易要素含量相比，美国的贸易要素结构呈现出截然不同甚至是相反的特征：首先，与中国要素净出口规模逐渐增长不同，美国要素净进口规模在不断扩大；其次，美国和中国在要素禀赋上存在强烈的互补性，表现在美国既是资本要素的净进口国，也是劳动要素的净进口国，且资本要素净进口规模大于劳动要素，表明美国参与 GVC 分工的优势来源已经不再是普遍认知中的资本要素，比较优势来源正在发生变化；最后，低技术劳动是美国劳动净进口的主要部分，中技术劳动次之，而美国高技术劳动的净出口充分体现了其发达国家的要素禀赋特征。

表 5 - 3　　美国贸易增加值的要素含量　　单位：10 亿美元

		1995 年			2000 年		
		出口的国内价值增值	进口的国外价值增值	要素净出口	出口的国内价值增值	进口的国外价值增值	要素净出口
总计		444.9	510.7	-65.8	559.3	790.0	-230.8
资本		176.2	215.0	-38.8	209.5	366.8	-157.3
劳动		268.7	295.7	-26.9	349.8	423.3	-73.5
其中：	高技术	94.6	61.5	33.0	139.2	100.8	38.4
	中技术	152.3	160.0	-7.7	188.1	230.9	-42.8
	低技术	21.9	74.2	-52.3	22.5	91.6	-69.0
		2005 年			2009 年		
		出口的国内价值增值	进口的国外价值增值	要素净出口	出口的国内价值增值	进口的国外价值增值	要素净出口
总计		623.6	1069.0	-445.4	754.7	977.1	-222.3
资本		253.6	533.6	-280.0	329.7	504.5	-174.7
劳动		370.0	535.3	-165.4	425.0	472.6	-47.6
其中：	高技术	162.8	138.7	24.1	197.5	126.6	70.9
	中技术	186.3	285.1	-98.8	206.2	243.4	-37.2
	低技术	20.9	111.6	-90.7	21.3	102.6	-81.3

资料来源：笔者根据 WIOD 数据库相关数据计算得出。

比较中美增加值贸易的结构可以发现，出口和进口增加值中的资本/劳动比同时提高是两国共同的特征（见表 5 - 4），表明 GVC 分工下无论是发达国家还是发展中国家，对资本的依赖程度都在提高。但是两国的差别也是很显著的：第一，美国出口中的资本/劳动比低于进口，意味着在 GVC 中美国正在专业化从事高度依赖高技术工人的技术密集型生产环节，而不是资本密集型生产环节；第二，美国出口（进口）中的资本/劳动比低于（高于）中国，表明中国作为发展中国家，正在依靠资本优势参与国际分工，而美国作为发达国家，正在依靠高技术劳动优势参与国家分工；第三，与中国劳动要素出口主要依靠低技术劳动不同，美国较高的资本/劳动比主要源于高技术劳动贡献的价值增值。因此，如果单纯考虑资本和劳动两种要素，中美两国的比较优势看上去与 HO 理论不符，但是通过分解两国劳动要素结构，可以发现中国的比较优势主要源自资本和低技术劳动，而美国则主要源于高技术劳动，这是符合对两国要素禀赋的认识的。

表 5－4　美国增加值贸易的要素结构　单位：%

		1995 年		2000 年	
		出口的国内价值增值	进口的国外价值增值	出口的国内价值增值	进口的国外价值增值
资本		39.6	42.1	37.5	46.4
劳动		60.4	57.9	62.5	53.6
资本/劳动		0.66	0.73	0.60	0.87
其中：	高技术劳动	35.2	20.8	39.8	23.8
	中技术劳动	56.7	54.1	53.8	54.6
	低技术劳动	8.1	25.1	6.4	21.6
		2005 年		2009 年	
		出口的国内价值增值	进口的国外价值增值	出口的国内价值增值	进口的国外价值增值
资本		40.7	49.9	43.7	51.6
劳动		59.3	50.1	56.3	48.4
资本/劳动		0.69	1.00	0.78	1.07
其中：	高技术劳动	44.0	25.9	46.5	26.8
	中技术劳动	50.4	53.3	48.5	51.5
	低技术劳动	5.6	20.8	5.0	21.7

资料来源：笔者根据 WIOD 数据库相关数据计算得出。

（二）分行业

从图 5－3 中可以看到，与中国绝大多数行业资本/劳动比大于 1 不同，美国绝大多数行业的资本/劳动比均小于 1。[①] 同时，美国并不是所有行业出口增加值中的资本/劳动比都提升。皮革、皮革制品和鞋类制品业

① 矿业和采掘业（C2）；煤炭、炼油和核燃料（C8）两个行业除外。

（C5）以及电子和光学设备制品业（C14）的资本/劳动比出现了下降。从图中可以看到，美国上述两行业出口增加值中的资本/劳动比分别从1995年的0.53和0.62下降到2009年的0.37和0.47。劳动要素越发成为上述行业出口增加值的主要来源，而资本的贡献在逐渐减弱。同样的特征对两个不同类型的行业意义却不同：皮革、皮革制品和鞋类制品业（C5）作为典型的劳动密集型行业，生产分割程度不高，其出口增加值中劳动占比提高表明，美国该行业的生产正在摆脱资本密集型的大规模机械生产，向着设计、研发等与人力资本密切相关的生产环节转移；电子和光学设备制品业（C14）是GVC分工很典型的行业，美国通过从事设计研发等环节处于该行业GVC中的上游阶段，该行业出口增加值中资本/劳动比的下降意味着这一分工模式正在进一步强化。

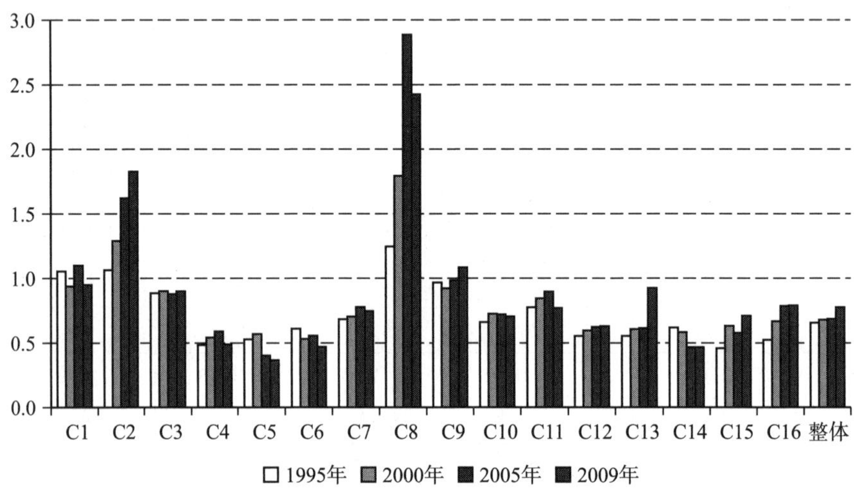

图5-3 美国各行业出口增加值中的资本/劳动比

资料来源：笔者根据WIOD数据库相关数据计算得出。

图5-4进一步将美国出口中的劳动要素增加值分解为高技术劳动含量、中技术劳动含量以及低技术劳动含量，并对1995年和2009年的情况进行比较。对比图5-2和图5-4可以看出，中高技术劳动在美国各行业出口劳动增加值中的比例明显高于中国，而低技术占比则明显低于中国。进一步对比1995年和2009年可以发现，美国劳动要素增加值结构也在优化，低技术劳动占比下降，高技术劳动占比提升，中技术劳动占比保持相对稳定是各行业的普遍趋势。与中国高技术劳动贡献度提升以中技术劳动

贡献度降低为代价不同，美国高技术劳动占比提升主要“挤出”的是低技术劳动，从而实现中高技术劳动整体贡献度的提高，可见美国劳动要素增加值结构的优化更加显著。

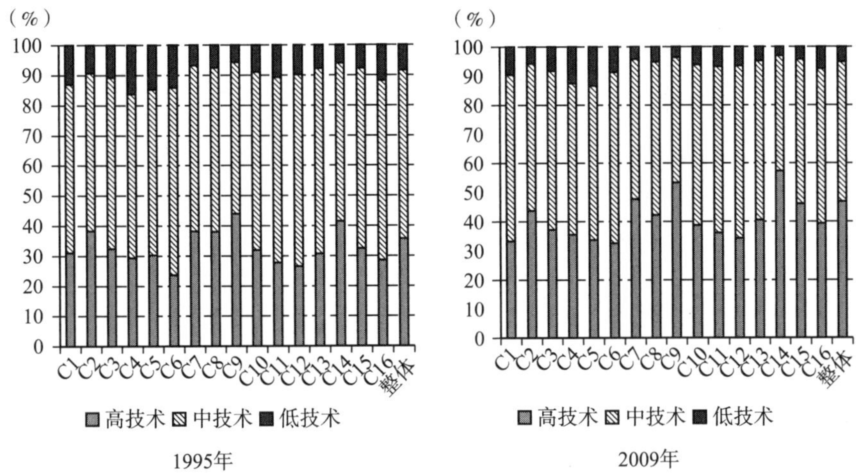

图 5-4　各技术层次劳动在美国出口劳动增加值中的比重（1995 年和 2009 年）

资料来源：笔者根据 WIOD 数据库相关数据计算得出。

第三节　HOV 定理在中美双边贸易层面的检验

一、中美要素禀赋结构

为了明确中美两国要素丰裕类型，本文利用 WIOD 数据库中 SEA 表提供的各经济体实际资本存量①（real fixed capital stock）和参与生产人数（number of persons engaged）计算了中美两国全行业的人均资本（见图 5-5）旨在明确两国的要素丰裕类型。从图中可以看到，美国的人均资本数量远远高于中国，表明与中国相比，美国是一个资本相对丰裕的国家。

要素价格也是反映要素丰裕度的重要指标。利用程大中、李韬和姜彬（2015）的方法，本文计算了中美两国全行业资本和劳动要素价格。资本

① 经过 1995 年价格指数平减。

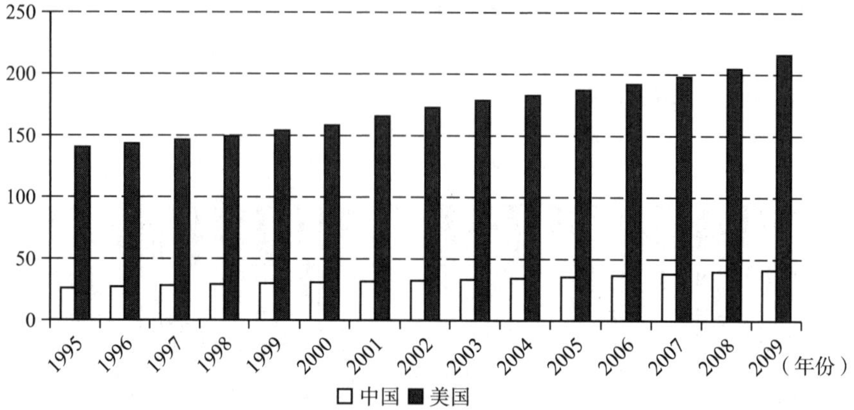

图 5-5 中美要素数量比较（1995~2009 年）

资料来源：WIOD 数据库 SEA 表。

价格等于实际资本报酬除以实际资本存量（也即资本报酬率），其中资本报酬与资本存量分别按增加值价格指数与资本形成价格指数（以 1995 年为基期）进行平减；劳动价格等于劳动报酬除以劳动者人数，其中劳动报酬按增加值价格指数（以 1995 年为基期）进行缩减。从图 5-6 中可以看到，中国资本要素价格高于美国，美国劳动要素价格高于中国，两国要素价格差异逐渐扩大。再一次表明中国是劳动相对丰裕国家，美国是资本相对丰裕国家。按照 HOV 定理，中国对美要素出口的资本/劳动比应低于美国对中国要素出口。

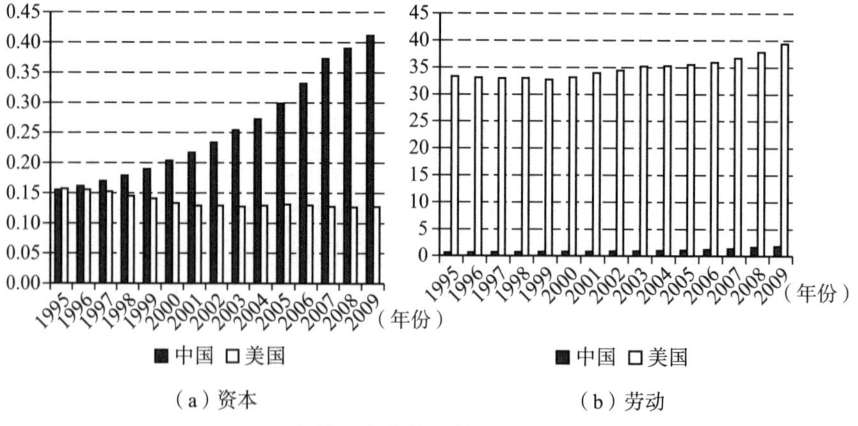

图 5-6 中美要素价格比较（1995~2009 年）

资料来源：根据 WIOD 数据库 SEA 表数据计算整理。

二、中美双边要素贸易

从表5－5中看到，在双边要素贸易中，中国始终处于顺差地位，且顺差规模不断扩大。细化到要素贸易结构，中国在劳动、资本两种要素上都处于净出口地位，且资本净出口大于劳动要素净出口。以上现象表明，在中美双边贸易中，中国扮演的是资本丰裕国家，而美国扮演的则是劳动丰裕国家，这不符合HOV定理！

表5－5　　中美双边要素贸易　　单位：10亿美元

		1995年			2000年		
		中国对美国的要素出口	美国对中国的要素出口	中国要素净出口	中国对美国的要素出口	美国对中国的要素出口	中国要素净出口
总计		50.4	32.6	17.9	101.4	38.6	62.8
资本		26.5	13.4	13.2	56.9	14.5	42.4
劳动		23.9	19.2	4.7	44.5	24.0	20.4
其中：	高技术	0.7	6.9	－6.2	2.0	10.0	－8.0
	中技术	8.4	10.7	－2.3	18.5	12.6	5.9
	低技术	14.8	1.6	13.2	24.0	1.5	22.5
		2005年			2009年		
		中国对美国的要素出口	美国对中国的要素出口	中国要素净出口	中国对美国的要素出口	美国对中国的要素出口	中国要素净出口
总计		206.2	67.8	138.3	252.2	99.6	152.6
资本		125.7	27.1	98.6	159.9	42.1	117.8
劳动		80.5	40.8	39.7	92.3	57.5	34.9
其中：	高技术	5.9	18.9	－13.0	8.3	27.4	－19.0
	中技术	31.0	19.7	11.3	34.4	27.2	7.2
	低技术	43.6	2.2	41.4	49.6	2.9	46.8

资料来源：笔者根据WIOD数据库相关数据计算得出。

对比中美双边要素结构（见图5－7），可以发现：第一，1995～2009年，中国对美国要素出口资本/劳动比始终大于1且逐年提高，表明中国对美国出口的要素结构与理论预期偏离程度逐渐增强；第二，美国对中国要素中的资本/劳动比始终小于1，从2000年开始小幅提高，意味着美国对中国出口的要素结构偏离理论预期，但是偏离程度逐渐减弱；第三，中国对美国出口的资本/劳动比高于中国整体出口，这意味着与中国对其他国家出口相比，中国对美要素出口具有更加明显的资本倾向性，体现出美国作为中国出口伙伴的特殊性；第四，美国对中国要素贸易结构与美国整体出口和中国整体进口水平基本一致，2005年美国对中国要素出口中的资本/劳动比低于美国整体出口，表明相对于美国对其他国家的要素出口，美国对中国要素出口具有更高的劳动密集度，高技术劳动力在其中发挥了重要作用。以上因素是导致中国对美资本净出口大于劳动净出口的主要原因。

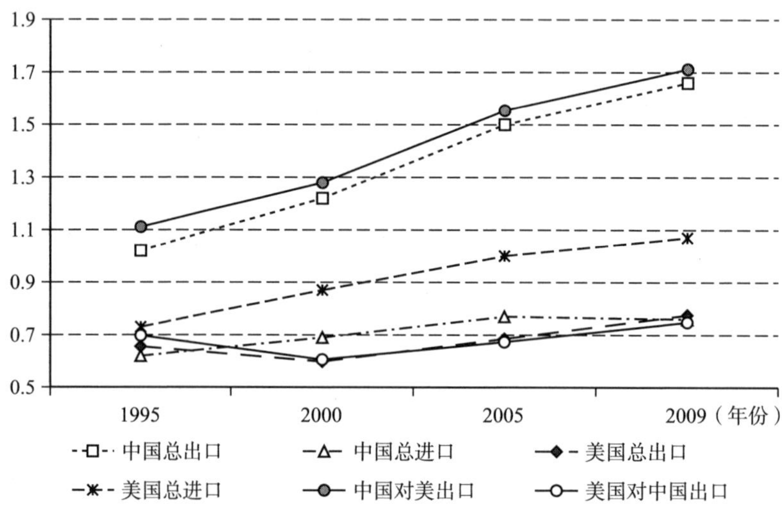

图5-7 中美要素贸易资本/劳动比

资料来源：笔者根据WIOD数据库相关数据计算得出。

三、中美双边直接要素贸易与间接要素贸易

从图5-8和图5-9中可以看到，直接要素出口占比下降，间接要素出口占比上升，是中美双边贸易的重要特征。这表明随着GVC分工的发展，价值链在逐渐延伸，产品生产经历的环节在逐渐增长。同时也意味着，如果只考虑双边贸易中的直接要素贸易，会漏掉大量蕴含在两国间接

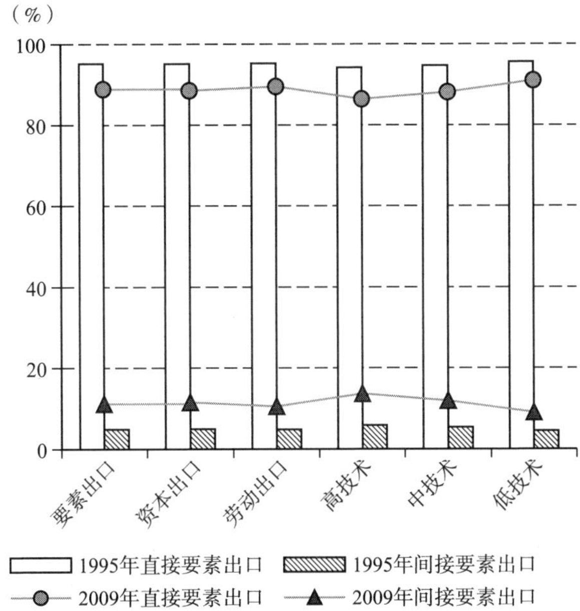

图 5-8　中国对美要素出口结构

资料来源：笔者根据 WIOD 数据库相关数据计算得出。

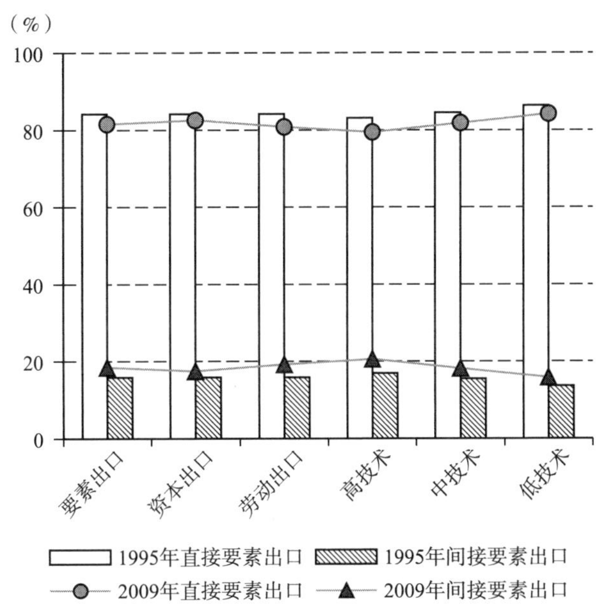

图 5-9　美国对中国要素出口结构

资料来源：笔者根据 WIOD 数据库相关数据计算得出。

贸易中的中美两国要素价值增值从而导致偏差。从图 5－8 和图 5－9 中还可以发现，间接要素出口在中国对美出口中的占比低于它在美国对中国要素出口的占比，表明与中国各要素相比，美国要素经历的贸易流转更多，参与的生产环节更加靠近价值链上游。在各种生产要素中，劳动的技术层次越高，间接出口比例越高，表明高技术工人参与设计研发等上游生产环节生产，而低技术工人从事加工装配等生产环节生产是 GVC 分工的一个重要特征。

四、进一步讨论

根据上文分析可知，中美双边贸易中的资本/劳动比均不符合 HOV 定理的预期。那么是什么原因导致中美双边要素贸易与两国要素禀赋并不匹配？笔者认为至少存在以下几方面原因。

第一，劳动生产率的差异。美国各技术层次劳动相对于中国更高的劳动生产率①是导致美国出口中蕴含更多劳动增加值的关键因素。从图 5－10 中可以看到，1995～2009 年，美国各技术层次劳动要素的生产率始终高于中国，美国在高技术劳动上的生产率优势最为明显，其次为低技术

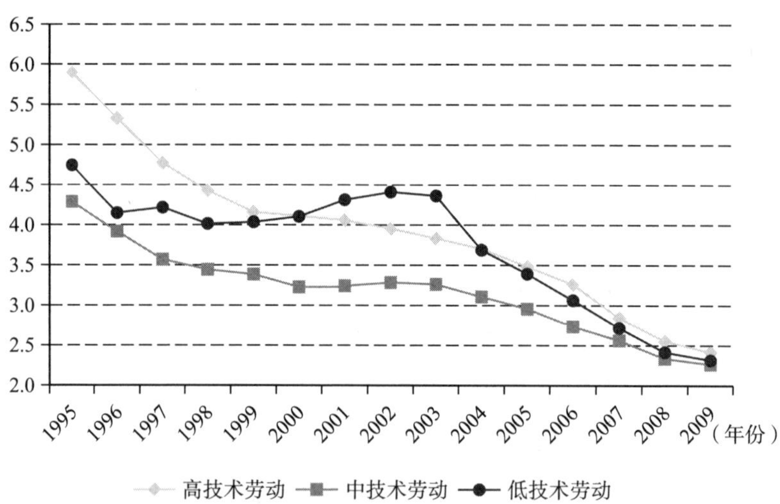

图 5－10　中美各技术层次劳动全行业生产率比值（1995～2009 年）

资料来源：笔者根据 WIOD 数据库相关数据计算得出。

① 用单位小时创造的价值增值衡量。

劳动和中技术劳动。如果利用经过劳动生产率调整后的有效要素禀赋，美国将成为劳动丰裕国家，而中国则成为资本丰裕国家。由此，中美双边要素贸易就符合两国实际要素禀赋。同时，值得关注的是中美两国劳动生产率的差异在快速收敛，这一点在高技术劳动上体现得尤为明显。而两国低技术劳动生产率差异在中国入世后出现了扩大。考虑其原因，中国入世后，通过加工贸易参与国际分工的贸易得以强化，中国低技术劳动被锁定在加工装配等低增值环节，压低了中国该类要素的生产率。

第二，FDI 与离岸生产（offshoring）。GVC 分工体系下，跨国公司通过 FDI 或外包（outsourcing）等方式将要素密集度不同的生产阶段安排在不同的经济体。在此过程中，劳动密集型生产环节成为跨国公司向发展中国家主要布局的生产环节。对于美国而言，低技术环节的离岸导致本国低技术劳动从原所在部门释放，增加了低技术劳动的相对供给，降低了低技术工人的工资以及议价能力，而资本要素则会因企业离岸获得更多的利润而获得更高的要素报酬。二者共同作用降低（提高）了劳动（资本）在美国出口增加值中的比重[①]。对中国而言，美国跨国公司对中国的 FDI 促使中国以加工装配者的角色融入其主导的 GVC 中。在此过程中，美国对华 FDI 发挥了重要作用。一方面，以 FDI 为纽带美国跨国公司实现了美国资本与中国廉价劳动力的结合，在一定程度上改变中国的要素禀赋结构，导致中国国内生产过程出现资本密集化；另一方面，考虑到美国企业可以用本土（美国）生产技术实现美国资本和中国廉价劳动的结合，这相当于提高了美国在华企业资本的生产率，从而提高资本在要素收益中的份额。

第三，生产要素的影子流动（shadow migration）。正如在上文所言，离岸生产的本质是母国生产技术与东道国生产要素的结合。由此产生的生产工序分工或任务贸易（trade in task）会由于以下原因导致 HOV 定理的失效：一是母国生产技术和东道国生产技术不同；二是即使假设生产技术不受要素价格影响，母国生产技术与东道国生产技术存在非位似（non-homothetic）差异，除非假设母国与东道国相比存在希克斯中性技术进步；三是东道国的企业有的采用本国生产技术，有的则采用母国生产技术。鉴于以上原因，鲍德温和罗伯特 - 尼克劳德（Baldin and Robert - Nicloud, 2014）提出生产要素影子移动概念，主要指当东道国的母国外资企业雇佣

---

① 费恩斯特拉和汉森（1997）关于美国对墨西哥离岸生产对两国资本和劳动收入影响研究的结果表明，美国通过将低技术劳动密集型生产环节转移到墨西哥生产，提高了本土生产中的高技术密集度，进一步强化了美国在其丰裕要素上的优势。

东道国的生产要素同时利用母国生产技术进行生产时，离岸生产或 FDI 对要素价格的影响类似于东道国要素流入母国，但与移民不同的是母国支付给该类要素的报酬是东道国工资而不是母国工资。鲍德温和罗伯特 - 尼克劳德（2014）进而表明，如果利用经过影子流动调整后的要素禀赋，HOV 定理则依然成立。

小　　结

本部分在 GVC 分工背景下，构建同时考虑国家间生产技术差异和中间品贸易的贸易要素含量测度框架，基于 HOV 模型的基本思想，对中美两国贸易中的要素含量以及双边要素贸易已经进行衡量和解构，得出以下结论。

首先，中美贸易中的要素含量并不符合 HOV 理论的预期。主要体现在：一方面，中国出口增加值中的资本/劳动比高于进口，而美国出口中的资本/劳动则低于进口；另一方面，在双边要素贸易中，中国对美出口增加值中的劳动/资本高于美国对中国出口，且中国对美要素出口结构偏离理论预期程度逐渐提高，美国对中国要素出口结构偏离理论预期的程度逐渐减弱。本章认为劳动率生产率差异、FDI 和离岸生产以及 GVC 分工体系下生产要素的影子流动是造成中美贸易要素含量不符合 HOV 定理的潜在原因。其中，美国跨国公司通过 FDI 利用中国廉价劳动力加工装配最终产品返销美国的分工格局是导致中美要素结构偏离理论预期的深层次原因。

其次，中美两国劳动要素结构均在优化，但是中国仍存在较大差距。本章结果表明高技术劳动对中美两国出口增加值中的贡献都在提升，而低技术劳动的贡献逐渐下降，而两国劳动要素结构的优化路径存在差异。与发达国家相比，中国劳动力要素结构还存在较大的差距，同时也具有较大的改善空间。

最后，中美两国在要素结构还体现出非常显著的互补性，导致美国凭借其在高技术劳动方面的优势处在价值链分工中研发设计等上游环节，而中国则依靠在低技术劳动上的优势主要从事加工装配等下游环节。因此，优化贸易增加值的要素结构是中国促进贸易转型升级的重要抓手，尤其要注重中高技术劳动工人的培养，提高技术型工人在中国整体劳动力队伍中的比重。这一点对于处在经济转型期的中国来说具有较为重要的政策含义。

第六章

全球价值链下的中美双边贸易利益：企业视角

跨国公司主导的全球价值链分工体系，使国际分工的层次从产品细化到产品的生产环节。全球价值链分工体系下，以属地原则为统计标准，以商品总值为统计口径的传统贸易统计已经无法反映国际贸易以及贸易利益分配的真实情况。以“所有权”贸易统计体系和“增加值”贸易统计体系为代表的新型贸易统计方法营运而生。两种方法从统计对象和统计口径角度对传统贸易体系进行了调整。中国作为利用外资大国和加工出口大国，传统贸易统计严重高估了中国贸易差额，导致贸易差额和贸易利益的严重分化。运用两种新型贸易统计调整中国贸易统计数据，将还原中国真实贸易利益，修正贸易差额与贸易利益的背离，优化贸易环境，有利于中国对外贸易的健康发展。

从统计范围来看，当前世界通行的贸易差额核算是按照国际货币基金组织 1993 年制订的《国际收支手册（第 5 版）》（Balance of Payment Manual，BPM5）的体系进行编报的。根据 BPM5 的标准，对“居民”的判定依据的是“属地”原则，也即常住一国的自然人算作该国的“居民”而不论其国籍如何；而常驻一国境内经营业务的组织也称作该国的“居民”而不论其所有权的归属。这一统计规则下，中国对外贸易中包含了常驻中国但却归属于国外企业的附属机构①，也即外商投资企业进行的国际贸易。2016 年，在华外商投资企业对同期中国对外贸易总额、出口额以及进口额的贡献率分别达到 45.8%、43.7% 及 48.5%。其中，外商投资企业加工贸易出口总额为 5942.5 亿美元，占外商投资企业总出口的 35.2%，占同

① 需要注意的是，一国在外国的商业组织通常是 FDI 的产物。作为一种简化，本文统称其为国外附属机构（foreign affiliates）。

期中国加工贸易总出口的83.0%。同年，中国外商投资企业实现的贸易差额达到1757.4美元，对中国对外贸易顺差的贡献程度达到29.6%。因此，当世界经济一体化方式由传统的国际贸易深入到资本、技术等生产要素的国际流动时，属地统计往往会高估发展中国家在国际分工中的贸易利得，而采用所有权标准能更好地反映参与国际分工的利得。

第一节 文献综述

利用企业数据对GVC进行实证的研究还相对较少但增长迅猛。目前，从企业层面实证研究GVC的方法并不统一。一些研究依赖于企业调研数据（主要探讨生产行为的国际配置），还有一些研究利用企业层面的贸易数据对企业的离岸行为进行量化。与之有关的一部分研究考察了跨国公司内部生产行为的国际转移，因此仅关注一些特定企业。这类研究将国外附属机构活动的相对重要性作为衡量离岸行为的指标（Head and Ries，2002；Hansson，2005；Ebenstein et al，2013，Becker et al，2013 et al.）。但由于没有考虑跨国公司的对等贸易（arm's-length relations），因此上述方法仅捕获到了跨国公司的部分离岸行为。

一、企业层面国际贸易数据

在微观企业层面，中间品进口数据被用来作为量化进口投入品在企业生产过程中相对重要性的指标。文献中关于上述指标的测算因分子和分母的指标选取不同，名义值和实际值选择的不同，交易类型的不同（公司内贸易或对等贸易）以及产品对象选择的不同而不同。

在分子选择上，大多数研究选择进口中间品的实际值，但是对名义值的平减方法不同。中间品进口实际值可以利用产业层面的价格指数平减（Hijzen et al.，2010；Amiti and Konings，2007；Kasahara and Rodrigue，2008等），也可以利用标准的CPI平减（Gorg et al.，2008）。与上述利用实际值的方法相反，麦肯（McCann，2011）利用进口中间品的名义值作为衡量爱尔兰制造业企业国外采购行为密集度的指标。在交易类型的选择上，大多数研究同时将公司内贸易和对等贸易的中间品进口纳入考虑范畴。但是也有些研究将上述两种交易方式分别考察以期待剖析出不同的原因和结果（Hijzen et al.，2010 等）。研究之间更大的差异体现在对进口投入品选择标准的不同。有的研究只将原料或者产品和服务投入作为进口中间品（Gorg and Hanley，2005；Gorg et al.，2008）。有的研究仅将中间品和零部件作为进口投入品（Hijzen et al.，2010），还有的研究将包括原材料在内的所有材料均作为进口投入品（McCann，2011；Lo Turco and Maggioni，2012）。还有的研究区分考察了最终品离岸和中间品离岸（Biscourp and Kramarz，2007；Mion and Zhu，2013）。在上述研究的基础上，胡梅尔斯等人（Hummels et al.，2014）引入由费恩斯特拉和汉森（1999）提出的“广义和狭义离岸（broad and narrow offshoring）”的概念，将研究对象聚焦在制造业企业，区分了企业层面的广义离岸水平和狭义离岸水平。其中广义离岸水平指的是给定制造业企业的所有进口，而狭义离岸水平则指与特定企业所销售产品属于同一 HS 四分位编码的产品的进口值。根据上述处理方法，原材料进口被包含在广义离岸中而不被包含在狭义离岸中。

在分母选取上，选择的指标包括总投入（Gorg and Hanley，2005；Amiti and Konings，2007）、材料采购（Hummels et al.，2013）、销售额（Biscourp and Kramarz，2007；Mion and Zhu，2013）、工资成本（Girma and Görg，2004；McCann，2011；Gorg et al.，2008），增加值（Hijzen et al.，2010）以及总产出（Hummels et al.，2014）。

二、企业调研数据

连续年份的跨国企业调研数据非常稀少。造成数据不可获得的原因在于国家对于统计信息的保密规定以及国家间在收集和记录数据标准上的不统一。但是这些数据对于获取可靠和可比较的经济证据非常重要。

近年来，企业调研主要集中在企业生产行为的国际化。在大多数这些调研中，只可以获得每个企业离岸情况的定性信息。同时，这些调研通常都只有一次，这也就意味着没有办法关注离岸行为的动态变化。尽管如此，企业调研数据还是为检验国际生产分割相关理论提供了实证基础。安特拉斯（2013）利用企业层面数据库，检验了国际生产组织中的产权理论。目前相关领域的研究主要围绕几个数据库提供的信息展开：

第一，针对欧洲企业的 EFIGE（european firms in a global economy）数据库包括 7 个欧盟国家（德国、法国、意大利、西班牙、英国、奥地利及匈牙利）制造业的代表性企业，涉及的信息既包括与企业特征和行为有关的定性信息，也包括定量信息，共分为企业结构、工人数量、投资、技术创新和 R&D、国际化、融资以及市场和价格六个部分（Altomonte and Aquilante，2012），纳瓦雷迪等人（Navaretti et al.，2011）利用 EFIGE 数据考察了欧洲企业的生产国际化，该数据库提供了三种方式下的企业营业额：用于国内生产的进口投入品和零部件、国际外包，也即企业与外国企业形成的对等协议；由 FDI 进行的国内生产。沃格勒斯等人（Veugelers et al.，2013）将从事 GVC 生产的企业定义为同时具有以下行为的企业：进口零部件、有海外生产行为，出口产品。结果表明，欧洲仅有少数企业深度参与 GVC 分工，而这些企业往往拥有更大的规模、更强的贸易导向、更强的创新能力以及更高的生产率。

第二，日本企业的 RIETI（research institute of economy，trade and industry）数据库的调研范围同时包括生产行为和服务的离岸，提供的信息可以具体到企业将哪些生产任务离岸到哪个国家，同时该数据库还将离岸过程中的供应商分为由离岸企业所有的离岸分支机构、由其他日本企业所有的离岸分支机构以及外国供应商三类。尽管并不提供每个企业在多大程度上从事离岸行为的量化数据，但是该数据库提供了五年之前的追溯数据，因此可用来进行比较静态分析。伊托等人（Ito et al.，2011）、拖米乌拉等人（Tomiura et al.，2013）利用该数据库提供的信息对日本制造业企业的离岸行为进行了考察。

第三，意大利制造业企业的调查数据（indagine sulle imprese manifatturiere）源于由意大利商业银行 Unicredit – Capitalia 每三年对意大利制造业企业发起的大型调查。安托尼艾提和安托尼欧力（Antonietti and Antonioli，2011）利用该调研数据考察了 1995 ~ 2003 年生产行为跨境离岸对意大利制造业企业技术构成的影响。科力诺（Crinò，2010b）利用该数据考察了服务离岸对国内就业水平和技术结构的影响。

第四，法国工业跨国公司的调查数据（enquête sur leséchanges internationaux Intra – Groupe）由法国商务部从 1999 年开始发起，调查数据覆盖每个企业的每一笔交易，信息包括交易额，进口投入品的分类，进口投入品来源地以及对该笔交易的管理模式。该数据库的监管模式包括垂直一体化或垂直 FDI（用从附属机构进口所占比重衡量）、合作（用从合作企业进口所占比重衡量）以及国际外包（用从独立第三方进口所占比重衡量）。德菲瓦和托巴尔（Defever and Toubal，2013），加博尔（Jabbour，2012）以及括科思等人（Corcos et al.，2013）利用该数据提供的信息考察了法国制造业企业的离岸选择。

三、企业层面增加值

近年来，一些研究尝试通过整合企业数据和贸易数据来直接测算一国贸易增加值。纪和唐（Kee and Tang，2012）通过对接中国工业统计数据库中的企业经营数据和海关贸易数据，对中国不同行业加工贸易中的国内增加值比例进行了测度，结果表明我国在全球价值链分工地位出现了提升，已不再仅从事加工装配等最终生产环节。阿普沃德、王和郑（Upward、Wang and Zheng，2012）利用类似的方法，对 2000 ~ 2007 年中国不同行业出口中的国内价值增值比例进行了测度。艾哈迈德等（Ahmad et al.，2013）通过整合对接土耳其的企业经营数据、贸易数据、行业产出数据测算了土耳其不同行业出口中包含的国外价值增值，并与基于投入产出表测算的结果进行了比较。国内学者张杰（2013）在上述研究基础上，进一步调整了间接进口与资本品进口对一国出口国内价值增值的影响，测算结果发现加工贸易的国内增加值比例显著低于一般贸易，外资企业国内增加值比例显著低于本土企业，推动中国出口国内增加值上升的主要动力是民营企业与从事加工贸易的外资企业。此外，还有一些研究，对特定产品或企业的全球价值链进行了刻画。这个领域的大多数研究大多选择以电子信息产品为研究对象（Linden，Kraemer and Dedrick，2009 和 2011；Xing and Detert，2010 等）。斯德哥恩等（Sturgeon et al.，2013）则在上述研究的基础上，进一步考察了企业经营行为的方式选择和区位选择对贸易增加值核算的影响。

第二节　基于所有权的美国贸易差额调整

为了解决现行贸易差额核算方法无法反映当前全球价值链分工下国际贸易与 FDI 的紧密关联，也无法反映资本等要素在世界范围内获取的经济利益的问题，20 世纪 90 年代美国提出了基于所有权的经常账户分解体系（an ownership-based disaggregation of the current account）。区别于传统贸易统计体系，该体系从跨国公司视角研究对外贸易，以贸易是否发生在关联方（affiliated parties）之间为依据来划分跨境贸易，将贸易分为跨国公司内贸易和非关联方贸易。该方法基于跨国公司海外经营的调查数据，能够表明贸易与投资收入之间的关联，而这是传统贸易统计无法做到的（王岚，2013）。

一、将商业存在引入国际贸易统计的主要途径和方法

（一）确定识别商业存在的原则

外国商业存在的外国附属机构是指外国投资者控制的企业。根据现行国际贸易统计标准，只要外资持有股份在10%以上，即可将该企业视为一个外商投资企业。但是，除非该企业股权为外资独占，或者外资股份达到50%以上（即绝对控股），其他合资企业则难以确定是否为外资控制。因此，国际上常以占有股权（或类似股权）50%及以上作为确认外国附属机构的标准。

（二）确定将外国商业存在纳入国际贸易统计的基本做法

一是参照国际服务贸易统计的做法，将外国商业存在实现的贸易视为国际贸易的方式之一，但在实际操作中并不谋求将其与其他模式加总，只是列示出体现外国商业存在规模及其对贸易影响的一系列指标。这种做法的优点是可以避免加总过程中遇到的口径调整问题，缺点是无法通过调整直接显示外国商业存在对于贸易额的影响。二是将外国附属机构从所在国居民中剥离出来，归入权属国的居民，为此就需要针对原来基于属地原则统计的跨境贸易额进行口径调整，获得属权原则下的贸易数据。

（三）确定口径调整的基本方法

从东道国角度来看，如果要以原来的跨境贸易额为基础做口径调整，获得属权原则的贸易额数据，应该包括两个相反方向的操作。一方面，是要扣除这些外国附属机构作为东道国居民发生的进出口贸易额，同时要将这些附属机构在东道国当地的购买额和销售额考虑在内。另一方面，从投资母国的角度而言，调整方向则正好相反。外国附属机构与母国的贸易原来被记为跨境贸易，调整后应被视为国内贸易，因此应予扣除。这些附属机构与第三国的贸易以及在东道国当地的购买和销售，则要作为投资国的对外贸易看待，与跨境贸易额合并计算。

从一个国家的角度看，常常既存在由对外投资（FDI-outflow）形成的外国附属机构，又存在吸引外资（FDI-inflow）形成的从属于外国跨国公司的附属机构。因此，要在国家层面上对贸易进行所有权贸易统计的调整，必须同时站在东道国和母国立场上分别进行反向调整，是一个非常复杂的调整过程。相比较而言，东道国角度的调整相对容易，因为只要对外国附属机构的购买额和销售额按照国外市场和国内市场区分，就可以完成调整，也无须进一步区分对外贸易的对象是投资母国还是第三国。

二、美国的所有权贸易统计体系

美国是较早意识到现有贸易差额体系存在严重缺陷的国家。美国从20世纪50年代就开始收集其海外子公司运营的数据，并一直丰富这一体系。

（一）数据支持

美国在国际投资统计、跨国公司经营活动统计和附属机构服务贸易统计调查等方面走在了国际的前列。美国对跨国公司主要采集两类数据：一类是国际收支和直接投资数据，主要包括母公司及其附属机构之间以及母公司与第三方之间因附属机构的所有权利益交易而发生的各种收入，也包括相关投资状况。另一类是财务和运营数据，包括资产负债表、损益表、货物和服务销售、与母国的货物贸易、研发支出、税金和外部财务状况等。对国外附属机构贸易的调查除细分国别外，还细分为按产品类别、关联公司内外等（贾怀勤，2008）。

（二）方法框架

从20世纪80年代末开始，美国就凭借其健全的官方统计数据开始了基于属权原则的贸易收支平衡研究。美国在所有权贸易统计体系发展过程中，曾经出现3种对标准国际收支平衡表形成补充的替代分解框架，且均以跨国公司分支组织经营数据为基础。3种框架分别是1989年由美国国家科学院（national academy of science）提出的基于属权的贸易统计体系，称为NAS[①]法；由朱利叶斯（Julius，1990）提出的Julius方法以及1992年

---

① National Research Council. 1992. Behind the Numbers：U. S. Trade in the World Economy. Washington，DC：The National Academies Press. https：//doi. org/10. 17226/1865.

由美国商务部经济分析局（Bureau of Economic Analysis，BEA）编制的基于属权原则的经常项目账户（an ownership-based disaggregation of the current account），被称为BEA法。

1. NAS核算框架

1989年NAS最早提出了基于所有权的贸易核算思路，成为NAS核算框架。该框架认为美国的国际贸易差额由跨境净出口、美国公司的国外附属机构（foreign affiliates of US companies）对外国的净销售、美国对外国公司在美附属机构（US affiliates of foreign companies）的净销售三部分构成。具体核算公式如下：

美国人向外国人的净销售 = 美国跨境销售（属权）
+ 美国公司国外附属机构向外国人的净销售
+ 美国对外国公司在美附属机构的净销售 （6-1）

美国跨境销售净值（属权）= 美国跨境出口（属权）
- 美国跨境进口（属权） （6-2）

其中：

美国跨境出口（属权）= 美国跨境出口（属地）
- 美国公司的国外附属机构出口
- 外国公司在美国附属机构出口
+ 外国公司在美附属机构对其关联机构出口 （6-3）

美国跨境进口（属权）= 美国跨境进口（属地）
- 自美国公司的国外附属机构进口
- 外国公司在美附属机构进口
+ 外国公司在美附属机构自其关联机构进口 （6-4）

美国公司国外附属机构向外国人的净销售 = 国外附属机构向非附属的外国人的销售
- 美国公司国外附属机构当地（非美）货物和非要素服务的购买 （6-5）

美国对外国公司在美附属机构的净销售 = 外国公司在美附属机构当地货物和非要素服务的购买

$$
-\begin{matrix}\text{外国公司在美}\\\text{附属机构的销售}\end{matrix}+\begin{matrix}\text{在美附属机构对非}\\\text{附属美国人的销售}\end{matrix} \tag{6-6}
$$

2. Julius 框架

1990 年，朱利叶斯（Julius，1990）提出另一种核算框架以属权计算美国对外国的总出口和总进口。美国对外国的总出口由三部分构成：第一，与对外投资无关的跨境出口；第二，在美国的 FDI 从美国本土购买的货物和服务及利润中应属于美国的部分；第三，美国的 FDI 向外国公司和居民的销售。美国对外国的总进口也按同样原则由上述部分的反向成分构成。美国属权原则的贸易差额由上述总出口减去总进口得到。具体核算方法如下：

$$
\text{美国人对外国人的销售}=\text{美国人对外国人的销售}-\text{外国人对美国人的销售} \tag{6-7}
$$

其中：

$$
\text{美国人对外国人的销售}=\text{美国跨境出口}-\text{与直接投资有关的美国出口}+\begin{matrix}\text{美国公司附属机构的当地销售或向}\\\text{国外附属机构的当地销售}\end{matrix} \tag{6-8}
$$

$$
\text{外国人对美国人的销售}=\text{美国跨境进口}-\text{与直接投资有关的美国进口}+\begin{matrix}\text{在美附属机构的当地销售或向}\\\text{国外附属机构的当地销售}\end{matrix} \tag{6-9}
$$

由上可见，NAS 法和 Julius 法都是先按属权而非属地原则来确定公司的“国籍”，由此分为“美国人”和“外国人”，然后再根据公司的“国籍”核算贸易差额。所不同的是，对外国附属机构销售的统计口径，NAS 法只从销售额中扣除中间品的成本，Julius 法则扣除全部支付（包括中间品成本、薪酬、归于非母国投资者的利润）[①]。

3. BEA 框架

BEA 方法没有重新给公司划定“国籍”，只是用内向和外向外国附属机构销售对传统的经常账户作调整（贾怀勤，2011）。具体核算方法如下：

$$
\text{美国进出口净额}=\text{美国出口（销售）}-\text{美国进口（购买）} \tag{6-10}
$$

$$
\text{跨境净出口}=\text{美国跨境出口}-\text{美国跨境进口} \tag{6-11}
$$

$$
\text{附属机构销售净收入}=\text{美国公司从国外附属机构获得的净收益}
$$

---

① 贾怀勤．美国属权贸易核算的缘起和框架［J］．统计研究．2011，28（11）：22－26.

－外国公司从其在美附属机构销售获得净收益 (6-12)

其中：

美国出口（销售）= 美国跨境净出口 + 美国公司从其国外附属机构销售获得的净收入 (6-13)

美国跨境出口 = 对无附属关系外国人的销售 + 对美国公司的国外附属机构的销售 + 对外国母公司在美附属机构的销售 (6-14)

美国公司从其国外附属机构销售获得的净收入 = 国外附属机构销售 － 附属机构从美国购买的货物和服务 － 成本和归于外国人的利润 － 附属机构向其他美国国外附属机构销售 (6-15)

美国进口（购买）= 美国跨境进口 + 外国公司从其在美附属机构销售获得的净收入 (6-16)

自无附属关系外国人的购买 + 自美国公司国外附属机构的购买 + 自在美附属机构的外国母公司的购买 (6-17)

外国公司从其在美国附属机构销售获得的净收入 = 在美附属机构销售 － 在美附属机构从国外购买的货物和服务 － 成本和归于美国人的利润 － 在美附属机构向其他在美附属机构销售 (6-18)

比较以上三种方法可见，NAS 法和 Julius 法都是在核算“外国人”和“美国人”之间的贸易平衡，而 BEA 核算的是美国与外国之间的贸易平衡。NAS 法和 Julius 法的核算结果重在测度属于美国和外国跨国公司的销售业绩，而 BEA 框架以属地原则作为判定交易国界的依据，但由于其考虑了跨国公司海外经营数据，更加便于分析公司内贸易的规模及其所有权关系，其核算结果重在测度美国经济体与世界其他经济体之间的贸易活动成果。BEA 法从分解传统的国际收支平衡表中经常项目账户入手，再对有关子项进行重新组合，将跨境贸易和附属机构销售的净收入/支出的所有权分解植入美国整体经常项目中，并将跨境贸易的所有权构成进一步分解为货物贸易和服务贸易。BEA 法一直沿用至今，美国商务部经济分析局每年都会发布上一年度美国经常项目的所有权分解。

表 6－1 是美国经常账户所有权分解 BEA 法的基本结构，从表中可以看到所有权分解与传统方法的主要差异：第一，它将出口方和进口方之间的关系而不是货物或服务的种类作为划分货物/服务跨境贸易的依据；第二，BEA 法补充了销售额、费用以及其他抵扣项等决定直接投资收入（direct investment income）因素的相关信息；第三，所有权分解将附属机构销售带来的净收入和跨境贸易差额以备忘录的形式加入国际收支平衡表中；第四，所有权分解给出了海外分支组织和在美分支组织销售额的成分来源。对美国企业的海外附属机构而言，其销售额的国外成分被进一步分解为附属机构自身创造的价值以及其他国外成分；对外国企业的在美附属机构而言，BEA 法则将其销售额中的美国成分分解为由该附属机构创造的价值增值以及其他美国成分（王岚，2013）。而最后一个区别将是所有权贸易统计与增加值贸易统计融合的关键点。

表 6－1　　基于所有权的美国经常账户分解　　单位：10 亿美元

行数	内容	1999 年	2004 年	2009 年	2014 年
1	货物和服务出口以及收入所得	1304.6	1642.3	2285.9	3338.8
4	源于货物和服务出口或国外附属组织销售的收入	1101.5	1412.2	1945.6	2845.0
5	货物和服务出口总额	969.9	1161.5	1583.1	2376.6
20	从事直接投资的美国母公司通过其海外分支组织销售获得的净收入	131.6	250.6	362.5	468.4
28	其他收入所得	163.8	165.2	244.1	343.4
35	货物和服务进口以及收入支出	1600.1	2276.1	2669.9	3730.8
38	源于货物和服务进口或在美附属组织销售的支出	1281.9	1871.2	2071.7	3046.2
39	货物和服务进口总额	1228.5	1771.4	1966.8	2866.8
54	来自在美附属组织销售的对从事直接投资的外国母公司的净支出	53.4	99.8	104.8	179.4
62	其他收入支出	230.1	251.9	378.2	408.4
	单边经常转移净值①	－48.8	－88.0	－123.8	－125.9

① 利用原表中第 34 行（经常转移收入）减去第 67 行（经常转移支出）得到。

续表

行数	内容	1999 年	2004 年	2009 年	2014 年
	备忘:				
68	货物和服务贸易差额（第 5 行减第 39 行）	-258.6	-609.9	-383.8	-490.2
69	货物、服务以及附属组织销售净收入差额（第 4 行减第 38 行）	-180.4	-459.0	-126.1	-201.2
70	经常账户差额（第 1 行 - 第 35 行 + 单边经常转移净值）	-295.5	-633.8	-384.0	-392.1
	附录:				
	国外非银行业附属组织销售成分来源以及存货变化:				
71	对非附属组织的销售以及存货变化总值	2160.6	3092.4	4433.8	5928.5
72	国外成分	1914.3	2828.4	4092.8	5435.6
73	由美国母公司海外分支组织创造的价值增值	666.7	948.9	1350.0	1717.6
74	其他国外成分①	1247.6	1879.5	2742.8	3718.0
75	美国成分	246.3	264.0	341.0	492.9
	美国非银行业附属组织销售的成分来源以及存货变化:				
76	对非附属组织的销售以及存货变化总值	2056.1	2543.4	3249.7	4391.9
77	美国成分	1713.4	2105.9	2694.3	3605.6
78	由外国母公司在美附属组织创造的价值增值	457.7	563.5	665.5	920.1
79	其他美国成分②	1255.7	1542.4	2028.8	2685.5
80	国外成分	342.7	437.5	555.4	786.3

资料来源：美国商务部经济分析局（BEA）。

通过表 6-1 我们能够测算出美国基于所有权统计原则下的四种全球商业活动差额。第一种是经常账户差额，也即国际收支平衡表的传统差额（表中第 70 行），它等于表中的第 1 行 - 第 35 行 + 单边经常转移净值，即

① 第 48 行中的其他国外成分，即国外分支组织从外国公民的采购，存在一定程度的高估，因为它涵盖了从国外供给商所购买的货物和服务中包含的美国出口。

② 第 53 行，其他美国成分，即在美附属组织从美国国民手中的采购，存在一定程度的高估，因为它涵盖了从美国供应商处购买的货物和服务中包含的美国进口。

货物和服务出口减去收入货物和服务进口及支出再加上净单边转移；第二种是货物和服务贸易差额（表中第68行），它等于表中的第5行－第39行，即货物和服务出口减去货物和服务进口，利用表中数据可以计算得出，1999～2014年美国货物和服务贸易持续逆差，且逆差规模增长迅猛，从2586亿美元扩大到4902亿美元；第三种差额是基于所有权统计原则下得出的一个新的差额，称之为货物和服务、附属机构销售净收入的差额（表中第69行），它等于第4行－第38行，即货物和服务出口、美国海外附属公司的销售净收入减去货物和服务进口、向外国在美附属公司购买的美国净支出，该差额综合反映了国际商品交换和全球化经营的利得，从表中数据可以计算得出美国源于货物和服务出口或国外附属机构销售的净收入为负，并且从1999年的1804亿美元扩大到2014年的2012亿美元，其中主要的逆差源于货物和服务贸易逆差；第四种差额也是基于所有统计原则下得出的新的差额，将其称为“外国投资净收益”，它等于第20行－第54行，即附属公司销售给美国母公司带来的对外直接投资净收入减去向在美附属公司购买的净支出，该差额还等于第三种差额－第二种差额。第四种差额具有重要的意义，它是现行贸易统计无法反映的部分。但是却真正反映了美国参与国际商业活动所获得的利益，也体现出利用所有权原则对国际收支差额进行调整的必要性。从表6－1可以看到，美国外国投资净收益逐年增长，从1999年的782亿美元提高到2014年的2890亿美元，其中美国通过对外投资获得海外销售净收入是提升所有权贸易差额的主导因素，这意味美国企业在全球化经营过程中的获利增加。

三、所有权贸易统计框架下的美国贸易差额

图6－1基于所有权原则对美国贸易差额进行了调整。从图中可以看到，1999～2014年美国外国投资净收益持续增长，而贸易逆差规模在2006年达到7530亿美元的历史峰值之后，从2007年开始逐渐改善。综合反映国际商品交换和国际经营活动的第三种贸易差额，就是前面所说的基于所有权调整的美国贸易差额，1999～2014年，经历了先扩大再收窄的变化趋势。1999～2006年，在货物和服务贸易逆差不断扩张的带动下，美国基于所有权的贸易差额规模从1999年的1880亿美元提高到2006年的5880亿美元，达到阶段性最高点。2007～2009年，受到次贷危机影响，美国商品和服务贸易逆差大幅收窄，而美国对外投资收益则保持相对稳

定，受此影响美国基于所有权的贸易逆差从 2007 年的 4610 亿美元缩减至 2009 年的 1260 亿美元，达到考察期间内的最小值。2010 ~ 2014 年，次贷危机的影响逐渐减弱，2010 年和 2011 年美国的商品和服务贸易逆差进一步走高，但随着 2012 ~ 2014 年整个世界经济复苏的减缓，美国的商品和服务贸易逆差再次呈现收窄趋势。

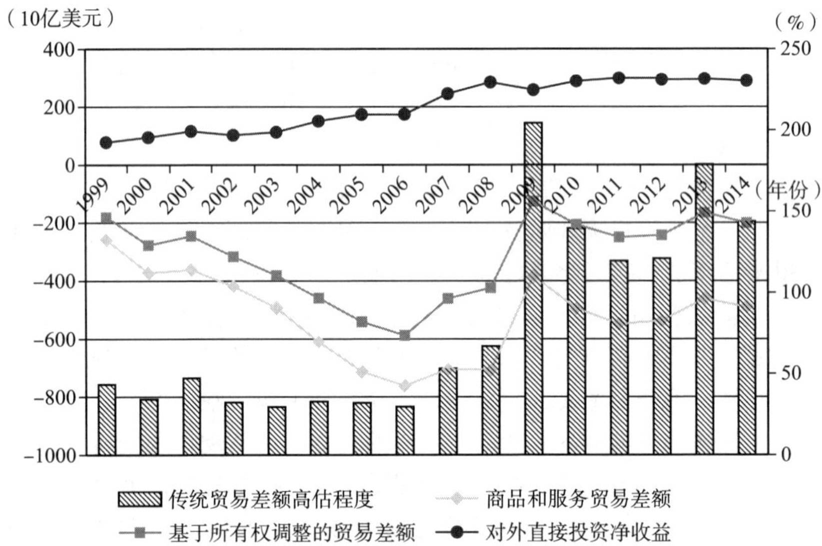

图 6 - 1　美国贸易差额及其在所有权原则下的调整

资料来源：美国商务部经济分析局（BEA）。

美国从外国投资中持续获得的净收益，使基于所有权调整的美国贸易逆差规模始终小于商品和服务贸易逆差。这意味着传统贸易差额统计高估了美国的实际贸易差额，从图 6 - 1 可以看到，传统贸易统计对美国贸易逆差的高估程度从 1999 年的 43.3%，逐渐提升至 2008 年危机前 67% 的水平，2009 年货物服务贸易差额的锐减导致传统贸易差额的高估程度激增到 204.3%。危机后由于美国对外投资收益保持相对稳定，因此基于所有权调整的贸易差额与传统贸易差额的变化趋势高度一致，而传统贸易统计对美国贸易逆差的高估程度也基本维持在 150% 左右的水平。

第三节　基于所有权的中美双边贸易差额调整

为了纠正属地贸易统计对中美贸易不平衡的高估，这部分将利用林玲、葛明和赵素萍（2013）构建的全球资本流动背景下三国双边贸易统计模型，在比较属地统计和属权统计的基础上重新估算中美贸易差额，以纠正属地贸易统计对中美贸易中中国贸易利益的高估。

一、基本模型

世界上有三个经济体 A、B、C，其中 C 代表世界上除 A、B 以外的所有经济体；每个经济体都有三个属权不同的经济组织。A_A、B_A、C_A 分别表示属权归于 A 国，而地点分布于 A 国、B 国、C 国的经济组织，也就是说 A_A 表示 A 国本土经济组织，B_A 表示 A 国在 B 国直接投资企业，C_A 表示 A 国在 C 国直接投资企业；同理 A_B、B_B、C_B 分别表示属权归于 B 国，地点分布于 A 国、B 国、C 国的经济组织；A_C、B_C、C_C 分别表示属权归于 C 国，地点分布于 A 国、B 国、C 国的经济组织。各个经济组织之间可自由展开贸易，箭头方向既可以表示进、出口，也可以表示贸易差额。

依据当前的贸易统计原则，国际贸易统计是以商品和服务是否跨越国境以及交易双方是否是本地居民为参照标准。我们以 A 国对 B 国贸易统计为例来分析基于三国的双边贸易统计模型。在属地原则下，A_A、A_B、A_C 均属于 A 国居民，B_A、B_B、B_C 属于 B 国居民，因而，A 国对 B 国贸易统计等同于 A 国三类居民对 B 国三类居民贸易统计之和。用矩阵形式表示为：

$$\text{Trade}(A\rightarrow B)^R=(1\quad 1\quad 1)\begin{pmatrix}A_A\\A_B\\A_C\end{pmatrix}(B_A\quad B_B\quad B_C)\begin{pmatrix}1\\1\\1\end{pmatrix}\tag{6-19}$$

也即：

$$\begin{aligned}\text{Trade}(A\rightarrow B)^R=&A_A(B_A+B_B+B_C)+A_B(B_A+B_B+B_C)\\&+A_C(B_A+B_B+B_C)\end{aligned}\tag{6-20}$$

从式（6－20）中可以看到，A 国外商投资企业 A_B 和 A_C 对属地原则下的 A 国对外贸易起到三种作用：①贸易转移效应，$A_B(B_A+B_B+B_C)+$

$A_C(B_A+B_B+B_C)$ 表示 A 国外商投资企业对 B 国的贸易，由此带来的贸易利益由外资企业获得，而不是由 A 国的要素获得，但却计入 A 国的贸易统计，即产生了贸易转移效应；②贸易创造效应，A_AB_A，这部分贸易是由跨国公司 FDI 带来的分布在不同国家的分支组织之间的公司内贸易（intra-firm trade），按照属权原则，这一类贸易不属于 A、B 两国之间的贸易，但是按照属地贸易统计，这类原本属于一国经济组织之间的内部贸易计入到 A 国对 B 国出口，从而产生 FDI 的贸易创造效应；③贸易规避效应，A_AA_B 表示 A 国本国企业对 B 国在 A 国对外投资企业之间的贸易，这种所有权分属不同国家的经济组织之间的贸易被计入国内贸易，而按照属权贸易统计这类贸易应计入 A、B 两国的双边贸易，这反映了 FDI 的贸易规避效应，类似的还有 A_AA_C、B_AB_B 及 B_AB_C。

在属地原则统计方式下，一国贸易规模和差额的增长很可能是由于外商直接投资企业造成的。随着 FDI 规模的不断增长以及 FDI 分布的不均衡，这种偏离将会逐渐增大，甚至有可能出现严重背离，即一国贸易差额与真实贸易利得严重相背离。

二、属权原则下的双边贸易差额

在属权原则下，A_A、B_A、C_A 均属于 A 国公民，A_B、B_B、C_B 属于 B 国公民，因而在进行贸易统计时，A、B 两国的双边贸易等于所有权分别属于 A 国和 B 国的三类经济组织之间贸易之和。用矩阵形式表示为：

$$\mathrm{Trade}(A\rightarrow B)^{O}=(1\quad 1\quad 1)\begin{pmatrix}A_AA_B & A_AB_B & A_AC_B\\ B_AA_B & B_AB_B & B_AC_B\\ C_AA_B & C_AB_B & C_AC_B\end{pmatrix}\begin{pmatrix}1\\1\\1\end{pmatrix}\quad(6-21)$$

其中，A_AA_B、A_AB_B、A_AC_B 分别表示属权原则下 A 国本土经济组织 A_A、对 B 国在 A 国直接投资企业 A_B、对 B 国本土企业 B_B、对 B 国在 C 国直接投资企业 C_B 的贸易；同理 B_AA_B、B_AB_B、B_AC_B 分别表示属权原则下 A 国在 B 国直接投资企业 B_A、对 B 国在 A 国直接投资企业 A_B、对 B 国本土企业 B_B、对 B 国在 C 国直接投资企业 C_B 的贸易；C_AA_B、C_AB_B、C_AC_B 分别表示属权原则下 A 国在 C 国直接投资企业 C_A、对 B 国在 A 国直接投资企业 A_B、对 B 国本土企业 B_B、对 B 国在 C 国直接投资企业 C_B 的贸易。为了更加清晰反映属权原则下 A 国对 B 国的贸易统计方式和方向，将上式写为：

$$\text{Trade}(A\to B)^{O}=(1\quad 1\quad 1)\begin{pmatrix}A_A\\B_A\\C_A\end{pmatrix}(A_B\quad B_B\quad C_B)\begin{pmatrix}1\\1\\1\end{pmatrix}\qquad(6-22)$$

也即：

$$\begin{aligned}\text{Trade}(A\to B)^{O}&=A_A(A_B+B_B+C_B)+B_A(A_B+B_B+C_B)\\&\quad+C_A(A_B+B_B+C_B)\end{aligned}\qquad(6-23)$$

对比（6－20）式和（6－23）式，可以得到属权原则下与属地原则下 A、B 两国贸易规模的差异：

$$\text{Trade}(A\to B)^{O}=\text{Trade}(A\to B)^{R}+(1\quad 1\quad 1)\begin{pmatrix}A_AA_B-A_AB_A & 0 & A_AC_B-A_AB_C\\B_AA_B-A_BB_A & B_AB_B-A_BB_B & B_AC_B-A_BB_C\\C_AA_B-A_CB_A & C_AB_B-A_CB_B & C_AC_B-A_CB_C\end{pmatrix}\begin{pmatrix}1\\1\\1\end{pmatrix}\qquad(6-24)$$

也即：

$$\begin{aligned}\text{Trade}(A\to B)^{O}&=\text{Trade}(A\to B)^{R}+[B_A(A_A+B_B+C_B+A_B+A_C)\\&\quad-A_B(A_A+B_B+B_C+B_A+C_A)]+[A_A(C_B-B_C)\\&\quad-B_B(C_A-A_C)]+(C_AC_B-A_CB_C)\end{aligned}\qquad(6-25)$$

由式（6－25）我们可以看到，属地统计 $\text{Trade}(A\to B)^{R}$ 能否有效地表达真实的 $\text{Trade}(A\to B)^{O}$ 取决于以下几个因素：①双边贸易伙伴国 A 国与 B 国在对方国家 FDI 的规模 B_A 和 A_B；②A 国在 B 国投资企业 B_A 与 A 国境内所有企业的贸易往来 $B_A(A_A+A_B+A_C)$、与东道国本土企业的贸易往来 B_AB_B、与东道国在第三国投资企业的贸易往来 B_AC_B，类似的，还需计算 B 国在 A 国投资企业 A_B 与 B 国境内所有企业的贸易往来 $A_B(B_B+B_C+B_A)$，与 A 国本土企业 A_A 以及与 A 国在第三国投资企业之间的贸易往来，并对两者加以比较；③A 国本土企业 A_A 与 B 国在第三国 C 投资企业 C_B 的贸易往来 A_AC_B 以及 C 国在 B 国投资企业 B_C 贸易往来 A_AB_C，并比较两者数额，同理核算 B 国本土企业 B_B 与 A 国在 C 国投资企业贸易 C_A 以及与 C 国在 A 国投资企业 A_C 的贸易往来，并比较两者差额；④在第三国 C 发生的 A、B 两国贸易 C_AC_B 与 C 国在 A、B 两国投资企业之间贸易 A_CB_C 的差额。

由式（6－25）分析可知，$B_A(A_A+B_B+C_B+A_B+A_C)+A_A(C_B-B_C)+C_AC_B$ 越大，属地统计 $\text{Trade}(A\to B)^{R}$ 低估 A 国对 B 国真实贸易规模和差额越严重；而 $A_B(A_A+B_B+B_C+B_A+C_A)+B_B(C_A-A_C)+A_CB_C$ 越大，

$Trade(A \to B)^R$ 统计越高估实际贸易状况。一般来讲，企业规模与企业的贸易往来呈正相关关系。因而，在双边贸易关系中，属地贸易统计 $Trade(A \to B)^R$ 往往会高估处于 FDI 净流入地位的国家的真实贸易规模和差额。

考虑到企业间贸易数据采集工作的困难程度，同时考虑到企业主要贸易对象为东道国和母国，与第三国贸易相对较少，因而可以忽略位于第三国 C 的经济组织对 A、B 两国双边贸易统计的影响。在以上假设下，得到属权原则下 A 国对 B 国贸易差额基于属地原则下 A 国对 B 国贸易差额的调整：

$$Trade(A \to B)^O = Trade(A \to B)^R + [(B_A B_B - A_B A_A) - (A_B + A_C)(B_B + B_C + B_A)] + B_A(A_B + A_A) + B_C A_A \tag{6-26}$$

由公司内贸易理论以及上文提到的对外直接投资的贸易壁垒规避效应，可以假定对外投资企业主要面向东道国市场和母国市场，与第三国经济组织的贸易相对较少，因而可以进一步假定 $B_C A_A = B_A A_C$，于是式（6－26）可以改写为：

$$Trade(A \to B)^O = Trade(A \to B)^R + [(B_A B_B - A_B A_A) - (A_B + A_C)(B_B + B_C + B_A)] + B_A(A_A + A_B + A_C) \tag{6-27}$$

其中，$(B_A B_B - A_B A_A)$ 表示 A 国和 B 国在对方投资企业与东道国本土企业贸易额之差；$(A_B + A_C)(B_B + B_C + B_A)$ 表示 A 国所有外商投资企业对 B 国的贸易额；$B_A(A_A + A_B + A_C)$ 表示 A 国在 B 国投资企业对 A 国的贸易额。

三、数据来源和说明

假设 A 国表示中国，B 国表示美国。由式（6－27）可知，如要计算属权原则下的中美两国间的贸易差额，需要的数据包括：属地原则下的中美贸易差额 $Trade(A \to B)^R$；在美中资企业对美国本土企业销售额 $B_A B_B$；在华美资企业对中国本土企业的销售额 $A_B A_A$；中国外资企业对美出口额 $(A_B + A_C)(B_B + B_C + B_A)$ 以及在美中资企业对中国出口额 $B_A(A_A + A_B + A_C)$。其中，属地原则下的中美贸易差额数据来源于 2007～2014 年中国统计年鉴；在美中资企业对美国本土企业销售额用在美中资企业总销售额减去在美中资企业出口额估算，以上数据均来源于美国经济研究局（BEA）

直接投资和跨国公司（direct investment and multinational enterprises）数据库[①]；2007～2010 年中国外资企业对美出口数据来自姜鸿、张艺影和梅雪松（2014），2011～2014 年的数据采用林玲、葛明和赵素萍（2014）的方法，利用中国外资企业总出口乘以中国对美出口占中国总出口的比重进行估算，其中中国外资企业总出口额和对美出口占比数据均来自中国贸易统计年鉴；在美中资企业对中国出口额用在美中资企业向中国母公司出口额替代，数据来自美国经济研究局（BEA）直接投资和跨国公司数据库。考虑到数据可获得性，本部分将计算 2007～2014 年属权原则下的中美贸易差额。

四、属权原则下中美贸易差额的再评估

从图 6－2 中可以看到，经过属权原则调整后，中美贸易差额的方向出现了逆转。按照属地贸易原则，在中美贸易关系中，中国始终处于顺差地位，且顺差规模逐年加大，从 2007 年的 1633 亿美元增长至 2014 年的 2370 美元。经过所有权贸易调整后，美国处于顺差地位，而中国则处于逆

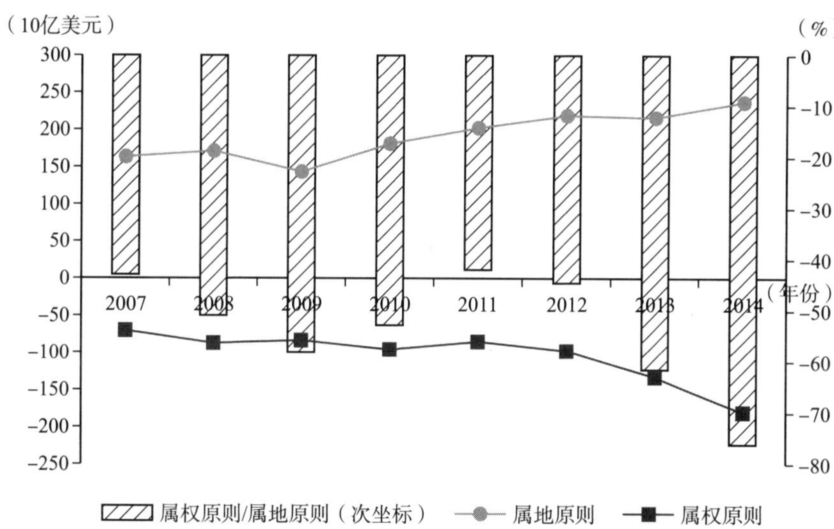

图 6－2 中美属地贸易差额及其在所有权原则下的调整

资料来源：笔者计算。

① https://www.bea.gov/international/direct_investment_multinational_companies_comprehensive_data.htm。

差地位，且美国的顺差规模逐年加大，从 2007 年的 701 亿美元增长至 2014 年的 1804 亿美元。从规模上看，属权原则下的美中贸易顺差占属地原则下中美贸易顺差的比重逐年提高，从 2007 年的 42.9% 提高至 2014 年的 72.1%。造成中美贸易地位逆转的主要原因在于，在华美资企业大规模的本土销售以及外资企业对中国对美出口的重要贡献。

基于属地原则的贸易统计体系忽略了三方面的内容：一是在华外资企业在中国对美国出口中的贡献，从图 6－3 可以看到，2007 年在华外资企业在中国对美国出口中的贡献率达到 68.3%，尽管近年来该比例有所下降，但 2014 年在华外资企业对中国对美国出口的贡献率仍达到 54%，换言之中国对美出口中的国内增加值有一半以上由外资企业完成，鉴于外商独资企业在我国利用外资过程中的主导地位，可以预期在此部分出口中由中国真正获得的要素报酬将非常有限；二是在华外资企业对中国市场的销售，2007～2014 年，在华美资企业对中国本土企业的销售额从 749.3 亿美元提升至 2066.7 亿美元，这部分原本应计入中国进口的贸易行为在属地原则下计入了中国的内部贸易，从而减少了中国的进口额，扩大了中国的贸易顺差额；三是中国对美投资企业对中国之间的贸易，由于中国对美国直接投资额数量很少，因而对于中美贸易差额的影响力现在还很小。

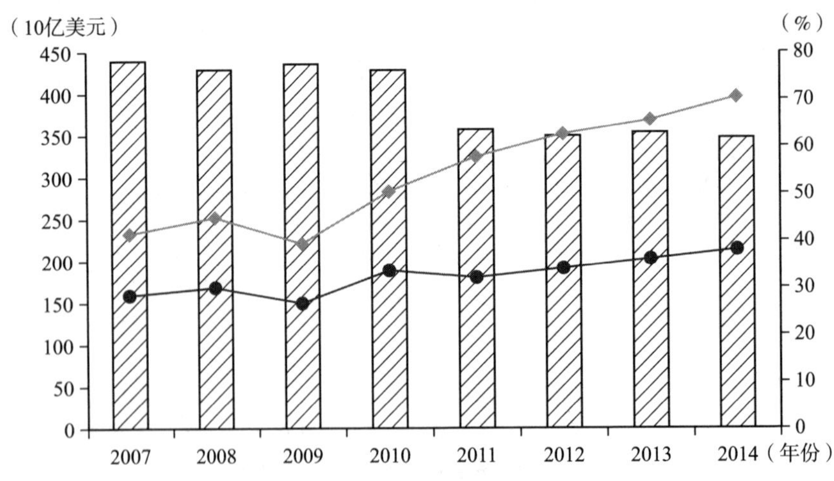

图 6－3　外资企业在中国对美国出口中的贡献率

资料来源：笔者计算。

小　结

本章从微观视角，探究了企业在全球价值链贸易利得分配中的作用。通过引入所有权贸易统计，重新估算了美国属权贸易差额和中美贸易差额，并结合典型案例分析了跨国公司生产组织形式对全球价值链分工体系下贸易利得分配的影响。结果表明，跨国公司的海外经营活动是美国参与国际分工的重要形式，美国跨国公司的海外投资收益逐年递增，在很大程度上抵销了美国在商品和服务贸易逆差，导致美国属权贸易差额大幅收窄，成为美国参与国际分工利得的重要来源；外商投资企业在中国对美国出口中发挥了重要作用，中国对美国出口中超过一半的都是由外商投资企业完成的，这意味着中国对美国出口中由中国要素真正获得的贸易利益将非常有限；经过所有权调整的中美贸易差额出现方向上的逆转，由逆差变为顺差，美国在华投资企业对中国本土企业销售发挥了重要作用。

第七章

中国对美国出口中的真实贸易利益及其影响因素

根据前几章的分析，GVC 分工的实质是不同国家生产要素在产品生产链条上的重新整合。跨国公司由于掌握了大量技术和资本要素，可以通过将自身的技术或资本与东道国的劳动相结合实现在全球范围内的生产布局，成为这一生产网络体系的主导力量。随着全球经济一体化程度的提高以及全球价值链分工的不断深化，跨国公司的国际生产网络愈加复杂（UNCTAD，2016）。GVC 背景下，国家边界与企业边界的交织，商品流动和要素流动的融合，使 GVC 视角下的贸易利益分配机制愈发复杂（李宏艳和王岚，2015）。因此，在 GVC 视角下分析一国贸易利益必须要分离跨国公司的作用，否则会模糊一国创造的真实价值增值和获得的贸易利益。单纯依靠增加值贸易方法剔除一国出口的国外价值增值还无法彻底还原一国通过参与 GVC 分工获得的贸易利益，还要在本国价值增值基础上进一步剔除掉本土外商投资企业的贡献。基于上述考虑，本部分将 GVC 分工背景下的真实贸易利益（actual gains from trade）界定为一国生产要素通过参与 GVC 分工获得的要素报酬，也即出口中国内价值增值剔除外资企业贡献的部分，而外资企业通过跨国生产获得的利益是东道国贸易利益的漏出（value potentially leaked）。

中美贸易是全球最重要的一对双边贸易关系。长期以来，中美经贸关系始终处于彼此依赖同时又摩擦不断的状态。尤其是美国新一任总统唐纳德·特朗普（Donald Trump）的上台，给中美贸易关系的未来走势添加了诸多不确定性（uncertainty）。造成这种局面的根本原因在于美国方面将贸易利益与贸易差额进行简单的等同。这一做法不仅忽略了全球价值链分工体系下总值贸易（trade in gross terms）与贸易利益的不匹配，同时还忽略了跨国公司通过 FDI 进行境外生产而获得的跨国生产（gains from multinational production）利益[①]。面对美国频繁向中国出口产品发起的贸易保护措施，中国则常以“顺差在中国，利益在美国”为观点对此进行反驳。那么，在全球价值链分工体系下中国通过对美国出口究竟获得了多少贸易利益？在此过程中美国在华投资企业又发挥了怎样的作用？解决上述问题是正确客观认识中美双边贸易关系，优化中国外贸环境、改善中美贸易关系的必要前提。

第一节　中国对美国出口中的真实贸易利益核算及其分配

一、文献评述

（一）中美双边增加值贸易与贸易利益

道丁、里夫拉特和施韦斯古斯（Daudin，Rifflart and Schweisguth，2009）首次提出了“增加值贸易”（value-added trade）概念，并利用国家间投入产出数据回答了“谁为谁生产什么”的问题。此后，经过王、鲍沃斯和魏（2009）、约翰逊和诺格拉（Johnson and Noguera，2011 and 2012）、库普曼等（2010）等研究的发展，库普曼等（2012）实现了对一国出口的完全价值增值分解，并且建立了增加值出口和传统出口之间的联系。王等（2013）在库普曼等（2012）基础上，将国家单边出口层面的贸易增加值分解框架拓展到双边、部门以及双边部门层面。

张咏华（2013）基于增加值贸易统计框架，在重新测度中国出口规模基础上，比较了传统贸易统计和增加值贸易统计下中美贸易差额并对其行业结构进行分解。王岚、盛斌（2014）利用增加值贸易框架测度了1995～2009年中美双边增加值贸易，并通过对整体和行业层面双边总值贸易和贸易差额进行价值增值分解刻画了贸易利益在中美之间的分配格局。王俊、杨恬恬（2015）以及郑丹青、于津平（2016）基于贸易增加值测算模型，测度了中国对美制造业出口的贸易利益，并对不同要素密集

---

① Ramondo，Rodriguez - Clare. Trade，Multinational Production，and the Gains from Openness. *Journal of Political Economy*，2013，121（2）：273 - 322.

度行业的贸易获利能力分别进行考察，结果均表明贸易利益分配愈发不利于中国，各部门的国内价值增值含量普遍出现下降趋势。葛明等（2016）拓展了双边贸易增加值的分解模型，从总量、国别、产业三个层面解构了1995～2011年中美双边贸易利益的分配格局，结果表明中美双边贸易利益相互交织程度增加，且中国大部分产业的出口国内增加值率显著低于美国，特别是电子及光学设备等主要顺差的产业。与上述单纯刻画中美双边贸易利益分配格局的研究不同，李文秀和姚洋洋（2015）在测度中国对美出口增加值的基础上，考察了要素比例、技术差异对中国对美出口增加值的影响，研究发现高技能劳动力的要素比例对出口增加值的影响显著，但资本要素的影响不显著，要素比例对不同产业出口增加值的促进作用也存在显著差别。

（二）基于属权原则的中美贸易差额调整

在过去的30多年间，全球价值链分工的深化给世界经济格局带来深刻影响：一方面，外国直接投资使国际商业活动变得越来越无国界；另一方面，国际生产网络也使得中间产品的交易异常频繁（李月芬，2006）。宋玉华等（2006）基于美国经济分析局（U. S. bureau of economic analysis, BEA）提出的“以所有权为基础的美国经常项目账户（Ownership－Based Framework of the U. S. Current Account），尝试通过将跨国公司的经营活动纳入贸易差额统计体系来重新审视美国贸易差额。”万光彩（2009）以及高敏雪、许晓娟（2010）通过构建从跨境贸易统计到属权贸易统计的基本框架以及调整方法，将其应用于中国贸易差额的调整。姜鸿等（2014）采用基于资产所有权的贸易统计方法，重新估算了中美双边贸易额，结果表明利用基于所有权的贸易调整后，2004～2010年中国对美国出口额平均减少了51%，而自美国的进口额平均增加了41%，中美贸易差额大幅削减。与姜鸿等（2014）仅考察两国情形不同，林玲等（2013）构建了基于所有权的三国双边贸易模型，并将其用于对中美贸易差额的重估，结果发现现行的贸易统计严重高估了中美贸易差额的真实水平，而在华FDI是造成中美贸易顺差不断攀升的主要原因之一。

（三）全球价值链下的真实贸易利益

无论是利用增加值框架核算中美贸易利益，还是基于所有权贸易统计体系重新估算中美贸易差额，都不能彻底厘清中美双边贸易利益的分配格局。理由在于，以中国对美出口为例，单纯使用增加值贸易框架，能够实现的是识别出中国出口的本国成分、美国成分以及第三国成分；单纯使用基于所有权的贸易统计框架，能够实现的是剔除中国出口中美国在华投资企业的贡献。但是，若要在全球价值链分工体系下还原真实贸易利益，必须综合利用两个框架在中国出口的国内增加值中进一步剔除由外资企业，尤其是美国在华投资企业的贡献，才能得到中国本土企业在出口中实现的增加值，也即中国生产要素获得的要素报酬。李昕、徐滇庆（2013）通过非竞争型投入产出表，利用外资企业的初始股权结构信息，估算了中国制造业加工贸易出口中的属权贸易份额。黎峰（2014）通过构建多国投入产出模型，首先核算出中国出口实现的属地贸易利益，进而利用外资企业的股权比例信息，进一步得到属权贸易收益，实现了对中国单边出口贸易利益的测度。但由于该方法在计算属权贸易利益时，是在总出口的属地贸易利益的基础上乘以外资控股比例得到，这意味着该研究将本国企业出口中的属地贸易利益也进行了加权，存在高估贸易利益漏出的可能，同时考虑到中国不同行业在外资企业出口贡献度以及外资控股比例上的差异，上述算法不够准确。马等人（Ma et al.，2015）通过构建区分企业所有权性质和贸易方式的非竞争型投入产出表，核算了中国整体出口中由不同所有权性质企业在不同贸易方式下实现的贸易利益。

以上文献都是对中国单边出口贸易利益的度量，在现有研究的基础上，本部分可能的边际贡献在于：第一，构建融合增加值贸易和所有权贸易的双边贸易利益核算框架，在剔除中国对美出口中的外国增加值基础上，进一步在中国国内增加值中剔除由外资企业获得的部分，首次实现双边层面真实贸易利益的测度；第二，在计算外资企业对中国出口贡献率比重的基础上，仅对出口国内增加值中由外资企业创造的部分依据股权比例进行分解，以更加客观准确地测度中国对美国出口中的真实贸易利益；第三，将利用 BEA 直接投资和跨国公司（direct investment and multinational enterprises）统计提供的美国跨国公司经营数据以及中国工业经济统计年鉴中的数据，尽可能规避多数属权贸易统计研究中估算数据带来的结果不准确问题。

二、方法、框架和数据

（一）从属地贸易利益到真实贸易利益

在属地贸易利益（出口国内增加值）基础上，分离出由外国要素实现的增加值，需要三个步骤（见图7－1）：第一，明确美国在华投资企业在中国对美国出口中所占的比重，再依据股权比例对这部分出口中的属地贸易利益进行分解①，识别出美国在华投资企业在此过程中所获得的收益，也即对美国的贸易利益漏出；第二，在中国对美国出口的外资企业贡献率中剔除在华美资企业的部分，得到在华非美资企业对美国出口中的贡献，再利用不同行业外资企业的股权比例，剔除外资企业出口国内增加值中由其他国家要素获得的部分，计算出中国对美国出口中对其他国家的贸易漏出；第三，在属地贸易利益基础上，剔除对美国和其他国家的贸易利益漏出，还原中国对美国出口中由中国要素获得的真实贸易利益。

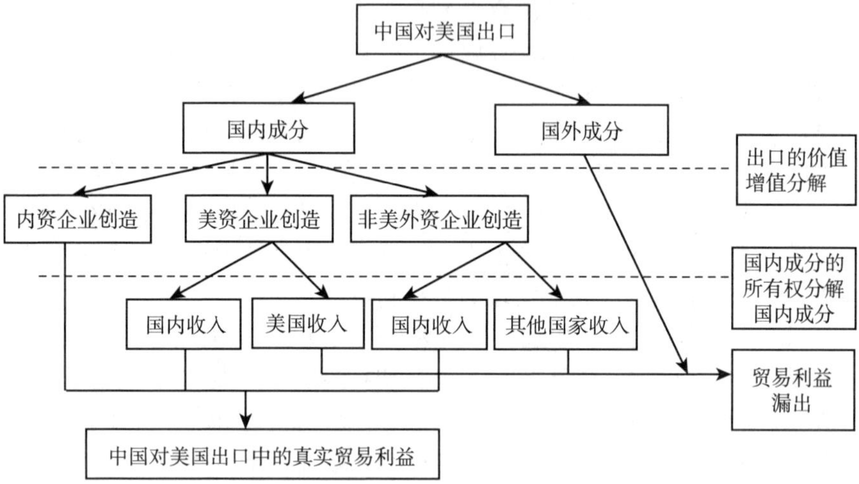

图7－1 中国对美出口价值增值的所有权分解

资料来源：笔者绘制。

（二）数据来源与说明

本章所需的中国对美国各行业总出口以及价值增值分解结果均来自对外经贸大学全球价值链研究院发布的GVC指标体系（RIGVC UIBE，

① 这部分处理过程中暗含的假设是包括在华美资企业在内的外资企业与中国本土企业的生产技术一致，因此可以用属地贸易利益乘以外资企业在中国对美出口中的比重得到外资企业获得的属地贸易利益。需要指出的是，考虑到外资企业与本土企业生产技术相比对进口中间品的依赖程度更高，这一处理方法会在一定程度上高估外资企业创造的价值增值，进而高估贸易利益漏出，低估中国对美国出口中的由中国获得的真实贸易利益。

2016；UIBE GVC Index[①]）。计算真实贸易收益时，在华美资企业的美方股权比例用附属机构所有者股权（owners' equity of affiliates）占附属机构总资产（total assets of affiliates）的比例获得[②]；考虑到公司内贸易（intra-firm trade）在全球价值链分工中的重要性，本章用美国在华附属机构对美国（U. S. imports of goods shipped by affiliates）的出口反映在华美资企业对美国出口。以上数据均来自 BEA 的直接投资和跨国公司统计。在华外资企业对美国不同部门的出口数据，利用各行业外资企业出口乘以中国该行业对美国出口占总出口比重获得；各行业外资股权比例利用港澳台资本和外商资本加总在实收资本中的比重获得。其中，外资企业出口数据和股本数据来自《中国工业经济统计年鉴》，中国对美出口数据来自联合国 Comtrade 数据库。

考虑到数据的可获得性并确保结果的准确性，本章将研究的时间范围界定为 2009 ~ 2014 年，并将考察的部门进一步集中到纺织原料、服装以及皮革制品制造业（R6）、纸浆和纸制品制造业（R8）、化学原料及其制品（R11）、橡胶和塑料制品（R13）、基础金属和金属制品制造业（R15 和 R16 合并）、计算机、电子和光学产品制造业（R17）；电子设备制造业（R18）、其他机械和设备制造业（R19）、运输设备制造业（R20 和 R21 合并）以及家具以及其他制品制造业（R22）。

三、中国对美国出口中的真实贸易利益

（一）中国对美国出口中的国内增加值

一国出口中的国内增加值率表示单位出口中蕴含的由出口国创造的价值增值，也即属地贸易收益率。它反映的是一国出口的获利能力，该比率越高，出口获利能力越强。从表 7 - 1 中可以看到，2009 ~ 2014 年，中国制造业整体的属地贸易收益率大致经历了两个阶段：第一个阶段：2009 ~ 2011 年的下降阶段，这期间中国对美制造业出口的整体属地贸易收益率从 79. 6% 下降到 74. 7%；第二个阶段：2012 ~ 2014 年的上升阶段，属地贸易收益率从 79. 6% 提高到 81. 7%。具体到不同部门同样可以发现类似的

① http：//rigvc. uibe. edu. cn/english/D_E/database_database/index. htm。

② 由于 BEA 直接投资和跨国公司统计仅提供了 2009 年附属机构所有者股权和总资产数据，所以本章中其他年份的股权比例均用 2009 年的计算结果替代。

变化趋势。对比不同行业的属地贸易收益率，可以发现：属地贸易收益率高的行业多集中在典型的劳动密集型行业，比如纺织品、服装和皮革制品业以及家具和其他制成品制造业；而属地贸易收益率低的行业则集中在外资企业贡献较多的行业，比如计算机、电子和光学制品制造业、电气设备制造业以及化学原料及其制品业等；其余行业的属地贸易收益率则处于中等水平。

表 7－1　　中国对美国出口的属地贸易收益率　　单位：%

	2009 年	2010 年	2011 年	2012 年	2013 年	2014 年
纺织品、服装和皮革制品	88.6	87.1	87.2	88.8	89.1	90.2
纸浆和纸制品	84.7	82.2	81.3	83.1	83.7	84.5
化学原料及其制品	80.4	77.8	77.0	78.5	79.5	81.6
橡胶和塑料制品	81.3	78.9	78.8	81.0	81.9	83.5
基础金属和金属制品	82.6	80.0	79.0	79.9	79.6	82.1
计算机、电子和光学设备	69.5	68.4	69.3	71.0	71.0	73.6
电气设备	80.3	78.0	77.6	79.0	79.0	81.5
其他机械设备	82.5	80.2	80.1	81.2	81.4	83.5
运输设备	83.2	81.8	81.4	82.7	83.2	84.9
家具和其他制成品	89.7	88.0	87.6	88.9	88.5	89.3
制造业	**79.6**	**77.7**	**74.7**	**79.6**	**79.8**	**81.7**

资料来源：根据 UIBE GVC Index 数据库中的数据计算得到。

（二）中国对美出口中对美国的贸易利益漏出

1. 美国对华制造业投资的产业结构

2014 年，中国实际利用外资额达到 1195.6 亿美元，其中中国实际利用美国外商直接投资金额为 23.7 亿美元，占比约为 2.0%。如果以存量为统计口径，2014 年美国 FDI 存量在中国利用外资存量中的比重提升到 4.7%①。根据 BEA 数据，美国对华 FDI 的一半以上流入到制造业部门②。从图 7－2 可以看到，美国对华制造业部门的 FDI 主要集中在化学制品、计算机和电子

① 资料来源：2014 年《中国统计年鉴》。

② 2014 年，制造业在美国对华投资中的比重达到 52.5%。

产品以及运输设备三个部门。其中一个值得关注的变化趋势是，计算机和电子产品在美国对华制造业投资中的比重逐渐下降，从 2009 年的 26.4% 下降到 13.2%，降幅达到 50%；与之相反，化学制品和运输设备的比重则分别从 2009 年的 19.7% 和 10.5% 分别提高到 2014 年的 22.6% 和 17.1%。

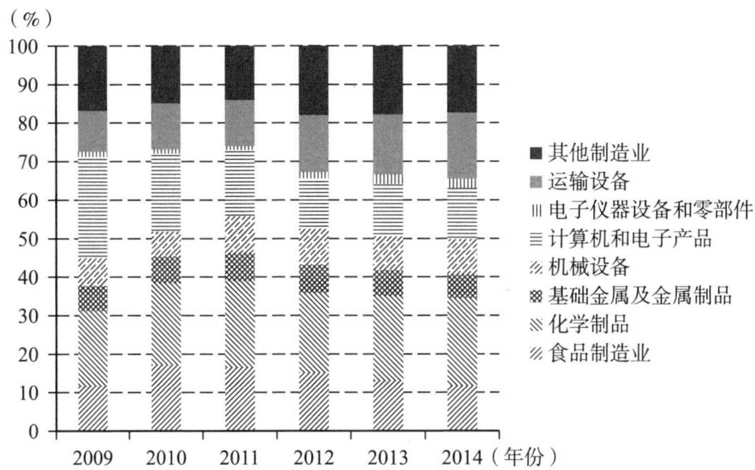

图 7－2 美国对华制造业 FDI 的产业结构（2009～2014）

资料来源：根据美国 BEA 国际收支和对外投资地位统计数据计算得出。

2. 在华美资企业的公司内贸易与对美国的贸易利益漏出

跨国公司和外国附属机构（foreign affiliates）之间的公司内贸易（intra－firm trade）是全球价值链分工的重要组成部分。整体而言，美国在华投资企业对中国对美国制造业出口的贡献非常有限且逐年下降，从 2009 年的 3.3% 下降到 2014 年的 2.5%（见表 7－2）。其中，计算机、电子和光学制品业是在华美资企业占中国对美出口比重最高的行业，其次为电气设备、其他机械设备、基础金属和金属制品以及橡胶和塑料制品等行业。较高的公司内贸易比例反映出上述行业较高的价值链分工程度。

表 7－2 美国在华投资企业对中国对美国出口的贡献率 单位：%

	2009 年	2010 年	2011 年	2012 年	2013 年	2014 年
纺织品、服装和皮革制品	3.4	0.3	0.6	0.7	0.7	0.3
纸浆和纸制品	0.1	0.1	0.2	0.2	0.2	0.2

续表

	2009 年	2010 年	2011 年	2012 年	2013 年	2014 年
化学原料及其制品	3.0	3.7	3.5	2.4	1.8	2.3
橡胶和塑料制品	3.4	7.5	7.2	6.4	4.2	2.7
基础金属和金属制品	3.3	5.6	5.5	2.5	2.6	2.8
计算机、电子和光学设备	2.8	4.0	2.5	2.5	2.8	3.6
电气设备	5.7	3.3	3.8	3.6	3.6	2.8
其他机械设备	2.8	3.9	3.4	3.0	3.3	2.8
运输设备	5.7	4.0	2.8	2.1	2.2	2.1
家具和其他制成品	4.0	3.3	0.9	2.5	1.0	2.2
制造业	**3.3**	**3.0**	**2.4**	**2.3**	**2.3**	**2.5**

注：表中带下划线的数据是数据缺失情况下的估算数据。本章利用林玲等（2013）的方法，用外资企业在中国出口中的比重乘以美国 FDI 占中国利用外资存量比重的方法进行估算。所需数据源于中国统计年鉴。

资料来源：根据 BEA 直接投资和跨国公司统计和 UIBE GVC Index 数据库中的数据计算得出。

从表 7 -3 可以看到，在华美资企业通过对美国出口实现的增加值呈现提升态势，从 2009 年的 26.2 亿美元提高到 2014 年的 35.2 亿美元。这表明美国跨国公司通过在华生产获得的跨国生产利益逐年增加。其中，计算机、电子和光学制品是美国在华投资生产获益最多的部门，电气设备、基础金属以及金属制品以及其他机械设备等行业紧随其后。而纸浆和纸制品以及纺织品、服装和皮革制品行业以及运输设备等行业的贸易利益漏出则相对较少。与计算机、电子和光学制品行业相比，同样作为美国对华投资主要部门的化学原料及其制品以及运输设备行业从中国对美国出口中获得的跨国生产利益较为有限，表明美国对中国上述行业的投资主要是市场寻求型（market seeking）FDI，看重的是中国市场规模和潜力；而美国对中国计算机、电子和光学制品行业的投资，则体现出效率寻求型 FDI 的特征，依赖中国廉价的劳动力从事加工装配后，再出口到美国进行后续的价值增值过程，呈现明显的价值链分工特征。

表 7 -3　　中国对美国出口中对美国企业的贸易利益漏出　　单位：百万美元

	2009 年	2010 年	2011 年	2012 年	2013 年	2014 年
纺织品、服装和皮革制品	606.6	72.3	129.5	167.9	173.5	89.3
纸浆和纸制品	0.2	0.2	0.9	1.1	1.1	1.6

续表

	2009 年	2010 年	2011 年	2012 年	2013 年	2014 年
化学原料及其制品	100.6	168.9	205.3	140.8	116.8	164.5
橡胶和塑料制品	101.5	259.1	275.4	282.9	202.2	136.4
基础金属和金属制品	194.7	420.4	468.5	248.7	254.4	312.2
计算机、电子和光学设备	1190.4	1055.9	695.5	795.3	890.2	1291.4
电气设备	287.4	309.3	413.7	441.3	485.1	438.6
其他机械设备	348.4	360.0	314.7	363.0	343.0	205.2
运输设备	78.9	72.5	132.0	99.8	119.2	140.7
家具和其他制成品	74.4	224.8	82.3	307.0	119.0	290.7
制造业	**2622.4**	**3027.1**	**2650.2**	**2851.9**	**3024.9**	**3517.1**

资料来源：笔者计算。

（三）中国对美出口中对其他国家的贸易利益漏出

从表 7－4 可以看到，2009～2014 年，中国对美大多数行业的出口中由外资企业贡献的部分都出现了不同程度的下降。其中，纸浆和纸制品、橡胶和塑料制品、计算机、电子和光学设备三个行业该比例下降得尤为显著。纸浆和纸制品以及橡胶和塑料制品是典型的环境污染密集型行业，近年来中国对该类型行业的利用外资政策逐渐收紧，导致该类行业的外资渗透度下降。而外资在华计算机、电子和光学设备行业的投资主要是依靠中国廉价的劳动力，将其作为加工组装基地再出口，从而造就了中国该行业居高不下的加工贸易比例以及外资企业的高渗透率。但是，近年来随着中国劳动力成本的不断提升以及中国贸易转型升级政策的不断推进，加工贸易类型的 FDI 占比不断减少，导致外资企业对中国计算机、电子和光学设备行业的出口贡献率不断下降。其他机械设备行业作为唯一的一个例外，外资企业在该行业中国对美国出口所占的比重从 2009 年的 27.0% 提高到 2014 年的 45.1%。

表 7－4　外资企业对中国对美国出口的贡献率　单位：%

	2009 年	2010 年	2011 年	2012 年	2013 年	2014 年
纺织品、服装和皮革制品	36.4	33.9	31.7	32.8	31.6	31.5
纸浆和纸制品	95.6	72.5	55.1	40.1	32.7	29.4

续表

	2009 年	2010 年	2011 年	2012 年	2013 年	2014 年
化学原料及其制品	23.3	24.0	22.4	23.8	22.5	21.1
橡胶和塑料制品	79.8	64.5	57.4	56.9	54.6	52.6
基础金属和金属制品	37.0	33.3	33.6	32.0	32.0	30.8
计算机、电子和光学设备	91.3	77.1	88.4	70.1	73.2	62.7
电气设备	51.9	48.3	52.4	42.9	36.0	39.3
其他机械设备	27.0	29.2	30.3	47.7	46.0	45.1
运输设备	56.5	47.4	44.8	40.4	44.4	47.9
家具和其他制成品	16.3	20.8	20.5	14.9	15.9	16.0
制造业	**65.7**	**67.4**	**64.5**	**67.9**	**67.2**	**65.2**

资料来源：笔者计算。

表7-5进一步计算了剔除外资企业创造的增加值后由中国要素获得的真实贸易收益率。对比表7-1和表7-5，经过调整后，中国对美制造业出口的整体真实贸易收益率虽出现大幅收窄但仍然保持着稳步提升的积极态势，从2009年的37.4%提高到2014年的43.9%。分行业来看，中国对美出口真实贸易收益率高的部门主要集中在家具和其他制品业以及纺织品、服装和皮革制品业等劳动密集型部门。尽管有所提升，但计算机、电气和光学制品行业仍是各行业中获利最低的行业，真实贸易收益率仅为35.4%。中国对美国其他行业出口的真实贸易收益率大多处于50%~70%的水平。对比发现，外资企业出口贡献度较高的部门，比如计算机、电子和光学制品、电气设备以及化工原料及其制品等，真实贸易收益率较低；而纺织服装和皮革制品以及家具和其他制造业等外资企业出口贡献率较低的部门，真实贸易收益率则相对较高。这一现象表明，跨国公司在促使中国快速融入国际分工体系的同时，还抑制了中国真实贸易收益率的提升。

表7-5　　中国对美国出口中的真实贸易收益率　　单位：%

	2009 年	2010 年	2011 年	2012 年	2013 年	2014 年
纺织品、服装和皮革制品	63.7	64.0	66.2	67.6	68.2	70.2
纸浆和纸制品	27.7	39.5	46.2	57.0	62.4	66.0

续表

	2009 年	2010 年	2011 年	2012 年	2013 年	2014 年
化学原料及其制品	66.4	64.1	64.5	65.0	66.8	69.3
橡胶和塑料制品	28.7	38.1	43.0	45.6	47.1	49.6
基础金属和金属制品	61.1	61.6	60.8	62.3	62.4	65.1
计算机、电子和光学设备	15.8	23.2	18.1	27.0	29.3	35.4
电气设备	47.9	49.6	47.6	55.0	59.3	59.7
其他机械设备	65.3	63.0	64.2	52.8	53.9	56.0
运输设备	53.6	57.7	59.5	62.9	61.5	60.8
家具和其他制成品	77.5	73.0	73.1	78.7	77.6	78.6
制造业	**37.4**	**36.9**	**39.4**	**40.4**	**42.3**	**43.9**

资料来源：笔者计算。

图 7 -3 对比了中国对美国制造业各行业出口的属地贸易收益率和真实贸易收益率的差别。从图中可以看到，剔除美国在华投资企业获得的跨国生产利益后，中国对美国出口的贸易获益能力出现了大幅下降。以 2014 年为例，调整后的中国对美国制造业出口的真实贸易收益率从 81.7% 下降到 43.9%，降幅近一半。换言之，如果不剔除外资企业的影响，单纯从属地贸易收益率衡量，将在很大程度上高估中国在对美出口中的贸易获利能力。从行业层面看，计算机、电子和光学设备、橡胶和塑料制品、基础金属以及纸浆和纸制品等行业的贸易收益率下降最为明显。以 2010 年为例，上述三个行业的真实贸易收益率将在属地贸易收益率基础上分别下调 45.2 个、40.8 个及 42.6 个百分点。造成这种现象的原因在于：一方面，上述行业外资企业在中国对美国出口中贡献较大（表 7 -2）；另一方面，上述行业外资企业中的外方控股比例较高。从变化趋势看，中国对美国出口的属地贸易收益率与真实贸易收益率之间的差异正在呈现收窄的趋势，而这主要得益于外资企业出口贡献率的下降。

四、中美双边贸易利益在国家间的分配

上一部分已经通过构建融合增加值贸易和所有权贸易的双边真实贸易利益核算框架测度了中国对美国制造业出口中的真实贸易利益。根据核算框架可知，双边贸易可按照价值增值来源分解为出口国增加值、进口国增

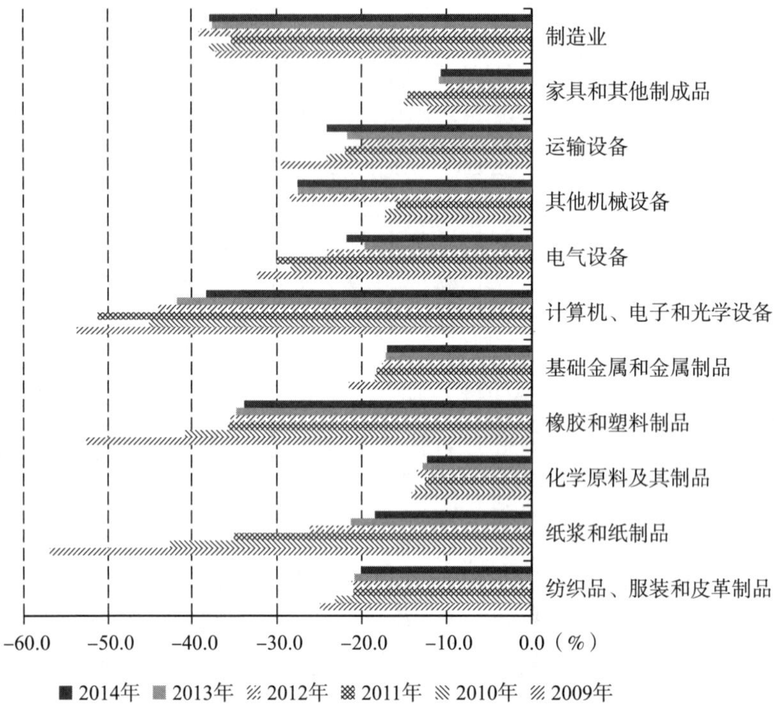

图 7-3　中国对美属地贸易收益率与真实贸易收益率的差异

资料来源：笔者计算。

加值以及第三国增加值三个部分。这一节将在上一节的基础上，核算中国对美国出口中由美国和第三国贡献的增加值，并通过计算各部分占比以勾勒出中美贸易利益的分配格局。

（一）中国对美国出口中的美国利益

表 7-6 计算了属地原则下中国对美国出口中美国增加值的贡献度。从表中可以看到，在中国对美国全部制造业的出口中，美国增加值所占的比重非常有限，且从 2009 年的 1.42% 下降到 2014 年的 1.09%。造成上述现象的原因在于，中国对美国大多数制造业出口中的美国增加值贡献度均在下降，其中基础金属和金属制品制造业以及运输设备制造业下降的尤为明显。与大多数行业不同，其他机械设备制造业、橡胶和塑料制品以及计算机、电子和光学设备制造业的中国对美出口中美国增加值的比重逐渐提高。在各主要制造业中，中国对美国基础金属和金属制品制造业出口中所

包含的美国增加值比重最高。2009～2014 年中国对美国该行业出口中平均有近 11% 的增加值来自美国。美国增加值贡献度次高的是运输设备制造业，但从数值看与基础金属和金属制品行业差距较大，2009～2014 年中国对美国该行业出口美国增加值的贡献度平均水平仅为 1.8%。

表 7－6　美国增加值对中国对美国出口的贡献度：属地原则　单位：%

	2009 年	2010 年	2011 年	2012 年	2013 年	2014 年
纺织品、服装和皮革制品	0.04	0.04	0.05	0.04	0.04	0.04
纸浆和纸制品	0.11	0.12	0.09	0.08	0.08	0.07
化学原料及其制品	0.29	0.26	0.21	0.20	0.18	0.15
橡胶和塑料制品	0.37	0.48	0.49	0.47	0.44	0.43
基础金属和金属制品	14.48	13.29	10.77	9.92	8.98	8.10
计算机、电子和光学设备	0.29	0.31	0.32	0.30	0.32	0.31
电气设备	1.40	1.36	1.26	1.04	0.97	0.91
其他机械设备	0.27	0.38	0.35	0.37	0.38	0.38
运输设备	2.97	1.81	1.51	1.63	1.57	1.32
家具和其他制成品	0.00	0.00	0.00	0.00	0.00	0.00
制造业	**1.42**	**1.45**	**1.28**	**1.27**	**1.18**	**1.09**

资料来源：根据 UIBE GVC Index 数据库中的数据计算得到。

表 7－7 将属地原则下中国对美国出口中的美国利益与表 7－2 中的属权原则下中国对美国出口中的美国利益加总，得到中国对美国出口中由美国获得的真实贸易利益，由此计算出中国对美国出口中美国真实贸易利益占比。对比表 7－6 和表 7－7，我们可以发现经过属权原则调整后，中国对美国出口中由美国获得的真实贸易利益与属地贸易利益呈现出非常一致的变化趋势。中国对美国整体制造业出口中，由美国获得的真实贸易利益仅占不到 2%，且呈现逐年下降的趋势。除个别行业之外，中国对美国大多数制造业出口均具有相同的特点。而在其他机械设备制造业以及橡胶和塑料制品制造业的中国对美国出口中，美国真实贸易利益占比小幅提升。

表 7－7　　中国对美国出口中美国贸易利益占比　　单位：%

	2009 年	2010 年	2011 年	2012 年	2013 年	2014 年
纺织品、服装和皮革制品	0.05	0.04	0.05	0.05	0.04	0.05
纸浆和纸制品	0.11	0.12	0.09	0.08	0.08	0.07
化学原料及其制品	0.30	0.27	0.22	0.21	0.18	0.16
橡胶和塑料制品	0.38	0.51	0.53	0.50	0.46	0.44
基础金属和金属制品	14.50	13.31	10.80	9.93	8.99	8.11
计算机、电子和光学设备	0.31	0.32	0.33	0.31	0.33	0.32
电气设备	1.42	1.38	1.28	1.06	0.98	0.92
其他机械设备	0.28	0.40	0.37	0.38	0.39	0.39
运输设备	2.99	1.81	1.53	1.63	1.57	1.33
家具和其他制成品	0.00	0.01	0.00	0.01	0.01	0.01
制造业	**1.43**	**1.46**	**1.29**	**1.28**	**1.19**	**1.10**

资料来源：笔者计算。

（二）中国对美国出口中的第三国利益

表 7－8 按照属地原则计算了中国对美国出口中第三国增加值的占比情况。从表中可以看到，2009～2014 年中国对美国整体制造业出口中约有 20% 是由第三国完成的增加值。按照属地原则，第三国增加值在中国对美国制造业出口中的贡献率逐渐下降，从 2009 年的 24% 下降到 2014 年的 17.2%。其中，以计算机、电子和光学设备制造业为代表的中国对美国大多数制造业出口中的第三国贡献度均出现了不同程度的下降。而基础金属和金属制品制造业以及纸浆和纸制品制造业则与大多数行业相反，中国对美国上述两个行业出口中的第三国增加值占比出现提升。结合表 7－1，就会发现在美国增加值占比保持相对稳定的情况下，中国对美国出口中由中国获得的属地贸易收益率与第三国获得的属地贸易利益率呈现镜像式的变化。这就意味着，中国和第三国在中国对美出口属地贸易利益分配格局中呈现此消彼长的竞争格局。

表 7－8　　第三国增加值对中国对美国出口的贡献度：属地原则　　单位：%

	2009 年	2010 年	2011 年	2012 年	2013 年	2014 年
纺织品、服装和皮革制品	11.3	12.9	12.7	11.2	10.9	9.7
纸浆和纸制品	15.2	17.7	18.7	16.8	16.2	15.5
化学原料及其制品	19.3	22.0	22.8	21.3	20.3	18.3
橡胶和塑料制品	18.3	20.7	20.7	18.5	17.7	16.1
基础金属和金属制品	2.9	6.7	10.2	10.2	11.4	9.8
计算机、电子和光学设备	30.2	31.3	30.3	28.7	28.6	26.1
电气设备	18.3	20.7	21.1	19.9	20.1	17.6
其他机械设备	17.3	19.4	19.6	18.4	18.2	16.1
运输设备	13.9	16.4	17.1	15.6	15.2	13.8
家具和其他制成品	10.3	12.0	12.4	11.1	11.5	10.7
制造业	**24.0**	**23.7**	**24.0**	**19.2**	**19.0**	**17.2**

资料来源：根据 UIBE GVC Index 数据库中的数据计算得到。

表 7－9 利用非美外资企业在中国对美出口所占的比重对中国的属地贸易利益进行调整，得到由第三国外资企业在中国对美国出口中获得的属权贸易利益。从表中可以看到，中国对美国制造业整体出口价值中近四成由第三国外资企业完成，且该比例呈现稳中有升的态势。受在中国对美国出口中占比下降（见表 7－4）的影响，在中国对美国大多数制造业的出口中，第三国外资企业增加值的比例均出现不同程度的下降。而在中国对美国出口的主要行业中，其他机械设备制造业是唯一一个第三国外资企业增加值占比提升的行业，造成这种现象的主要原因在于在中国对美国该行业出口中外资企业占比的逐渐提升。在各主要制造业中，计算机、电子和光学设备制造业是第三国外资企业在中国对美国出口过程中获益程度最高的部门，体现出该行业典型的价值链分工模式以及中国在参与该行业价值链分工过程中仍处于低附加值环节。

表 7－9　　第三国增加值在中国对美国出口的贡献度：属权原则　　单位：%

	2009 年	2010 年	2011 年	2012 年	2013 年	2014 年
纺织品、服装和皮革制品	23.3	23.0	20.7	20.9	20.5	19.9
纸浆和纸制品	57.0	42.6	35.1	26.1	21.2	18.4

续表

	2009 年	2010 年	2011 年	2012 年	2013 年	2014 年
化学原料及其制品	12.8	12.1	11.1	12.5	12.0	11.3
橡胶和塑料制品	50.8	37.0	32.2	32.1	32.6	32.4
基础金属和金属制品	19.8	15.6	15.5	16.3	15.9	15.5
计算机、电子和光学设备	51.9	43.9	50.5	43.2	40.9	37.1
电气设备	30.5	26.8	28.3	22.4	18.0	20.4
其他机械设备	16.0	15.6	14.6	27.2	26.2	26.4
运输设备	28.3	23.4	20.9	19.1	20.9	23.3
家具和其他制成品	11.8	13.7	14.1	8.8	10.4	9.5
制造业	**35.9**	**36.8**	**34.5**	**38.2**	**36.6**	**36.8**

资料来源：笔者计算。

将中国对美国出口中由第三国获得属地贸易利益和属权利益加总就可以得到中国对美国出口中由第三国获得的真实贸易利益，进而得到该部分利益在中国对美国出口中的比例（见表7－10）。从表中可以看到，受属地贸易收益率不断下滑（见表7－8）影响，第三国在中国对美国制造业整体出口中的真实贸易收益率从2009年的59.9%下降到2014年的54%。其中，尤以纸浆和纸制品、计算机、电子和光学设备以及橡胶和塑料制品等行业的下降最为明显。需要指出的是，造成上述三个行业第三国真实贸易收益率下降的原因各异。中国对美国纸浆和纸制品出口利益中第三国占比下降的主要原因在于第三国外资企业对中国对美国该行业出口贡献度的显著下降以及由此导致的第三国属权贸易获益能力的下降，而第三国在该行业属地贸易收益率则保持相对稳定（见表7－4）。属地贸易收益率和属权贸易收益率的同时下降是造成计算机、电子和光学设备以及橡胶和塑料制品第三国真实贸易收益率下滑的主要原因，其属权贸易收益率下降发挥了更加重要的作用。相应的，以上因素也是造成中国在上述行业对美出口中实际获利能力不断提升的原因。也有一些行业，第三国在中国对美国该行业出口中的获利能力在逐渐增强，这主要得益于属地贸易收益率的增强（基础金属和金属制品）或者属权贸易收益率的提高（其他机械设备制造业）。

表 7－10　中国对美国出口中第三国真实贸易利益占比　单位：%

	2009 年	2010 年	2011 年	2012 年	2013 年	2014 年
纺织品、服装和皮革制品	34.6	35.8	33.5	32.1	31.4	29.6
纸浆和纸制品	72.1	60.3	53.7	42.9	37.5	33.8
化学原料及其制品	32.1	34.1	33.9	33.8	32.3	29.6
橡胶和塑料制品	69.2	57.7	52.9	50.6	50.3	48.5
基础金属和金属制品	22.7	22.3	25.7	26.5	27.3	25.4
计算机、电子和光学设备	82.1	75.2	80.8	71.9	69.5	63.1
电气设备	48.8	47.5	49.4	42.3	38.1	38.0
其他机械设备	33.3	35.0	34.1	45.6	44.4	42.5
运输设备	42.2	39.8	38.0	34.8	36.1	37.1
家具和其他制成品	22.1	25.7	26.4	19.9	21.9	20.2
制造业	**59.9**	**60.5**	**58.4**	**57.3**	**55.6**	**54.0**

资料来源：笔者计算。

（三）中国对美国出口贸易利益的分配格局

图 7－4 和图 7－5 分别给出了中国对美国出口中属地贸易利益和真实贸易利益在中国、美国及第三国之间的分配格局。从图 7－4 可以看到，按照属地贸易利益核算原则，中国在对美国出口中的获利能力小幅提升，从 2009 年的 74.6% 提高到 2014 年的 81.7%。而美国和第三国增加值在中

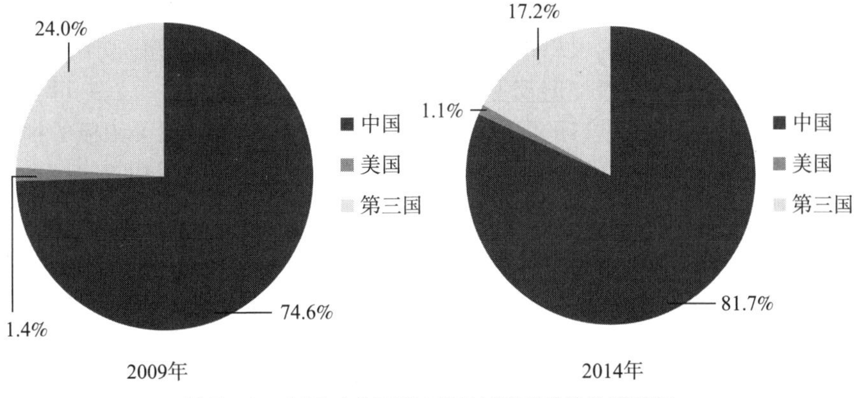

图 7－4　中国对美国出口属地贸易利益分配格局

资料来源：笔者计算绘制。

国对美国出口中的比重则相应地从 2009 年的 1.4% 和 24.0% 分别下降到 2014 年的 1.1% 和 17.2%。这意味着，如果单纯以增加值贸易核算，中国对美国每出口 1 美元制成品，将有超过 0.8 美元被中国“境内”的生产要素获得。

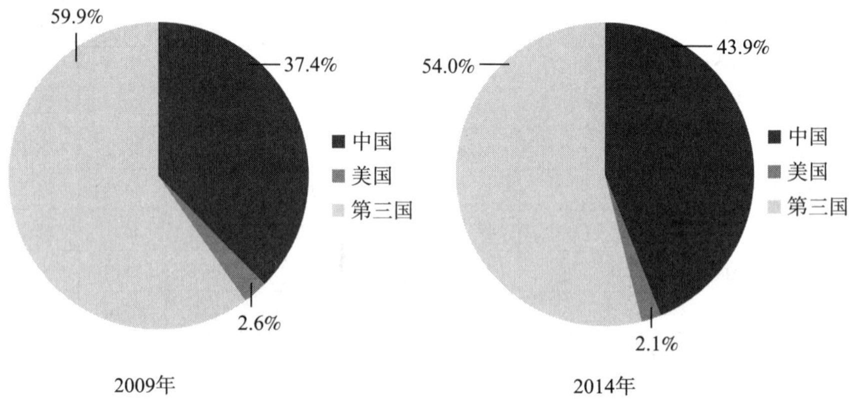

图 7－5　中国对美国出口真实贸易利益分配格局

资料来源：笔者计算绘制。

对比图 7－4 和图 7－5 可以发现，如果考虑外商投资企业在中国对美国出口中发挥的作用，在中国对美国出口属地贸易利益中剔除由外资企业贡献的部分，中国对美国出口中的真实贸易收益率将出现大幅下降，降幅近五成。换言之，单纯以增加值贸易核算的属地贸易利益将在很大程度上高估中国在对美国出口中的获利能力。即使由中国“境内”生产要素创造的增加值在中国对美国出口中的占比能够超过八成，但是真正“属于”中国的生产要素创造的增加值仅占中国对美国出口的四成左右。但是可喜的是，尽管中国在美国出口的实际贸易获利能力较弱，但出现了积极的提升态势，从 2009 年的 37.4% 提高到 2014 年的 43.9%。而美国和第三国在中国对美国出口中的获利能力出现下降。

综上所述，通过构建融合增加值贸易和所有权贸易统计的双边真实贸易利益核算框架，测算中国对美国制造业出口中由中国获得的真实贸易利益，得出以下主要结论：首先，2009～2014 年中国对美国制造业出口的属地贸易收益率先降后升，维持在 70%～80% 的水平，劳动密集型行业属地贸易收益率较高，而美国投资集中行业的属地贸易收益率则相对较低；其次，美国在华制造业投资具有较为明显的市场寻求型导向，计算机、电子和光学制品行业作为例外具有典型的效率寻求型特征，2014 年该行业是在华美资企业占中国对美出口比重最高的行业，同时也是中国对美国出口国内增加值率最低的行业；再次，按照属权原则，剔除中国对美出口国内贸易增加值中由外国要素贡献的部分，中国的真实贸易收益率出现大幅下降，但仍保持着稳步提升的积极态势，属地贸易收益率与真实贸易率之间的差异在逐渐收窄；最后，美国跨国公司通过在华投资设厂正在从中国对美国的出口中获得越来越多的跨国生产利益，其中计算机、电子和光学制品是美国通过在华投资生产获益最多的部门，这意味着美国政府倡导的抑制海外生产、促进制造业回流的做法将不利于跨国公司在全球范围内寻求资源的最有效配置，从而损害跨国公司利益。

第二节　中国出口贸易利益的影响因素

本节将在前文研究的基础上，在增加值贸易框架下考察在我国出口中的国内增加值比例并进行国际比较，进而剖析融入全球价值链对我国不同制造业贸易获利能力的影响。

一、出口属地贸易利益的国际比较

（一）制造业整体的国内价值增值

为了剔除出口结构差异对国内成分比例的影响，表 7－11 给出了 1995 年、2000 年、2005 年及 2011 年主要国家（地区）制造业出口中的国内价值增值比重。从表中可以看到，2000～2011 年，中国制造业出口中的国内价值增值比例经历了先下降后提升的“V”形的变化轨迹，从 1995 年的 55.6% 下降到 2000 年的 51.3%，此后增长至 2011 年的 59.9%。整体而言，中国制造业在参与全球价值链分工过程中的获利能力得到了比较明显的提升。但是，和日本、德国、美国等发达国家相比我国出口国内价值增值比例仍然相对较低。从表中可以看到，日本是所有国家中贸易获利能力最强的国家，国内增加值比例虽然有所下降，但仍维持在 80% 以上的水平。尤其值得关注的是，即使是和印度、印度尼西亚、菲律宾等发展中国家相比，我国制造业出口的贸易获利能力也并不具有优势。尤其是菲律宾近年来出口中的国内成分比例实现了快速增长，从 1995 年的 58.8% 提高到 2011 年的 71.0%。比较之下，中国近几年制造业出口的贸易获利能力则进入了一个瓶颈期，出现稳中有降的态势。

表 7-11 主要国家制造业出口中的国内增加值比例 单位：%

国家（地区）	国内价值增值比例				国家（地区）	国内价值增值比例			
	1995 年	2000 年	2005 年	2011 年		1995 年	2000 年	2005 年	2011 年
澳大利亚	84.8	79.3	82.4	75.4	波兰	80.8	69.5	65.6	59.9
奥地利	71.2	68.6	65.6	63.9	葡萄牙	65.1	61.6	58.9	56.7
比利时	61.4	58.0	59.1	53.2	西班牙	73.7	64.9	64.1	62.6
加拿大	68.3	64.3	66.2	64.1	瑞典	68.7	64.7	63.4	62.1
智利	83.9	74.6	78.4	77.8	瑞士	77.0	71.9	65.0	71.4
捷克	62.5	55.2	50.5	47.7	土耳其	87.7	80.2	70.7	64.8
丹麦	73.5	71.2	68.7	67.0	英国	75.6	74.3	73.6	64.3
芬兰	72.8	65.9	63.2	58.2	美国	84.0	82.5	81.4	78.5
法国	77.4	70.4	69.2	66.7	巴西	89.9	85.5	85.4	85.7
德国	82.4	76.2	74.7	69.3	**中国**	**55.6**	**51.3**	**52.0**	**59.9**
希腊	76.6	65.7	68.1	62.3	印度	87.4	84.8	74.8	63.8
匈牙利	62.1	39.2	44.0	42.2	印度尼西亚	80.7	75.9	77.7	81.4
爱尔兰	56.6	51.1	50.5	52.9	马来西亚	61.3	39.5	43.5	47.6
意大利	78.8	75.5	72.8	68.0	菲律宾	58.8	59.6	50.5	71.0
日本	92.9	90.8	86.1	81.9	俄罗斯	82.7	77.4	81.4	80.0
韩国	72.7	64.7	61.9	53.1	新加坡	48.1	46.6	56.6	51.0
墨西哥	61.4	54.2	54.2	56.6	南非	82.8	77.0	74.4	71.5
荷兰	65.6	60.5	62.0	56.5	中国台湾地区	62.6	60.6	55.9	49.0
新西兰	80.3	75.2	80.2	78.8	泰国	68.2	60.4	55.5	51.7
挪威	69.2	70.3	68.5	69.9	越南	68.2	60.6	54.7	51.2

资料来源：OECD-WTO TiVA 数据库。

（二）细分行业的国内价值增值

图 7-6 给出了 1995 年、2000 年、2005 年及 2011 年中国各行业出口中的国内增加值率。从图中可以看到，中国不同制造业出口中的国内价值

增值比例有着较大的差异。其中，纺织原料及其制品（C4），皮革、皮革制品和鞋类行业（C5），食品、饮料和烟草业（C3），非金属矿物制品业（C11）以及其他制造业（C16）是国内增加值率最高的几个行业。而纸张、印刷和出版业（C7）和电子和光学仪器制造业（C14）的出口国内增加值率则较低。以电子和光学仪器业为例，1995 年该行业出口中的 1/3 由国内增加值构成，经过几年的增长，截至 2011 年，该行业的国内增加值率虽提升至 46.2%，但在制造业中该行业仍是出口获利能力最弱的行业。究其原因，纺织服装、皮革鞋类等行业大部分生产过程是劳动密集型的，因此中国凭借廉价的劳动力能够完成该类出口产品出口中大部分的价值增值。从变化趋势看，中国绝大多数制造业出口的国内增加值率都出现了提升。其中，纸张、印刷和出版业（C7）和运输设备制造业（C15）提升的尤为明显。造成这一现象的原因在于，中国制造业生产过程逐渐用国内中间品代替进口中间品，导致对进口中间品的依赖程度逐渐降低；另一方面，加工贸易向一般贸易的转型也是导致上述部门国内价值增值比例提高的重要因素。与绝大多数所述行业不同，非金属矿物制品业（C11）是唯一一个出口国内增加值下降的行业，从 1995 年的 78.9% 下降到 2011 年的 70.0%。

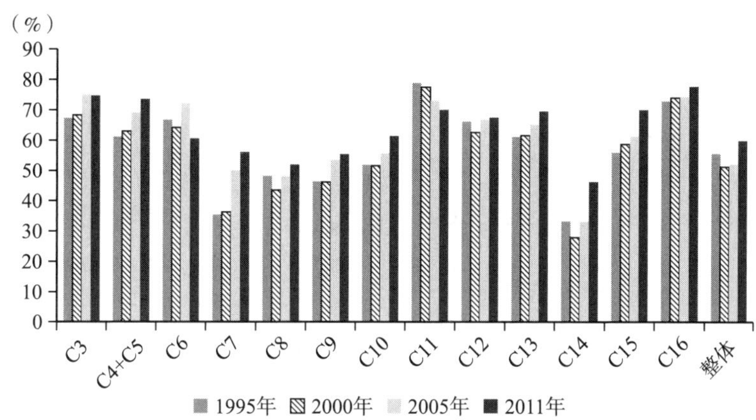

图 7－6　中国制造业出口中的国内增加值比例

资料来源：OECD－WTO TiVA 数据库。

二、中国制造业融入全球价值链的路径

由于行业的技术层次决定了生产的国际分割程度，图 7－7 根据技术

层次以及部门技术密集度的差异，OECD 将制造业部门分为低技术、中低技术、中高技术以及高技术部门。对应本文的行业分类，OECD 定义的低技术部门包括纺织（C4）、皮革鞋类（C5）、木材及木制品（C6）、纸浆及纸制品（C7）以及未分类的其他制造业（C16）；中低技术部门包括煤炭、炼油和核燃料（C8）、橡胶和塑料制品（C10）、非金属矿物制品（C11）及金属制品（C12）；中高技术部门包括机械（C13）、运输设备（C15）和化学制品（C9）；高技术部门包括电子和光学制品（C14）①。由图中可以看到，不同技术层次部门参与全球价值链分工的路径存在巨大差异。对于低技术部门，全球价值链分工参与度与国际分工地位之间出现了显著的正相关关系，这意味着纺织、鞋类等行业更多地通过扮演中间品提

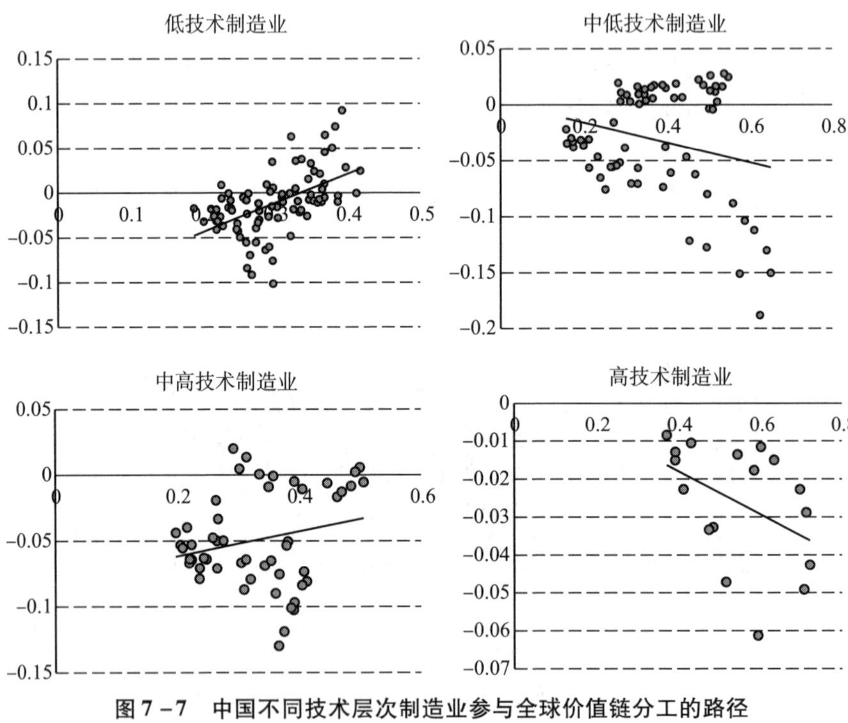

图 7-7 中国不同技术层次制造业参与全球价值链分工的路径

注：图中横轴表示全球价值链分工参与度，纵轴表示国际分工地位。

资料来源：根据 UIBE GVC Index 数据库中的数据计算绘制。

① 部门分类标准详见 http://www.nsf.gov/statistics/seind04/c6/tt06-01.htm

供者的角色来融入全球价值链分工，促进了上述行业国际分工地位的提升；对于中低技术部门，全球价值链分工参与度与国际分工地位之间出现了不太显著的负相关关系，表现虽然不明显，但中国的中低技术行业更多的是通过依赖进口中间品融入国际分工体系；对于中高技术部门，全球价值链分工参与度与国际分工地位之间出现了不太显著的正相关关系，但是在中高技术行业内部出现了模式上的分化，化学原料和化学制品业（C9）多以中间品提供者的角色融入全球价值链，而机械设备制造业（C13）和运输设备制造业（C15）则更多地以中间品使用者的角色融入全球价值链；而高技术部门，全球价值链分工参与度与国际分工地位之间出现了显著的负相关关系，这意味着我国高技术部门主要通过从事加工装配等下游环节参加国际分工，面临的“锁定”风险较大。上述现象从根本上说，是由我国制造业各行业参与国际分工模式的差异造成的。

三、中国对美国出口贸易利益影响因素的实证

（一）基准模型

关于出口国内增加值影响的研究，目前还不是很多，以中美贸易为研究对象的就更加鲜见。冈萨雷斯（Gonzalez，2016）以东南亚国家为例，考察了出口中国外增加值（foreign value-added，FVA）对于促进国内出口绩效的作用，结果表明出口中国外增加值不仅没有对出口国内增加值（domestic value-added，DVA）起到替代作用，反而促进了 DVA 的增长，验证了 GVC 分工体系下进口对出口的促进作用。江希和刘似臣（2014）利用约翰森协整检验和 VEC 计量模型，对影响中国对美出口国内增加值率的影响因素进行了实证检验，结果表明长期内垂直专业化程度有利于提升中国对美出口中的国内增加值率，其余依次是制造业的劳动生产率和规模经济。李文秀和姚洋洋（2015）重点考察了要素比例和技术差异对中国对美增加值出口的影响，结果表明高技能劳动力和资本的要素密集度以及相对生产率对中国出口增加值都具有正向的促进作用。

1. 模型设定

上一部分的研究已经表明，参与价值链分工的模式对不同类别行业 DVA 的影响不尽相同，因此本部分将在控制结构性因素、规模经济因素、贸易政策因素的基础上，重点考察 GVC 参与程度对中国对美国不同商品

部门出口 DVA 的影响，构建以下基准计量模型：

$$\ln DVA_{it} = \beta_0 + \beta_1 \ln par_{it} + \beta_2 \ln(K/L) + \beta_2 \ln scale_{it} + \beta_3 \ln tariff_{it} + \beta_4 \ln prod_{it} + \beta_5 \ln skill_{it} + D_i + \varepsilon_{it} \quad (7-1)$$

其中，下标 i 和 t 分别表示行业和年份，par 表示 GVC 分工参与度，K/L 表示行业要素密集度，scale 表示用于满足国内需求的增加值，以反映国内市场规模对出口国内增加值的影响，tariff 表示进口关税，用来控制贸易政策影响，prod 表示劳动生产率，skill 表示技术密集度，D 表示行业虚拟变量。

2. 变量构造和数据来源

出口中的国内增加值（DVA）的计算方法详见式（3－8）；全球价值链分工参与度（par）的计算方法详见式（3－26）。为了区分考察不同参与路径对出口国内增加值的影响，进一步将全球价值链分工参与度分为前向参与度（for）和后向参与度（back），前者用间接增加值出口（IV）在总出口（E）中的比重表示，后者用出口中的国外增加值（FV）在总出口的比重表示，IV 和 FV 的计算方法详见式（3－6）和式（3－7）：par、for、back 以及 scale 数据均来源于 UIBE GVC Index 数据库①。tariff 用加权后的 MFN 关税税率表示，数据来自 WITs 数据库。prod 用人均创造的增加值表示。skill 用高技术劳动增加值在劳动增加值中的比重表示。K/L 用各行业固定资本形成除以雇佣人数得到。以上数据均来源于 WIOD 的 SEA 表。考虑到 par（for 和 back）、tariff 及 skill 等变量介于 0 到 1 之间，为了便于判断不同变量对被解释变量的影响方向，在取对数时对上述变量做加 1 处理。

3. 实证结果与分析

表 7－12 中的（1）~（3）列给出了基准模型的回归结果。从表中可以看到，lnpar 前面的系数显著为正，表明参与全球价值链分工能够有效提升中国对美国出口的国内增加值。对比第（2）列和第（3）列的系数发现，lnfor 与 lnback 的系数也都显著为正，且 lnfor 前的系数大于 lnback 的系数。这意味着，与后向参与 GVC 分工相比，前向参与 GVC 分工对中国对美国出口 DVA 的促进作用更加明显，这是符合预期的。原因在于，前向参与是通过向其他国家提供中间品融入 GVC 分工，前向参与度越高，越处于价值链上游，国际分工地位越高，贸易获利能力越强。而后向参与

① http://rigvc.uibe.edu.cn/english/D_E/database_database/index.htm

是通过从别国进口中间品参与 GVC 分工，后向参与度越高意味着出口中投入的进口品越多，越处在价值链下游。从理论上讲，后向参与不利于出口 DVA 的提升，因为 DVA 和 FVA 是此消彼长的关系。但是，从结果中发现，尽管与前向参与相比后向参与对中国对美出口 DVA 的促进效果相对较弱，但依然发挥着积极作用。后文我们会对此进行解释。

表 7-12　参与 GVC 分工与中国对美国出口中的国内增加值

	基准模型			引入交叉项		
	(1)	(2)	(3)	(4)	(5)	(6)
lnpar	3.843*** (0.765)			3.716*** (0.748)		
lnfor		7.296*** (1.053)			6.774*** (1.078)	
lnbac			1.974* (1.144)			2.535** (1.121)
ln(K/L)	-0.586*** (0.127)	-0.586*** (0.117)	-0.423*** (0.132)	-0.659*** (0.126)	-0.618*** (0.117)	-0.541*** (0.132)
lnscale	0.517*** (0.104)	0.511*** (0.0928)	0.330*** (0.107)	0.560*** (0.103)	0.523*** (0.0923)	0.417*** (0.107)
lntariff	-0.0496 (0.0573)	-0.0400 (0.0531)	-0.134** (0.0586)	0.00214 (0.0582)	-0.0152 (0.0541)	-0.0582 (0.0606)
lnprod	0.808*** (0.125)	0.768*** (0.117)	0.738*** (0.133)	0.932*** (0.128)	0.840*** (0.122)	0.906*** (0.137)
lnskill	7.624** (3.359)	9.006*** (2.709)	15.31*** (3.573)	31.66*** (8.088)	24.22*** (8.095)	41.94*** (8.097)
lnprod lnskill				-4.347*** (1.337)	-2.657** (1.333)	-5.133*** (1.411)
常数项	-0.416 (1.143)	-0.217 (0.978)	2.017* (1.167)	-1.470 (1.163)	-0.688 (0.999)	0.284 (1.229)
行业固定效应	Yes	Yes	Yes	Yes	Yes	Yes
观测值	224	224	224	224	224	224
R-squared	0.814	0.831	0.794	0.824	0.835	0.807

注：*、** 和 *** 分别表示在 10%、5% 和 1% 的置信水平上显著，括号内数字为标准差。

再看控制变量。ln（K/L）前系数显著为负，这说明部门的资本密集度越高，中国对美出口中的 DVA 就越低。这意味着中国对美国劳动密集度部门出口中的 DVA 更多。考虑到中美两国之间要素禀赋的差异，这一点符合预期。同时，规模经济因素也是影响中国对美国出口 DVA 的重要力量，国内市场规模与出口中的 DVA 存在显著的正相关关系。整体而言，关税对中国出口 DVA 有一定的抑制作用，当核心解释变量为 GVC 分工参与度（par）和前向参与度（for）时，这一作用并不显著。但是当核心解释变量为后向参与度（back）时，关税水平对出口 DVA 由明显的抑制作用。对这一现象可能的解释是，关税水平提升不利于中国进口中间品，从而抑制进口中间品与出口之间的投入产出关联，不利于中国对美国出口 DVA 的增长。后文，我们会对此机制进行进一步检验。而生产率和技术密度度也与出口 DVA 之间呈现显著的正相关关系，意味着生产率越高，生产过程中投入的高技术劳动越多，越有利于出口 DVA 的提升，这也是符合预期的。

为了考察生产率与技术密集度之间的交互作用对出口 DVA 的影响，表 7－12 中的（4）~（6）列通过引入交叉 lnprod × lnskill 对基准模型进行了拓展。对比（1）~（3）列和（4）~（6）列的结果，可以发现，在加入交叉项后，核心解释变量以及控制变量的系数都没有发生显著变化，表明实证结果的稳健性。值得关注的是，加入交叉项后，lnprod 和 lnskill 前的系数依然显著为正，且 lnskill 对出口 DVA 的影响大幅提升，但交叉项前的系数显著为负。这意味着，在中国对美国的出口中，提升技术密集度并不能通过提升生产率来促进 DVA 的增长，相反还对出口 DVA 有显著的抑制作用。对此可能的解释是，在中国对美国出口中，越是生产率高的行业，高技术劳动投入密集度越低。换言之，中国对美出口中的 DVA 主要来源于中低技术劳动和资本。图 5－4 对此了进行印证。从图中可以看到，密集使用低技术劳动、部分依赖中技术劳动，较少投入高技术劳动是中国各行业的普遍特征。2009 年，在中国制造业出口的劳动增加值中低技术劳动贡献最高（53.7%），中技术劳动次之（37.2%），高技术劳动最低（9.1%）。

为了识别不同技术层次劳动投入对中国对美国出口 DVA 的作用，本部分将高技术劳动生产率（prodH）、中技术劳动生产率（prodM）和低技术劳动生产率（prodL）同时引入基准模型。通过比较以上三个变量前的系数来判断劳动力技术结构对中国对美国出口 DVA 的影响。其中，各技术层次劳动的生产率利用各技术层次劳动创造的增加值比上各技术层次劳动投入的小时数获得，也即用各技术层次劳动单位时间创造的增加值来衡量。以上数据均来自 WIOD 的 SEA 表。表 7 - 13 给出了不同技术层次劳动生产率对中国对美出口 DVA 的影响。从表中可以看到，高技术劳动生产率的提高将在很大程度上拉动中国对美国出口 DVA，中技术劳动生产率对中国对美国出口 DVA 的影响并不显著，低技术劳动生产率却对出口 DVA 有明显的抑制作用。这一结论具有较强的政策含义，这意味着优化中国劳动力技术层次结构，提高高技术劳动的投入比例，降低低技术劳动投入比例，将有利于提升中国的贸易获利能力。

表 7 - 13　　劳动技术结构与中国对美国出口国内增加值

	(1)	(2)	(3)
lnpar	3.172*** (0.662)		
lnfor		6.576*** (1.097)	
lnbac			2.567*** (0.919)
ln(K/L)	-0.114 (0.101)	-0.119 (0.0983)	-0.0741 (0.104)
lnscale	0.283*** (0.104)	0.348*** (0.103)	0.177* (0.104)
lntariff	-0.135** (0.0644)	-0.110* (0.0622)	-0.208*** (0.0640)
lnprodH	3.944*** (1.248)	2.890** (1.245)	4.850*** (1.271)
lnprodM	-1.040 (2.195)	0.278 (2.111)	-0.874 (2.303)
lnprodL	-2.732* (1.458)	-3.030** (1.369)	-3.769** (1.511)
常数项	2.896*** (0.916)	2.481*** (0.889)	4.058*** (0.897)
行业固定效应	Yes	Yes	Yes
观测值	224	224	224
R - squared	0.788	0.799	0.772

注：*、** 和 *** 分别表示在 10%、5% 和 1% 的置信水平上显著，括号内数字为标准差。

（二）拓展模型

在中国融入 GVC 分工的过程中，外商投资企业发挥了重要作用，同时也对中国出口的获利能力产生了重要影响。为了考察 FDI 对中国对美国出口国内增加值的影响，这部分将外资渗透率引入模型。外资渗透率利用外商资本占实收资本的比重获得，数据来自历年《中国工业经济统计年鉴》。①

1. 中国工业各行业的 FDI 渗透率

图 7－8 给出了中国不同工业行业的外资渗透率。从图中可以看到，不同部门的外资渗透率存在显著差异。其中，采矿业（C2）和焦炭、炼油和核燃料业（C8）是外资渗透率最低的两个部门。造成这一现象的原因在于，中国出处于维护国家经济安全的目的，对上述两个行业的外资市场准入进行了较为严格的限制。与上述行业形成鲜明对比，电子和光学设备制造业（C14）是各行业中外资渗透率最高的，在考察期间内外商资本在该行业实收资本中所占比重的平均值达到 33.8%。长期以来，为了降低生产成本，外商投资企业将中国视为其产品加工组装环节的基地，以加工贸易方

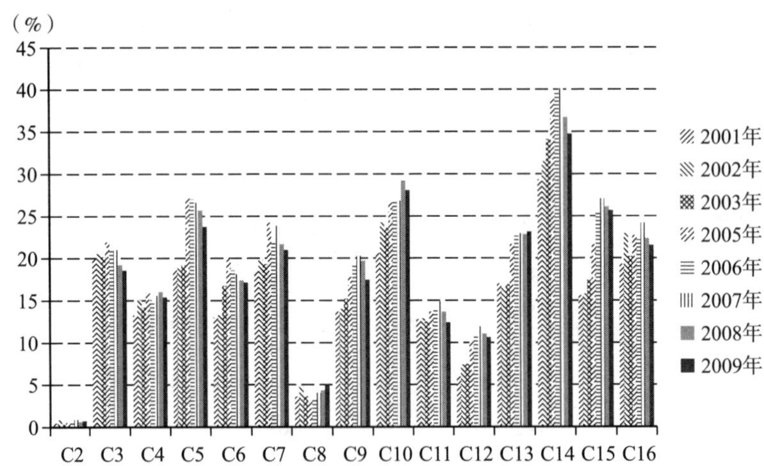

图 7－8　中国工业部分各行业外资渗透率

资料来源：根据《中国工业经济统计年鉴》数据计算绘制。

① 由于中国工业经济统计年鉴仅从 2001 年开始报告中国各工业行业的资本所有权结构，因此这部分实证的时间跨度为 2001～2009 年（其中由于 2004 年数据缺失）。又由于中国工业经济统计年鉴仅报告工业行业数据，因此涉及的行业未包括 WIOD 数据库中的农、林、牧、渔业（C1），仅涉及 C2～C16 等 15 个部门，特此说明。

式将中国融入该行业的 GVC 分工。从长远考虑，这一参与国际分工的方式，会存在低端锁定的风险，不利于中国贸易获利能力的提升。

2001 ~2009 年，绝大多数中国工业行业的外资渗透率均出现了先提升再下降的变化趋势，而历史峰值大多出现在 2007 年。对此现象可能的解释是：一方面，2008 年中国政府对企业所得税制进行改革，取消了单独给予外商投资企业的税收优惠，实现了内外企业企业所得税制的并轨，这在一定程度上抑制了外资企业来华投资的意愿；另一方面，近年来中国劳动成本优势不断削弱，单纯看重中国廉价劳动力的外资企业向着劳动力成本更低的东南亚等发展中国家转移。但同时，我们也发现橡胶和塑料制品业（C10）以及机械设备制造业（C13）的外资渗透率却在稳步提高。尤其是机械设备制造业（C13），该行业的外资渗透率从 2001 年的 12.5% 提升至 2009 年的 23.1%。这表明，该行业的来华 FDI 不是效率寻求型的，而更多看中的是中国国内市场和配套能力。从这个角度讲，外资渗透将有利于中国出口国内增加值的增长。

2. 外资渗透对中国对美国出口国内增加值的影响

由上述分析可知，不同类型的 FDI 对中国出口国内增加值的影响方向是相反的。效率寻求型的 FDI，主要以后向关联的模式将中国融入 GVC，大量使用进口中间品、价值增值有限是这一方式的主要特征，不利于中国出口获利能力的提升；市场寻求型 FDI，更加看重中国国内市场规模和生产配套能力，这种类型的 FDI 将促使中国以前向关联的模式融入 GVC，而这有利于中国出口获利能力的提升，那么，究竟哪个途径会发挥主导作用，利用外资对中国出口获利能力的影响如何？为了解决这一问题，有必要将外资渗透与参与 GVC 之间的交互作用纳入分析框架，以便客观评价 FDI 对中国出口国内增加值的影响，并有针对性地调整利用 FDI 政策，将外资对贸易获利能力的促进最大化。

从表 7 - 14 可以看到，在考虑外资因素后，核心解释变量和控制变量的符号并没有发生变化，表明实证结果的稳健性。从表（1）~（3）列可以看到，外资渗透率之前的系数显著为正，表明利用外资对中国对美出口的国内增加值起到显著的提升作用。而且对比不同控制变量前的系数可以发现，外资渗透率对中国对美国出口国内增加值的影响明显大于其他控制变量。这意味着，FDI 确实是中国对美国出口国内增加值的主要影响因素。尤其是，在考虑外资因素后，后向参与度（lnback）对中国对美出口 DVA 的影响变得不再显著。这在一定程度上表明外商投资企业是中国以后向参与方式融入 GVC 的主要力量。

表 7－14　　外资企业渗透对中国对美国出口国内增加值的影响

	基准模型			引入交叉项		
	(1)	(2)	(3)	(4)	(5)	(6)
lnpar	4.105 *** (0.912)			3.209 * (1.681)		
lnfor		7.406 *** (1.149)			3.613 (2.210)	
lnbac			1.731 (1.458)			3.262 (2.881)
ln(K/L)	-0.739 *** (0.180)	-0.694 *** (0.158)	-0.517 *** (0.197)	-0.694 *** (0.194)	-0.574 *** (0.167)	-0.561 *** (0.210)
lnscale	0.613 *** (0.129)	0.610 *** (0.108)	0.341 ** (0.135)	0.589 *** (0.135)	0.537 *** (0.113)	0.361 ** (0.139)
lntariff	-0.0208 (0.105)	-0.0322 (0.0926)	-0.171 (0.113)	-0.0430 (0.111)	-0.0844 (0.0949)	-0.147 (0.120)
lnprod	0.890 *** (0.190)	0.760 *** (0.174)	0.859 *** (0.212)	0.894 *** (0.190)	0.796 *** (0.172)	0.871 *** (0.214)
lnskill	0.815 (3.708)	3.410 (3.065)	6.548 (4.251)	-0.133 (4.007)	1.115 (3.230)	7.249 (4.413)
lnFDI	6.750 *** (1.359)	5.681 *** (1.276)	7.810 *** (1.458)	4.627 (3.608)	0.855 (2.722)	9.716 *** (3.419)
lnpar_lnFDI				5.185 (8.160)		
lnfor_lnFDI					22.36 ** (11.19)	
lnbac_lnFDI						-8.152 (13.21)
常数项	-0.0538 (1.180)	-1.363 (1.070)	2.467 ** (1.205)	-1.444 (1.612)	-0.0894 (1.231)	0.562 (1.724)
行业固定效应	Yes	Yes	Yes	Yes	Yes	Yes
观测值	120	120	120	120	120	120
R - squared	0.841	0.743	0.811	0.842	0.871	0.812

注：*、** 和 *** 分别表示在 10%、5% 和 1% 水平上显著。

为了对利用外资与中国参与GVC之间的联动机制进行检验，表7－15中的（4）~（6）列通过加入外资渗透率与GVC参与度之间的交叉项，旨在识别外资流入影响中国对美国出口DVA的机制和途径。从表中第（4）列可以看到，在引入交叉项后，GVC分工的参与程度与中国对美国出口DVA之间的关系仍然显著为正。这再次表明，充分融入GVC分工有利于中国出口国内增加值的提升。但此时外资渗透率及其与GVC参与度之间的交叉项并不显著，表明利用外资与GVC参与之间的联动对中国对美国出口DVA的影响并不显著。表中第（5）列重点考察了外资流入与GVC前向参与之间的交互作用对中国对美国出口DVA的影响。结果表明，外资流入和前向参与都无法单独发挥对中国对美国出口DVA的影响，只有当二者联动时才会给中国对美国出口中的DVA带来显著正向影响，表明外商投资企业通过促进中国以前向参与的方式融入GVC分工显著提升了中国对美国出口DVA。表中第（6）列的结果表明外商投资企业是我国后向参与GVC的主导力量，但是外资企业促进中国以后向参与GVC分工不利于中国对美国出口DVA，这一点印证了前文的观点。以上结论的政策含义在于要积极发挥中国国内市场规模和生产配套能力强的优势，吸引市场寻求型FDI，加强中国以前向参与方式融入GVC；同时应减少单纯看中中国廉价劳动力的外资流入，促使前向参与成为中国融入GVC的主要方式，实现国际分工地位和出口获利能力的提升。

四、结论性评述

本节通过梳理各国不同技术层次制造业各行业融入全球价值链分工的路径并比较其差异，认为国际分工模式的差异是导致不同行业国际分工地位以及贸易获利能力出现分化的根本原因。在此基础上，本部分实证考察了参与GVC分工模式对中国对美国出口DVA的影响，得出以下结论：第一，融入GVC分工能显著提升中国对美国出口DVA，且前向参与比后向参与更能促进中国对美国出口的获利能力；第二，中国对美国出口中，劳动密集部门出口DVA高于资本密集部门，且中国对美出口中的DVA主要来源于中低技术劳动和资本；第三，扩大生产规模、提高生产效率、提升贸易自由化水平均有利于增强中国对美国出口的获利能力；第四，外商投资企业对中国对美国出口DVA存在正反两方面影响，一方面通过促进中国与 GVC 分工的前向关联对中国对美国出口 DVA 有显著的促进作用，另一方面通过将中国以后向参与方式融入 GVC 分工抑制了中国对美国出口的 DVA。利用外资在整体上有利于中国对美国出口 DVA 的增长。

第八章

结论与政策建议

第一节　主要结论及其政策含义

一、全球价值链分工对国际贸易的深远影响

全球价值链分工作为一种新型的国际分工体系，具有区别于传统产业间分工的典型特征。在这一分工体系下，中间品贸易快速增长，贸易和投资之间的互补性逐渐增强，服务尤其是生产性服务的作用愈发凸显。在此过程中，跨国公司为了实现利润最大化而进行的全球生产布局是导致形成全球价值链分工的根本原因，而技术进步带来的生产模块化和通信运输成本的降低以及多边、区域和单边贸易政策的不断适应性调整则对全球价值链分工的产生和深化发挥了重要的驱动和保障作用。全球价值链分工对国际贸易的诸多方面产生了深远影响。

首先，全球价值链对传统贸易统计的有效性提出了挑战。产品内分工是全球价值链分工的典型特征，每一个国家的出口中不仅包含国内增加值还包括国外增加值，因此以商品总值为统计口径的传统贸易统计由于将产品的全部价值都记在出口国身上从而高估一国，尤其是处于价值链下游国家的出口规模，造成贸易规模与贸易竞争力的不匹配以及贸易差额与贸易利得的不匹配，对贸易政策的形成产生误导（misleading）。

其次，全球价值链分工导致贸易利益的参与主体日趋多元，贸易利益分配机制日趋复杂。全球价值链的本质是投资母国的资本与投资东道国的

劳动力要素的结合。国与国之间在全球价值分工中的生产共担关系，导致一国出口中不仅包含国内增加值还包括国外增加值。即使是国内增加值也会由于 FDI 的作用，不完全由属于本国的要素生产要素获得。因此，如要厘清全球价值链分工下贸易利得分配“你中有我，我中有你”的混沌局面，就需要将参与贸易利益分配的主体从国家、行业层面深化到企业和要素层面。

最后，全球价值链对以 WTO 为代表的传统贸易投资规则提出了挑战。传统的贸易投资规则以调整产品间分工关系为主要目标，因此边境措施（boarder measures）是 WTO 框架下贸易和投资规则的主要政策工具。区别于产品间分工模式，全球价值链分工体系更多的涉及跨国公司的海外经营以及不同生产环节的协调联动，因此东道国的制度和营商环境成为跨国公司选择海外生产区位时必须考虑的因素，这些因素并不在传统贸易和投资规则的管辖范围内。在此背景下，以美国、欧盟等为代表的发达国家开始在其主导的大型 FTA（mega - FTA）中引入投资、竞争政策、知识产权等边境后措施（behind boarder measures），为跨国公司的海外经营提供制度环境保障。

二、全球价值链分工下贸易利益的形成和分配机制

（一）贸易利益在国家间分配：跨国生产的区位选择

鲍德温和维纳布尔斯（2013）是利用新经济地理框架分析全球价值链区位分布的开创性文献，该研究将全球价值链的生产模式描述为蜘蛛形（spider）和蛇形（snake），指出生产过程分割是由各国生产成本差异以及聚集产生的好处共同决定的，而生产阶段之间的技术关系最终决定了以上哪个因素起主导作用。结果表明，运输成本对于全球价值链下的分工模式具有极为重要的影响，当运输成本下降到低于某一门限值时，生产区位分布会发生“突变”（discontinuous change），带来一系列生产阶段的区位转移。本书基于鲍德温和维纳布尔斯（2013）提出的框架，理论刻画全球价值链上不同生产环节的区位选择，进而影响价值链上各经济体从参与国际分工获得利益。

1. 蜘蛛形生产结构

在中间品和组装的区位选择由单一代理人决定的情况下，全球价值链

下贸易利益在国家间的分布将受到以下因素的影响：第一，离岸临界值b_N^*和b_S^*越高，S 国（发展中国家）拥有中间品成本优势的中间品范围越大，能够获得的贸易利益越多，而 N 国（发达国家）具有比较优势的中间品范围较小，通过生产中间品实现的增加值有限；第二，两国组装成本a_N和a_S，二者一方面影响组装地点的选择，还将作为增加值的直接来源影响各国贸易利益；第三，离岸成本 t，它不仅影响着离岸临界值b_N^*和b_S^*，还将影响组装区位的选择，当组装在 N 国进行时，N 国的贸易利益与 t 正相关，S 国的贸易利益与 t 负相关，当组装在 S 国进行时，S 国的贸易利益与 t 正相关；第四，S 国中间品生产成本 b，它通过影响中间品生产区位选择以及生产过程中实现的增加值影响贸易利益在两国的分配；第五，组装过程对不同中间品的投入密集度越大，特定环节完成的价值增值越多，贸易利益越大。

与单一代理人情况相比，当中间品和组装的区位由厂商独立决定时，独立决策下的均衡并不一定带来总成本的最小化，而且可能存在多重均衡。当 t 处于中高水平时，聚集力发挥重要作用，存在两个均衡状态：一是大部分中间品都在 S 国生产，为了节约中间品的运输成本，组装也在 S 国进行；二是大部分中间品都在 N 国生产，为了节约中间品的运输成本，组装也在 N 国进行。

2. 蛇形生产结构

在单一代理人情况下，越靠近下游的生产环节劳动密集度越高时，S 国（发展中国家）获得的贸易利益与其生产成本 c(z) 负相关，也即 S 国的生产成本优势越明显（C(z) 越低），外包给 S 国的生产环节范围越多（$\tilde{z}$ 越小），S 国获得的贸易利益越大。当越靠近下游的生产环节运输成本越高时，S 国获得的贸易利益与 t 值负相关；当 $\tau'(z)<0$，S 国获得的贸易利益与 t 值正相关时，降低下游环节中间品相对于上游环节中间的贸易成本将有利于提高 S 国获得的贸易利益。

在独立决策下，在劳动密集环节具有比较优势的 S 国，其贸易利益与其生产成本（C(z)）和贸易成本（t）负相关，与其控制的价值链长度 δ 正相关。这一点具有较强的政策含义，这意味着对于中国企业而言，可以通过并购等方式实现向价值链上游的延伸，通过增强对价值链的掌控度来实现贸易利益的提升。

（二）贸易利益在要素间的分配

1. 贸易利益在资本和劳动要素之间的分配

这部分在鲍德温和罗伯特－尼古德（2010）基础上，在将任务贸易和离岸生产整合进 H—O 框架，通过推出任务贸易版本的 S－S 定理，分析任务贸易对要素收入分配（income share）的影响。得出以下理结论：第一，任务贸易将导致（有效）要素价格差异化，FPE 定理失效；第二，在任务贸易模式下，HOV 定理失效；第三，当用影子移动调整的要素禀赋代替实际要素禀赋时，均衡时任务贸易下的产品贸易可以由 H—O 定理解释；第四，以产品贸易均衡为出发点，任务贸易的引入导致有效要素价格的离散，这一差距与任务贸易带来的成本节约成比例；第五，以自由产品贸易为起点，任务贸易通过标准的 S－S 定理预期的方式影响本国要素价格，但是除了价格的外生变化以外，还要考虑离岸带来的成本节约。

2. 贸易利益在劳动要素内部的分配：高技术劳动与低技术劳动

在格罗斯曼和罗西汉斯伯格（2008）基础上，构建理论框架刻画以任务贸易为特征的全球价值链分工，从生产率效应、相对价格效应以及劳动供给效应三个层面考察离岸成本的降低对发包国（source country）要素价格的影响，进而研讨离岸可能性的增加如何影响贸易利益在高技术工人和低技术工人之间的分配。

（1）生产率效应

对于低技术工人，如果技术密集型和劳动密集型部门的生产率收益相差无几，或者劳动密集部门的生产率收益更大时，那么低技术工人工资就会因为离岸成本的降低而提高。对于高技术工人，当且仅当技术密集部门生产率收益超过劳动密集部门时，高技术工人才会因小国离岸成本降低而获益。

（2）相对价格效应

相对价格效应将有利于高技术劳动，不利于低技术劳动。而低技术劳动的工资究竟会因离岸成本的降低提高还是下降，取决于生产率效应和相对价格效应的相对大小以及劳动密集产品在消费中的比重。如果生产率效应足够大，那么离岸成本的降低将给本国带来帕累托改进，这一点与产品贸易成本下降带来的一方获益一方受损不同。

（3）劳动供给效应

对于低技术工人，当没有离岸行为时，劳动供给效应将发挥主导作用，拉低低技术工人工资。然而，当存在离岸行为时，离岸成本的下降将导致离岸行为的扩张，从而提升低技术工人工资。综合两种情况，当存在离岸行为，当且仅当 $\eta\gamma\sigma_x > 1 - \theta_{Lx}$ 时，β 的下降才会带来低技术工人工资的提升。对于高技术工人，只要素数量比产品数量多，高技术工人始终会因为低技术任务离岸成本下降而获益。

（4）离岸成本降低对高技术劳动和低技术劳动收入份额的影响

只要劳动密集部门的生产率收益更大，无论是哪个部门的低技术工人的收入份额都会随着离岸成本的下降而下降，而高技术工人的收入份额则会随着离岸成本的下降而提升；只要技术密集部门的生产率收益更大，无论是哪个部门，低技术工人的收入份额都会随着离岸成本的下降而提升，而高技术工人的收入份额则会随着离岸成本的下降而下降。

三、增加值视角下的中美双边贸易利益分配格局

运用增加值贸易测度框架本研究对中美双边商品增加值贸易进行测度，并通过对中美双边贸易进行价值增值分解，剖析了两国在不同行业双边贸易中的属地贸易利益分配格局，得出了以下主要结论：

第一，全球价值链分工体系下，总值贸易统计极大高估了中美贸易顺差，1995～2009 年平均高估程度近 100%，贸易差额与贸易利益之间的错配日益严重；第二，整体而言，中国（美国）从双边贸易中获利的能力逐渐减弱（增强），双边贸易利益在两国间的分配正在向着对中国愈发不利的局面发展；第三，两国在不同行业价值链分工中呈现不同的分工格局，对于原料型行业和资源加工型行业，中国作为资源输出国处于上游，美国作为资源加工国处于下游，而对于消费型行业，美国处于上游高附加值环节，中国处于下游低附加值环节的分工格局十分明显；第四，两国在不同行业双边贸易中的利益分配格局存在差异，在纺织服装以及皮革鞋类等劳动密集型行业的双边贸易中，两国贸易利益呈现互利共赢局面，而在电子产品等高新技术产品的双边贸易中，两国分工地位的差别导致两国贸易利益体现出较强的竞争格局；第五，中国国内增加值净出口对导致中美贸易顺差贡献程度逐渐减弱，表明贸易顺差对贸易利益的实际带动作用逐渐减弱。

四、要素视角下的中美双边贸易利益分配格局

基于 HOV 模型的基本思想构建同时考虑了国家间生产技术差异和中间品贸易的贸易要素含量测度框架，本书对中美两国贸易中的要素含量以及双边要素贸易已经进行衡量和解构，得出以下结论。

首先，中美贸易中的要素含量并不符合 HOV 理论的预期。主要体现在：一方面，中国出口增加值中的资本/劳动比高于进口，而美国出口中的资本/劳动则低于进口；另一方面，在双边要素贸易中，中国对美出口增加值中的劳动/资本高于美国对中国出口，且中国对美要素出口结构偏离理论预期程度逐渐提高，美国对中国要素出口结构偏离理论预期的程度逐渐减弱。

其次，高技术劳动对中美两国出口增加值中的贡献都在提升，而低技术劳动的贡献逐渐下降，而两国劳动要素结构的优化路径存在差异。美国高技术劳动占比提升挤出的是低技术劳动，而中国高技术劳动占比提升以中技术劳动贡献度下降为代价，由此导致中高技术劳动在中国出口增加值中的比重基本保持不变。因而，与发达国家相比，中国劳动力要素结构还存在较大的差距，同时也具有较大的改善空间。

最后，中美两国在要素结构中还体现出非常显著的互补性，导致美国凭借其在高技术劳动方面的优势处在价值链分工中从事研发设计等上游环节，而中国则依靠在低技术劳动上的优势主要从事加工装配等下游环节。因此，优化贸易增加值的要素结构是中国促进贸易转型升级的重要抓手，尤其要注重中高技术劳动工人的培养，提高技术型工人在中国整体劳动力队伍中的比重。这一点对于处在经济转型期的中国来说具有较为重要的政策含义。

五、企业视角下的中美双边贸易利益分配格局

通过将微观企业及其所有权性质纳入分析框架，本书利用基于所有权的经常账户分解方法以及基于资本流动的三国贸易属权贸易统计重新核算了美国贸易差额以及中美贸易差额，探究了跨国公司生产组织形式对贸易利得分配的作用，得出以下主要结论。

首先，跨国公司的海外经营活动是美国参与国际分工的重要形式，美

国跨国公司的海外投资收益逐年递增，在很大程度上抵销了美国在商品和服务贸易上的逆差，导致美国属权贸易差额大幅收窄，成为美国参与国际分工利得的重要来源。

其次，外商投资企业在中国对美国出口中发挥了重要作用，中国对美国出口中的超过一半都是由外商投资企业完成的，这意味着中国对美出口中由中国要素真正获得的贸易利益将非常有限。

最后，经过所有权调整的中美贸易差额出现方向上的逆转，由逆差变为顺差，美国在华投资企业对中国本土企业销售发挥了重要作用。

六、中美双边真实贸易利益分配格局及其影响因素

通过构建融合增加值贸易和所有权贸易统计的双边真实贸易利益核算框架，本书对中国对美国制造业出口的真实贸易利益进行了测算，并刻画了中国对美国出口贸易利益在中国、美国以及第三国之间的分配格局，得出以下主要结论。

第一，2009～2014 年中国对美国制造业出口的属地贸易收益率先降后升，劳动密集型行业属地贸易收益率较高，而美国投资集中行业的属地贸易收益率则相对较低。

第二，美国在华制造业投资具有较为明显的市场寻求型导向，计算机、电子和光学制品行业作为例外具有典型的效率寻求型特征，2014 年该行业是在华美资企业占中国对美出口比重最高的行业，同时也是中国对美国出口国内增加值率最低的行业。

第三，按照属权原则，剔除中国对美出口国内贸易增加值中由外国要素贡献的部分，中国的真实贸易收益率出现大幅下降，但仍保持着稳步提升的积极态势，属地贸易收益率与真实贸易率之间的差异在逐渐收窄。

第四，在中国对美国出口真实贸易利益的分配格局中，中国的获利能力正在提升，而美国和第三国的贸易获利能力正在逐渐减弱。

第五，融入全球价值链分工的路径是影响中国不同行业贸易获利能力的重要因素，对于纺织服装、鞋类等劳动密集型行业，我国凭借劳动力优势完成了大部分价值增值，导致我国该行业的国际分工地位逐渐上升；对于国际生产分割程度较高的高技术行业（如机械、电子和运输行业），在外资企业主导下，我国以加工贸易方式融入全球价值链，被锁定在加工装

配等下游环节。

在此基础上，本书还对中国对美国出口 DVA 的影响因素进行了实证，得出以下结论：第一，融入 GVC 分工显著提升了中国对美国出口 DVA，且前向参与比后向参与更能促进中国对美国出口的获利能力；第二，中国对美国出口中，劳动密集部门出口 DVA 高于资本密集部门，且中国对美出口中的 DVA 主要来源于中低技术劳动和资本；第三，扩大生产规模、提高生产效率、提升贸易自由化水平均有利于增强中国对美国出口的获利能力；第四，外商投资企业对中国对美国出口 DVA 存在正反两方面影响，一方面通过促进中国与 GVC 分工的前向关联对中国对美国出口 DVA 有显著的促进作用，另一方面通过将中国以后向参与方式融入 GVC 分工抑制了中国对美国出口的 DVA。利用外资在整体上有利于中国对美国出口 DVA 的增长。

以上结论的政策含义在于：首先，坚持开放理念，通过放宽 FDI 市场准入、提高贸易便利化水平，以更加积极的姿态融入 GVC 分工，获得参与国际分工的更多收益；其次，优化中国劳动力结构，提高中高技术劳动在中国劳动力队伍中的比重；最后，积极发挥国内市场规模优势吸引市场寻求型 FDI，增强前向参与在我国融入 GVC 分工过程中的重要性，实现中国国际分工地位和贸易获利能力的提升。

第二节　全球价值链地位攀升的对策建议

一、实现全球价值链分工地位攀升的路径

（一）全球价值链参与度与出口中的国内增加值率

融入 GVC 的路径可以从全球价值链参与度和国内增加值比例两个维度加以刻画。每个经济体融入 GVC 的路径及其演进模式会因为 GVC 参与程度和国内增加值率比例两个因素的变化方向不同而形成显著的差异。图 8－1 将可供选择的六种 GVC 分工参与路径的演进模式进行了刻画。

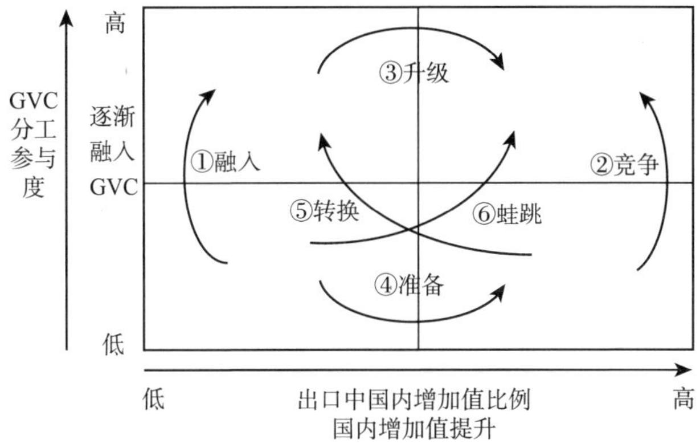

图 8－1 融入 GVC 的路径：国内增加值率与价值链参与度

资料来源：UNCTAD. World Investment Report：Global Value Chains：Investment and Trade for Development. 2013.

模式①：融入。在这种模式下，发展中经济体中间品、零部件和服务进口逐渐增加，与此同时，加工贸易的重要性也在逐渐提升。这种模式通常伴随着加工型 FDI 的流入以及与跨国公司非股权形式合作（如生产外包）关系的建立。模式②：为 GVC 作准备。在这一模式下，一些发展中国家可以看到在主要依赖国内生产行为（对进口成分的需求非常有限）的特定部门和行业中，出口仍占据主导地位。FDI 的流入会帮助出口所需的中间品和服务的生产，以替代进口。这种贸易和 FDI 的模式有利于保持出口中的国内增加值，但同时也是以减慢融入 GVC 分工速度为代价的。模式③：在 GVC 中的升级。在这种模式下，一些发展中国家已经实现了在很大程度上参与 GVC 分工，同时增加了高附加值产品或服务的出口或者能够捕获价值链中更多的价值（覆盖更多的环节）。这种出口升级模式通常伴随着价值链非关联环节的 FDI 以及技术水平更高的环节。模式④：参与 GVC 分工中的竞争。采取这种模式的发展中国家，通过国内生产能力构建成功实现了在价值链高端的竞争。对于这类国家，利用 FDI 的主要目的在于通过并购的方式将国内生产者或经营者融入国际生产网络。模式⑤：转变 GVC。遵循这一模式的发展中国家，其出口结构会转向需要更多进口成分的加工产业，或者它的出口生产行为会转变为参与 GVC 部分的生产任务和行为。这一转变往往伴随着加工 FDI 流入的增加，既可以通过并购，也可以通过与跨国公司建立非股权形式关系得以实现。模式⑥：在 GVC 中的“蛙跳”（leapfrogging）。在这种模式下，发展中国家经历了出口产品国内生产能力的快速发展，在价值链高增加值环节的竞争中取得了成功。在这种模式下，FDI 同时扮演着贸易一体化和国内生产能力构建的催化剂。

（二）全球价值链嵌入位置与增值能力

根据本书的研究结果，GVC 分工体系下，中国制造业普遍处于 GVC 的低端。因此，这种参与全球价值链分工的模式和路径，在带动中国制造业快速发展的同时，也使中国制造面临被跨国公司锁定在 GVC 低端的风险。中国制造亟须在充分融入全球价值链分工的前提下，通过向价值链高附加值环节攀升实现转型升级。

图 8－2 从嵌入位置和增值能力两个维度，刻画了特定行业融入 GVC 的路径。两个维度将整个空间划分为四个象限：第Ⅰ象限中的行业嵌入位置靠近上游且增值能力较强，表明行业从事的是设计研发等上游高增加值环节；第Ⅱ象限的行业通过嵌入价值链下游但增加值较高的环节（如营销、售后服务等）融入 GVC 分工；第Ⅲ象限，嵌入位置位于上游环节但增值能力弱，表明此类行业虽然位于上游，但增值能力有限，资源类行业多属于此种情况；第Ⅳ象限与第Ⅰ象限情况相反，嵌入位置靠近最终需求且增值能力弱，表明行业专业化从事的是价值链下游的低增加值环节，比如加工装配。显然，第Ⅰ、Ⅱ象限的行业在价值链分工中的获利能力更强，处在相对有利的国际分工地位；而第Ⅲ、Ⅳ象限的行业需要提升价值增值能力，向价值链高端攀升。

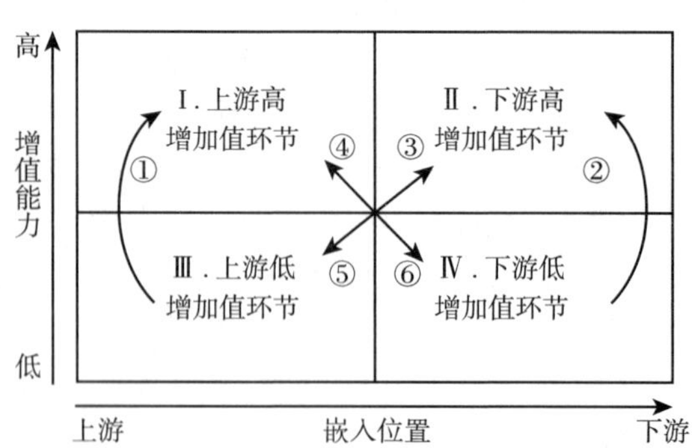

图 8－2 融入 GVC 路径：嵌入位置与增值能力

资料来源：王岚，李宏艳. 中国制造业融入全球价值链路径研究——嵌入位置与增值能力视角［J］. 中国工业经济，2015（2）：76－88.

基于演进方向的不同，图 8－2 对 GVC 融入模式演进路径进行了进一步梳理。路径①和②的共同特征在于嵌入位置保持稳定，但增值能力增强。实现这一目的，企业可以通过在现有环节进入更加复杂的生产线，提高产品增加值，实现产品升级（product upgrading）；还可以通过技术升级或生产系统重组，将投入更加高效地转化为产出，实现过程升级（process upgrading）。路径③的特征是在价值链中的嵌入位置下降但增值能力增强，意味着产业通过向下游高增值环节转移，实现了功能升级（functional upgrading），比如从 OEM（original equipment manufacturing）转变为 OBM（original brand manufacturing）。路径④中产业的嵌入位置和增值能力同时提升，也即产业向上游增值能力更高的环节转化，这同样也可以通过功能升级实现。路径⑤中产业在价值链中嵌入位置提升但增值能力下降，意味着企业向价值链上游低增加值的环节转化，此时企业在参与价值链分工的过程中处于被动局面，被跨国公司俘获在价值链上游低增值环节，面临着参与价值链与提高增值能力的两难抉择。路径⑥与路径④相反，产业的嵌入位置和增值能力同时下滑，这种路径是最需要警惕的，因为此时产业在参与价值链分工的过程中逐渐被边缘化，面临着被锁定在低端环节的风险，亟须扭转。概括而言，路径①→④由于都实现了增值能力的提高，因此有利于特定行业价值链分工地位的提升；而路径⑤和⑥则意味着行业在国际分工中存在边缘化风险。

二、实现全球价值链分工地位攀升的路径选择：国家层面

从国家层面看，实现价值链分工地位提升的路径与该国禀赋密切相关。基于全球价值链的产业升级和贸易结构转型，更多体现在我国制造业部门参与全球化分工下比较优势的转变，尤其是出口结构的提升，从而实现更加强大的国际竞争优势。顺应全球价值链重构趋势，推进制造业转型升级，在开放发展中提升在全球价值链中的地位攀升，关键要做好以下几方面工作。

（一）吸收全球先进生产要素，激发创新活力，实现创新驱动产业升级

创新驱动产业转型升级是以技术进步和创新作为发展的重要动力。如果想通过创新促进产业升级，就必须实现技术的自主创新，形成具有自主知识产权的前沿关键技术和核心技术。目前知识产权保护力度不强、创新

人才缺乏、创新资金不足、创新要素之间缺乏融合和联动是制约我国实现创新驱动产业升级的主要因素。如果要解决上述问题，需要在以下几个领域多下功夫：

1. 加强知识产权保护力度，营造有利于创新的制度环境

研发制度环境不完善是导致中国创新活动不活跃的重要制约因素。因此，要加大对创新成果和创新技术的知识产权保护，健全知识产权保护法律体系，完善知识产权维权援助体系，形成有利于创新创造创业的社会环境。具体措施包括：①增强企业知识产权保护意识，制定和完善相关法律法规，对接多边或区域贸易协定中的高水平知识产权保护标准，提高违法违规成本；②同等保护跨国公司和本国企业的知识产权，打消跨国公司将技术核心环节安排在本国进行的后顾之忧，以吸引跨国公司将核心技术环节转移至发展中国家，由此发挥 FDI 的技术外溢效应；③建立相关知识资产及其价值的评估机构和体系，加快专利审批进程；④完善知识产权维权援助体系，遵循“公开公平、优质高效”原则，主动加强与工商、版权、公安、法院等行政、司法部门以及知识产权服务机构的合作，依法开展知识产权维权援助和举报投诉服务，接受当事人知识产权投诉，化解知识产权纠纷，积极为社会和企业提供知识产权法律法规宣传咨询，指导企业开展知识产权预警等。

2. 加快制度创新，激活创新动力

创新驱动产业转型发展，建设有利于吸引创新资源的制度环境非常重要。创新成果的市场化有利于实现创新成果的商业价值，但考虑到创新成果的外溢性和公共性特征，创新不能缺少政府的积极作用。政府作用突出表现在三个方面：一是提供自主创新的引导性和公益性投资；二是推动产学研合作创新，形成知识创新和技术的互动；三是为创新成果和采用提供必要的鼓励和强制措施。这说明，要提高自主创新的能力和动力，进一步激发创新活力，需要完善和发展已经建立的市场经济体制，需要进一步增强政府的推动和集成作用。首先要深化体制机制改革，破除体制机制障碍，营造良好的创新创造环境。要建立公平、开放、透明的市场环境，就必须打破制约创新发展的市场分割和行业垄断，为创新创造出广阔的市场空间；要处理好市场与政府的关系，加快转变政府职能，通过简政放权，为创新驱动发展打造新引擎；使企业真正成为创新的主体，激发起企业创新积极性，以加大科研投入和成果转化。

3. 加大创新投入，聚集创新要素

创新要素涉及创新人才、创新机构、创新投资、创新成果等，其中最

为重要的是创新人才，尤其是高端的创新创业人才。人力资本比物质资本更重要，因此，人力资本投资成为投资的重点，其中包括提高劳动者素质，但更为重要的是集聚高端创新创业人才。应为高端创新创业人才提供宜居、宜研、宜产业化的环境，包括网络信息通道在内的基础设施建设、产学研合作创新平台的硬件建设和创新创业人才的宜居环境建设、活跃的风险和创新投资、创新文化建设等。此外，金融资本对创新的有效支撑是我国创新发展中的短板。传统商业银行受其本身的模式、信贷审批制度和风控机制等制约，难以有效支持中小微企业创新创业。科技金融机构、风险投资机构和科技保险机构不足，缺乏金融资本有效支撑的创新业务难以产业化和市场化，难以做大做强。针对这个问题，应鼓励设立科技金融机构和开展科技保险业务，发展科技金融新业态，促进科技金融深度融合，增加科技创业资本供给。

（二）以“一带一路”建设为依托，构建我国主导的区域价值链

随着“一带一路”建设的展开，我国与沿线国家将有更多的支持政策和措施出台，加上基础设施的不断完善，贸易投资环境的进一步开放透明，都将为我国与沿线国家贸易规模的扩大提供基础和制度保障。我国与沿线国家的贸易和经济合作，不仅可以加强我国与沿线国家的经贸往来和互联互通，也会提高我国贸易增长率。

与此同时，“一带一路”建设也为我国深入参与全球价值链拓宽了思路、指明了新方向。在区域经济合作方面，我国与“一带一路”沿线国家之间存在很大的区域经济合作空间，也是提升我国制造业价值链向高端升级的一个新区域方向。我国应该大力构建与沿线国家的价值链，发挥各自优势，取长补短，形成优势互补的区域价值链，不断壮大自身与沿线国家的经贸实力。产业价值链的构建最主要的是扩大双边经贸联系，在数量上促进我国的经贸规模、在质量上提升我国的经贸品质。从价值链的合作看，沿线国家能提供我国一些稀缺的资源和资金，而这些生产要素恰好可以促进我国与沿线国家的价值链发展，成为我国实现经贸强国的一个重要发展机遇。所以，应利用“一带一路”建设的战略机遇，加强与沿线国家的产能合作，为价值链延伸和拓展谋取更大的发展空间；利用产业梯度优化中国制造在不同地域的空间布局，建立产业价值链的区域协同机制；循序渐进地退出低端制造领域，加快推进制造装配等低附加值环节向低成本国家和地区的产业转移。

（三）以全球价值链视角推进开放型经济新体制的构建

十八届三中全会提出要构建开放型经济新体制，提高开放型经济水平，实际上这是提升我国参与价值链分工水平的关键。综合、高效的机制体制保障有利于将知识、技术、管理、资源等要素配置方式与本土市场需求、经济状况相结合，实现在全球价值链分工下的产业升级。应着眼于全球价值链的最新发展趋势，结合国际产业分工体系的新变化和新一轮国际贸易投资规则的发展趋势，将参与全球价值链纳入国家整体发展战略。统筹国内发展与对外开放的关系、实现开放与改革的良性互动，以实现全球资源深度整合和优势要素集聚为目标，创造新的核心竞争力和国际竞争优势。改变我国在全球价值链的低端位置，进而推动我国产业的转型与升级。

三、实现全球价值链分工地位攀升的路径选择：产业层面

从产业层面看，产业向价值链高端环节跃升，往往表现为产业生产过程中，高技术劳动、战略性资产等高端生产要素的投入比重越来越大。

（一）加快生产性服务业与高端制造业的融合发展，提升价值链的获利空间

伴随着全球经济的深化，生产性服务业逐渐成为制造业产业集群嵌入全球价值链的关键，而生产性服务业与高端制造业的融合则是作为拉动经济增长、加快产业升级的重大战略举措。生产性服务业作为制造业提供专业化中间投入的部门，与制造业的发展息息相关，它的发展会大大提升制造业的技术水平，进而提升其获利能力等。具体而言，一方面，生产性服务业中间投入和创新效应成为制造业提升技术含量、附加值和劳动生产率的源泉。未来10年作为我国产业结构调整和升级的关键时期，第三次产业革命和新技术革命也要求我国产业发展从过去不断强化成本优势向构筑新的比较优势转变。而现代服务业的发展将成为推动“中国制造”向“中国创造”转型升级的重要推手和引擎。另一方面，基于自身的制造优势，我国有必要在加快制造业向数字化、智能化和服务化转变的同时，加大设计、研发、分销、售后、品牌及营销等全球价值链高端环节的发展力度，进而提升价值链的获利空间。因此，要进一步提高服务业的开放程

度；此外，也应加强对现代生产性服务业的金融支持，提高相关资金的利用效率，为促进生产性服务业与高端制造业的融合创造良好的外部环境，实现二者的良性互动发展。

（二）构建国家价值链，提高价值链掌控力

本书理论部分的研究结果表明，增强对全球价值链的掌控力，有利于提高贸易获利能力。因此构建基于内需的国家价值链（national value chain，NVC），一方面可以利用中国巨大的内需、基础创新促进平台等形成吸收国内外先进生产要素的竞争优势；另一方面，可以趁资本大规模地“走出去”的时机，运用“逆向发包”，就地吸收发达国家的知识、技术和人才，让这些先进的生产要素进入中国并为中国发展创新驱动型经济做贡献。具体措施包括：

（1）从 GVC 低端嵌入转为 NVC 重构，重塑中国制造品质形象。在全球化经济的浪潮中，中国制造应充分发挥国内资源与产业配套齐备的优势，通过核心技术创新和品牌培育，构筑基于国内中高端需求的 NVC，通过 NVC 重构改变在全球价值链生产链条上的“低端”形象，摆脱被跨国公司 GVC 低端锁定的风险（邵安菊，2016）。

（2）培育自主国际品牌，向 GVC 高附加值环节跃迁。一方面，要加快核心技术创新，向价值链前向跃迁，通过从 OEM 到 ODM 的成功转型实现功能升级和增值能力提升。提升自主创新能力，力争在关键材料及关键工艺、核心部件及核心元器件关键技术层面取得重大突破；另一方面，尽快培育自主品牌，向价值链下游高附加值环节转移。应强化品牌保护意识，尽快推进品牌建设，从“中国制造”转向“中国创造”，成为价值链的创建者和主导者。

（3）加快实施“走出去”战略，培育中国的跨国公司。大型跨国企业成长的路径与经验表明，规模优势是支撑“链主”地位的重要基础，主要来自基于自我积累的内生成长与基于收购兼并的外生成长两条路径。由此，要鼓励大型中国制造企业走出去，并购国外优势产业资源。积极参与全球竞争，在世界范围内布局采购、销售和研发等高附加值环节，进一步构筑“中外联动”的比较优势，尽快培育打造掌控产业链高端的“链主”企业。

（4）基于 NVC 重构，从 GVC 嵌入者逐渐变为 GVC 掌控者。中国制造要成为 GVC 的掌控者，需要提升品牌建设、核心技术研发、能力构建、政

策引导以及制度保障等诸多方面的能力。首先，应通过推进本土企业的技术创新与品牌建设，培育一批掌控价值链高端、具有品牌效应和强大国际竞争力以及抗风险能力的本土跨国企业。其次，鼓励和引导企业构建以品牌及公司为主导的GVC，在全球范围内整合配置资源。最后，尽快加强对企业的相关辅导和培训，从战略的高度拓展企业对GVC的认识与国际化视野，提升企业海外投资经营、重构国际生产经营网络与GVC的能力。

（三）实现全球价值链与国家价值链的高效对接与融合

构建国内价值链，并不是与全球价值链截然分开，更不是重新回到计划经济体制的封闭模式，而是从“环节对链条”转变为“链条对链条”。通过优化国内流通和服务，打通通道，将两个市场高效对接，推动贸易结构和产业结构全面升级。具体而言，首先需通过整合国内要素和资源，重新调整位于不同区域的产业间关系，进一步整合我国企业的产业关联和循环体系，实现产品链在整个国家内部的布局和转移，从而缩小国家内部发展的不平衡，为产业升级和经济发展打造坚实的发展平台。其次应把依赖国外市场转化为国内外市场并重进行发展。特别是在新常态下，调结构、促创新显得尤为重要。在全面深化改革的关键时期，进一步深化流通体制改革，改善营商环境以充分发挥市场在资源配置中的决定性作用，推动建立高效的国内价值链和流通服务体系，为我国企业更好地参与全球价值链并实现高效对接提供重要支持。最后，应以开放、市场化的方式让企业主体进行资源的整合，充分发挥市场在资源配置中的作用。同时，应当放松产业的规制，推动产业的融合发展，促进新产业业态的形成，使原本分割的价值链环节实现融合，提升整体价值链的利润空间，并通过连锁反应促进产业结构的转型与升级。

四、实现全球价值链分工地位攀升的路径选择：企业层面

本研究结果表明，中国制造业融入价值链的过程具有明显的“融入价值链先于提高增值能力”的特征。增值能力弱是制约中国制造业各行业价值链地位提升的关键因素。企业生产率水平与国家竞争力密切相关，可以说，正是高生产率企业推动了国家的GVC参与，也正是企业的生产率提高促进了产业的成功升级。

企业升级共有 4 种类型：①产品升级，企业可以通过进入更加复杂的生产线（生产线的复杂程度以单位增加值为判断依据）；②过程升级，通过技术升级或生产系统重组，企业可更加高效地将投入转变为产出，以实现过程升级，效率的提高包括加速企业内部生产过程和加强链条上各环节的协调和衔接；③功能升级，企业可以在价值链中获得新功能，例如从生产转向设计或营销，进而提高整体的技术含量；④产业链升级，企业将其在价值链特定环节获得的能力应用到新的行业，嵌入到新的产品链。企业的升级受到多种因素影响，其中包括生产链条的性质、结构和治理、领先企业的特征以及东道国与当地企业的特征（见表 8－1）。

表 8－1　影响 GVC 中企业升级潜力的因素

驱动力	因素	描述
领先企业、GVC 结构和治理	分段和配置	空间尺度（境内和境外）、价值链阶段数、涉及的关键因素数量和类型（领先企业、中间商、供应商）
	治理机制	市场治理、模块型、关系型、捕获型、层级制治理模式以及领先企业和本土企业间不同关系的影响
	技术水平	行业内价值链各个环节的技术水平
	动态变化	全球竞争（全球战略竞争、新进入者威胁）GVC 结构以及 GVC 治理的变化速度
	准入壁垒	GVC 各个阶段现有竞争者的数量、准入壁垒的类型如品牌、技术或研发
	议价能力	企业在供应商方面的决策以及在指导重要供应商的活动方面具有的能力
	组织形式的一致性	不同生产地区之间关键行为和标准的协调统一（如人力资源和环保、企业间合作）、供应商审计和监管措施方面的统一
东道国和公司特点	基础设施	物理基础设施（港口、公路、电力、电信）、商业基础设施（出口加工区、工业区、经济特区）
	重要资源	重要资源（劳动力、资本和自然资源）的可用性、质量和成本
	供给情况	本地物资的可用性、质量和成本、本地供应商的技术竞争力
	市场情况	本土（和地区）市场规模、发展、消费者偏好

续表

驱动力	因素	描述
东道国和公司特点	知识环境	宏观革新、创业和教育能力的环境
	专业化程度	在 GVC 的特定环节、任务和活动中国家过去、现在和将来的专业化
	地理位置	区域市场的规模和潜力、促进国家间劳动分工的区域一体化协议
	公司资源	本土企业自有资源、能力以及吸收能力的大小
	GVC 中的地位和参与	企业定位（一级、二级或三级供应商），包括议价能力、参与价值链的企业数量、类型和地理范围
	动态竞争	本土（区域或全球）战略竞争、新进入者威胁以及替代品威胁

资料来源：UNCTAD. World Investment Report：Global Value Chains：Investment and Trade for Development. 2013.

（一）通过国内生产能力构建提升价值增值能力

全球价值链参与需要具备最低水平生产能力以踏入全球价值链发展的第一梯级。随后，全球价值链中的经济角色包括一系列能力的扩展，发展中国家须通过提高本地企业能力和劳工能力致力于实现各行业的全面升级。积极的企业发展政策和劳动与技能发展政策是提高全球价值链成功升级的关键。以扩大全球价值链参与和升级为目的的积极的企业发展政策应着重以下方面：

（1）通过建立与跨国公司的供需关联进一步融入全球生产网络。这一关联的建立对于企业融入 GVC 分工是最高效的措施之一，尤其有利于本国供应商融入价值链。实现这一目标的措施包括：①确定目标跨国公司，通过改善投资环境吸引其与当地企业建立供需关联；②提供政府主导的商业合作项目，为跨国公司和当地企业的合作搭建桥梁；③建立能够整合多个 GVC 环节的国内供应商体系，根据 GVC 各环节需求有效对接；④建立公司内外关联，这种关联会通过正外部性很好地应对知识创新和国际化带来的挑战，降低对单一 GVC 环节的依赖。

（2）通过建立企业集群优化中国本土制造业企业与跨国公司的关联模式。对于全球买家和需求者来说，企业集群远比单一生产商更容易吸引 GVC 分工的布局和选址。因为集群能够产生吸引更多生产商落户的综合效率。实现这一目的可以通过：①根据本国产业优势选取建立集群的行业，并在融资、税收、研发等方面给予政策支持；②引导企业建立产业集团，壮大企业规模，充分发挥聚集效应和范围经济对提升中国企业议价能力的积极作用；③通过产业聚集促进跨国公司向本土制造业企业的技术外溢，帮助企业以嵌入GVC为突破口提高技术吸收能力，并推至产品的全链条，将中国的优势由低端的加工组装环节向研发设计等高增值环节转换，实现产品和生产过程升级。

（3）促进产业集群和关联发展。企业集聚决定“集体效率”，从而提高集群企业的生产力和整体业绩。这对经常同时参与集群和价值链并涉及国内外业务的发展中国家中小企业尤为重要。通过学习和升级，能为提高竞争力供机会。国内外企业间和机构间联系为本地中小企业提供必要的外部条件来应对知识创造和国际化的双重挑战，这对最终成为价值链第一、第二或第三线供应商至关重要。

（4）制度环境保障。首先，政府应提供业务开发服务，许多服务能够促进全球价值链相关的贸易和投资自由化，并产生溢出效应。此类服务可能包括业务开发服务中心和能力建设设施，以帮助本地企业满足技术标准，提高其对国际贸易规则和惯例的理解。其次，科技支持和有效的知识产权框架。完善企业赖以经营和发展的技术体系，在标准、计量、质量、测试、研发、生产力和中小企业扩张方面的技术支持体制的作用日益凸显。适当的知识产权保护有助于增加领先企业将先进技术引入GVC的信心，鼓励本地企业开发或调整自有技术。再次，促进创业发展政策旨在支持现有企业家和鼓励创业，从而促进发展。创业发展政策工具包括大学和公共研究机构的副产品、孵化计划和其他形式的集群、管理和创业培训、创业扶持基金等。最后，提供面向中小企业的融资渠道。以为微型、小型和中小型企业增加融资渠道作为基本机制，从而提升国内生产能力，指导开展本地企业、小型生产商和工人能直接受益的最上游价值链。

（二）通过海外并购，参与全球价值链重构

全球产业价值链重构所引发的国际产业重新布局，一方面为我国制造业全面参与国际市场再分工提供了机会，另一方面也为我国制造业通过价值链渠道获取国外先进技术、知识等战略性资源提供了可能。在国际市场需求疲软、出口贸易需求持续低迷以及劳动力成本大幅上升的情况下，中国制造业面临调结构、去库存的外在压力，只有通过向价值链高附加值环节跃迁，中国制造业才能应对日趋激烈的国际竞争。在此背景下，中国企

业应通过海外并购参与全球价值链的重构和调整，为产业结构转型升级提供新的空间和契机。

1. 通过海外并购提升研发能力与生产技术水平，降低生产经营成本

对于大部分中国企业而言，技术劣势是与外国企业竞争过程中的短板。为了在短期内弥补技术劣势，国内制造业可以通过战略性资产寻求型并购，从海外获取专利技术和管理经验，提供自身竞争力，更好地在国内市场参与竞争。当前在国内外需求疲软的同时，中国正在丧失原有的成本优势，全球经济衰退也大幅度地影响了中国制造业的发展，迫使中国制造业加快海外并购，以此提升研发能力与生产技术水平，降低生产成本。

2. 通过海外并购，整合国内外资源，实现全球价值链的区域协同效应

跨国公司在全球重新布局，进一步加大了对中国制造的压力。尤其是，东南亚一些国家的劳动力成本优势正在吸引在华跨国公司向该地区转移产能，在中低端制造业形成了与中国竞争的态势。在此背景下，中国制造业可以通过海外并购，将自身的成本优势、规模优势和目标公司的技术优势互补，以实现生产协同效应；将收购的品牌与自有品牌互补以产生品牌协同效应；通过收购目标公司的营销网络以扩充自身全球化的营销网络，实现营销协同效应。随着制造业参与全球市场竞争程度的不断加深，制造业实施海外并购策略更可能是一种基于全球产业价值链调整与整合的跨国经营行为。

参考文献

［1］陈秋锋．贸易结构调整、要素市场扭曲与要素收入分配［J］．经济经纬，2013（5）．

［2］程盈莹，赵素萍．垂直专业化分工对中国劳动力就业结构的影响——基于全球价值链的视角［J］．经济经纬，2016（3）．

［3］付文林，赵永辉．价值链分工、劳动力市场分割与国民收入分配结构［J］．财经研究，2014（1）．

［4］高敏雪，许晓娟．将外国商业存在引入国际贸易统计［J］．统计研究，2010（7）．

［5］葛明，赵素萍，林玲．中美双边贸易利益分配格局解构——基于GVC分解的视角［J］．世界经济研究，2016（2）．

［6］黄先海，杨高举．中国高技术产业的国际分工地位研究：基于非竞争型投入占用产出模型的跨国分析［J］．世界经济，2010（5）．

［7］贾怀勤．在地贸易统计还是属权贸易统计？［J］统计研究，2006（2）．

［8］贾怀勤．属权贸易统计核算的几个基本问题［J］．国际贸易问题，2010（6）．

［9］贾怀勤．美国属权贸易核算的缘起和框架［J］．统计研究，2011，28（11）．

［10］姜鸿，张艺影，梅雪松．基于资产所有权的贸易统计方法与中美双边贸易矫正［J］．财贸经济，2014（2）．

［11］蒋为，黄玖立．国际生产分割、要素禀赋与劳动收入份额：理论与经验研究［J］．世界经济，2014（5）．

［12］鞠建东，余心玎．全球价值链上的中国角色——基于中国行业上游度和海关数据的研究［J］．南开经济研究，2014（3）．

［13］黎峰．全球生产网络下的贸易收益及核算——基于中国的实证［J］．国际贸易问题，2014（6）．

[14] 李宏艳，王岚．全球价值链视角下的贸易利益：研究进展述评[J]．国际贸易问题，2015（5）.

[15] 李文秀，姚洋洋．要素比例、技术差异与出口增加值—基于中美两国双边贸易出口的实证研究[J]．财贸经济，2015（6）.

[16] 李昕，徐滇庆．中国外贸依存度和失衡度的重新估算——全球生产链中的增加值贸易[J]．中国社会科学，2013（1）.

[17] 李月芬．中国亟待建立一个以所有权为基础的贸易差额统计体系[J]．国际经济评论，2006（1）.

[18] 林玲，葛明，赵素萍．基于演进视角的中国属权贸易利益统计研究[J]．国际贸易问题，2013（11）.

[19] 刘洪铎，曹瑜强．中美两国在全球价值链上的分工地位比较研究——基于行业上游度测算视角[J]．上海经济研究，2016（12）.

[20] 刘建江，杨细珍．产品内分工视角下中美贸易失衡中的贸易利益研究[J]．国际贸易问题，2011（8）.

[21] 刘胜，顾乃华，陈秀英．全球价值链嵌入、要素禀赋结构与劳动收入占比[J]．经济学家，2016（3）.

[22] 刘遵义，陈锡康，杨翠红，等．非竞争型投入占用产出模型及其应用——中美贸易顺差透视[J]．中国社会科学，2007（5）.

[23] 卢峰．产品内分工[J]．经济学季刊，2004（4）.

[24] 鲁晓东．收入分配、有效要素禀赋与贸易开放度——基于中国省际面板数据的研究[J]．数量经济研究，2008（4）.

[25] 吕婕，张子杰．中美贸易差额的重新估算——基于所有权贸易核算体系的改进[J]．国际贸易问题，2011（5）.

[26] 马风涛．中国制造业全球价值链长度和上游度的测算及其影响因素分析——基于世界投入产出表的研究[J]．世界经济研究，2015（8）.

[27] 邵敏，黄玖立．外资与我国劳动收入份额——基于工业行业的经验研究[J]．经济学（季刊），2010（7）.

[28] 盛斌．迎接国际贸易与投资新规则的机遇与挑战[J]．国际贸易，2014（2）.

[29] 盛斌，陈帅．全球价值链如何改变了贸易政策：对产业升级的影响和启示[J]．国际经济评论，2015（1）.

[30] 宋玉华，高莉，王玉华．以所有权为基础的贸易差额统计体系研究[J]．国际贸易问题，2006（11）.

[31] 孙华妤，许亦平．贸易差额的衡量：基于所有权还是所在地［J］．国际贸易问题，2006（5）．

[32] 唐东波．全球化与劳动收入占比：基于劳资议价能力的分析［J］．管理世界，2011（8）．

[33] 万光彩．所有权原则、FDI利得与中美贸易差额［J］．财贸研究，2009（4）．

[34] 王金亮．基于上游度测算的我国产业全球地位分析［J］．国际贸易问题，2014（3）．

[35] 王俊，杨恬恬．全球价值链、附加值贸易与中美贸易利益测度［J］．上海经济研究，2015（7）．

[36] 王岚．全球价值链分工背景下的附加值贸易：框架、测度和应用［J］．经济评论，2013（3）．

[37] 王岚．全球价值链背景下的新型国际贸易统计体系及其对中国的启示［J］．国际经贸探索，2013（11）．

[38] 王岚．融入全球价值链对中国制造业国际分工地位影响［J］．统计研究，2014（5）．

[39] 王岚．全球价值链分工体系下中美双边贸易要素结构分析——对HOV定理的再检验［J］．南方经济，2016（11）．

[40] 王岚，李宏艳．中国制造业融入全球价值链路径研究——嵌入位置与增值能力的视角［J］．中国工业经济，2015（2）．

[41] 王岚．全球价值链视角下双边真实贸易利益及核算——基于中国对美国出口的实证［J］．国际贸易问题，2018（2）．

[42] 王岚，盛斌．全球价值链分工背景下的中美增加值贸易与双边贸易利益［J］．财经研究，2014（9）．

[43] 王云飞，朱钟棣．贸易发展、劳动力市场扭曲与要素收入分配效应［J］．世界经济，2009（1）．

[44] 王子先，张斌，邓娜．基于全球价值链的外贸转型战略［J］．国际贸易，2014（12）．

[45] 杨文芳，方齐云．产品内国际生产分工对中国的劳动需求效应分析［J］．财贸研究，2010（5）．

[46] 余淼杰，梁中华．贸易自由化与中国劳动收入份额——基于制造业贸易企业数据的实证分析［J］．管理世界，2014（7）．

[47] 臧旭恒，赵明亮．垂直专业化分工与劳动力市场就业结构——

基于中国工业行业面板数据的分析 [J]. 中国工业经济，2011 (6).

[48] 曾铮，张路路. 全球生产网络体系下中美贸易利益分配的界定——基于中国制造业贸易附加值的研究 [J]. 世界经济研究，2008 (1).

[49] 张杰，陈志远，刘元春. 中国出口国内附加值的测算与变化机制 [J]. 经济研究，2013 (10).

[50] 张磊. 全球价值链下的国际贸易统计 [M]. 上海：上海人民出版社，2015.

[51] 张莉，李捷瑜，徐现祥. 国际贸易、偏向型技术进步与要素收入分配 [J]. 经济学季刊，2012，11 (2)：409 - 428.

[52] 张咏华. 中国制造业增加值出口与中美贸易失衡 [J]. 财经研究，2013 (2).

[53] 张为付，翟东平. 国际垂直一体化与外包化相互转化的理论研究——基于不完全合同条件下谈判成本的视角 [J]. 南开经济研究，2010 (6).

[54] 郑丹青，于津平. 增加值贸易视角下双边贸易利益再分解——以中美贸易为例 [J]. 世界经济研究，2016 (5).

[55] 周耀昌. 加快产业结构调整——中国纺织服装进口战略选择 [J]. 国际贸易，1996 (9).

[56] 周华，李飞飞，赵轩，等. 非等间距产业上游度及贸易上游度测算方法的设计及应用 [J]. 数量经济技术经济研究，2016 (6).

[57] ACEMOGLU D. Why Do New Technologies Complement Skills? Directed Technical Change and Wage Inequality. *Quarterly Journal of Economics*, 1998, 113 (4).

[58] ACEMOGLU D. Directed technical change. *Review of Economic Studies*, 2002 (69).

[59] ACEMOGLU D. Patterns of skill premia. Review of Economic Studies, 2003 (70).

[60] ACEMOGLU D, ANTRàS P, HELPMAN E. Contracts and technology adoption. *American Economic Review*, 2007 (97).

[61] AfDB/OECD/UNDP. African Economic Outlook 2014: Global Value Chains and Africa's Industrialisation. Paris: OECD Publishing, 2014.

[62] AGHION P, BURGESS R, REDDING S J, ZILIBOTTI F. The Unequal Effects of Liberalization: Evidence from Dismantling the License Raj in

India. *The American Economic Review*, 2006, 98 (4).

[63] AHSAN R, MITRA D. Trade Liberalization and Labor's Slice of the Pie: Evidence from Indian Firms. *Journal of Development Economics*, 2014 (108).

[64] ALVAREZ R, LOPEZ R A. Exporting and Performance: Evidence from Chilean Plants. *Canadian Journal of Economics*, 2005, 38 (4).

[65] AMADOR J, CABRAL S. Global Value Chains: Surveying Drivers, Measures and Impacts. Banco de Portugal, Working Papers, No. 3, 2014.

[66] AMITI M, CAMERON L. Trade Liberalization and the Wage Skill Premium: Evidence from Indonesia. *Journal of International Economics*, Elsevier, 2012, 87 (2).

[67] AMITI M, DAVIS D R. Trade, firms, and wages: Theory and evidence. *Review of Economic Studies*, 2011 (79).

[68] AMITI M, JAVORCKI B S. Trade Costs and Location of Foreign Firms in China. IMF Working Paper, 05/55, 2005.

[69] AMITI M, KONINGS J. Trade Liberalization, Intermediate Inputs, and Productivity: Evidence from Indonesia. *American Economic Review*, 2007, 97 (5).

[70] AMITI M, WEI S J. Fear of Outsourcing: Is It Justified? CEPR Discussion Papers, 2005 (20).

[71] AMITI M, WEI S J. Service offshoring and productivity: evidence from the US. World Economy, 2010, 32 (2).

[72] ANDERSON J E. Globalization and income distribution: a specific factors continuum approach. NBER Work. Pap. 14643, 2009.

[73] ANDO M, KIMURA F. The Formation of International Production and Distribution Networks in East Asia. NBER Working Papers, No. 10167, 2003.

[74] ANTONIETTI R, ANTONIOLI D. The impact of production offshoring on the skill composition of manufacturing firms: evidence from Italy. *International Review of Applied Economics*, 2011, 25 (1).

[75] ANTRÀS P. Incomplete Contracts and the Product Cycle. *American Economic Review*, 2005, 95 (4).

[76] ANTRÀS P. Firms, Contracts, and Trade Structure. *Quarterly Jour-*

nal of Economics, 2013 (118).

[77] ANTRÀS P. GROSSMAN – HART (1986) Goes Global: Incomplete Contracts, Property Rights, and the International Organization of Production. *Journal of Law, Economics And Organization*, 2014, 30 (1).

[78] ANTRÀS P, CHOR D. Organizing the Global Value Chain. *Econometrica*, 2013, 81 (6).

[79] ANTRÀS P, ROSSI – HANSBERG E. Organizations And Trade. *Annual Review of Economics*, 2009 (1).

[80] ANTRÀS P, HELPMAN E. Global Sourcing, The Foerder Institute for Economic Research and The Sackler Institute of Economic Studies. Working Paper No. 3, 2004.

[81] ANTRÀS P, HELPMAN E. Contractual Frictions and Global Sourcing. CEPR Discussion Paper, No. 60 – 33, 2007.

[82] ARNDT S W, KIERKOWSKI H. Fragmentation: New Production Patterns in the World Economy. Oxford: Oxford University Press, 1997.

[83] ARPAIA A, PEREZ E, PICHELMANN K. Understanding Labour Income Share Dynamics in Europe. European Economy, Economic Papers, 379, 2009.

[84] ARTUC E, CHAUDHURI S, MCLAREN J. Trade Shocks and Labor Adjustment: A Structural Empirical Approach. *American Economic Review*, 2010, 100 (3).

[85] ATKIN D. Endogenous Skill Acquisition and Export Manufacturing in Mexico. NBER Working Papers, No. 18266, 2012.

[86] ATTANASIO O, GOLDBERG P, PAVCNIK N. Trade Reforms and Wage Inequality in Colombia. *Journal of Development Economics*, 2004 (74).

[87] AUTOR D H, DORN D, HANSON G H. The China Syndrome: Local Labor Market Effects of Import Competition in the United States. *American Economic Review*, 2013, 103 (6).

[88] AZMAT G, MANNING A. VAN REENEN J. Privatization and the Decline of Labour's Share: International Evidence from Network Industries. *Economica*, 2012, 79 (315).

[89] BALDWIN R. Integration of the North American Economy and New – Paradigm Globalisation. CEPR Discussion Paper Series, No. 7523, 2009.

[90] BALDWIN R. 21st Century Regionalism: Filling the Gap between 21st Century Trade and 20 Century Trade Rules. WTO staff Working Paper, ERSD - 2011 - 08, 2011.

[91] BALDWIN R. Global Supply Chains: Why they Emerged? Why they Matter? And Where they are Going? CTEI Working Papers, No. 2012 - 13, 2012.

[92] BALDWIN R. WTO 2.0: Global governance of supply-chain trade. CEPR Policy Insight 64, Centre for Economic Policy Research, 2012.

[93] BALDWIN R, CAIN G G. Shifts in U. S. Relative Wages: The Role of Trade, Technology and Factor Endowments. NBER Working Paper No. 5964, 1997.

[94] BALDWIN R, VENABLS A. Spiders and Snakes: Offshoring and Agglomeration in the Global Economy. NBER Working Paper Series, No. 16611, 2010.

[95] BALDWIN R, LOPEZ - GONZELAZ J. Supply - Chain Trade: A Portrait of Global Patterns and Several Testable Hypotheses. NBER Working Paper, No. 18957, 2013.

[96] BALDWIN R, ROBERT - NICOUD F. Offshoring: General Equilibrium Effects on Wages, Production and Trade. NBER Work. Paper, No. 12991, 2007.

[97] BALDWIN R, R ROBERT - NICOUD F. Trade-in-goods and trade-in tasks: an integrating framework. *Journal of International Economics*, 2010, 92 (1).

[98] BALDWIN R, TAGLIONI D. Gravity Chains: Estimation Bilateral Trade Flows with Parts and Components Trade is Important. NBER Working Paper No. 16672, 2011.

[99] BALDWIN R, VENABLES A J. Relocating the value chain: off - shoring and agglomeration in the global economy. CEPR Working Paper, No. DP8163, 2010.

[100] BALDWIN R, VENABLES A J. Spiders and Snakes: Offshoring and Agglomeration in the Global Economy. *Journal of International Economics*, 2013, 90 (2).

[101] BAS M. Trade, Technology Adoption and Wage Inequalities: The-

ory and Evidence. CEPR Discussion Papers dp0902, 2008.

[102] BAUMGARTEN D, GEISHECKER I, GORG H. Offshoring, tasks, and the skill-wage pattern. *European Economic Review*, 2013, 61 (61).

[103] BECKER S O, EKHOLM K, MUENDLER M. Offshoring and the onshore composition of tasks and skills. *Journal of International Economics*, 2013 (90).

[104] BERMAN E, BOUND J, GRILLICHES Z. Changes in the Demand for Skilled Labor within U. S. Manufacturing: Evidence from the Annual Survey of Manufactures. *Quarterly Journal of Economics*, 1994 (109).

[105] BERMAN E, BOUND J, MACHIN S. Implications of Skill – biased Technological Change: International Evidence. *Quarterly Journal of Economics*, 1998, 113 (4).

[106] BERNARD A B, JENSEN J B. Exceptional Exporter Performance: Cause, Effect, or Both? *Journal of International Economics*, 1999, 47 (1).

[107] BERNARD A B, J JENSEN J B, REDDING S J, SCHOTT P. Firms in International Trade. *Journal of Economic Perspectives*, 2007a, 21 (3).

[108] BERNARD A B, REDDING S J, SCHOTT P. Comparative Advantage and Heterogeneous Firms. *Review of Economic Studies*, 2007b, 74 (1).

[109] BISCOURP P, KRAMARZ F. Employment, skill structure and international trade: Firm level evidence for France. *Journal of International Economics*, 2007 (72).

[110] BOCKERMAN P, MALIRANTA M. Globalization, creative destruction, and labour share change: evidence on the determinants and mechanisms from longitudinal plant-level data. *Oxford Economic Papers-new Series*, 2012, 64 (2).

[111] BOUND J, JOHNSON G. Changes in the structure of Wages During the 1980s: An Evaluation of Alternative Explanation. *American Economic Review*, 1992 (82).

[112] BRADA J C. The Distribution of Income between Labor and Capital Is Not Stable: But Why Is That So and Why Does It Matter? *Economic Systems*, 2013 (37).

[113] BREINLICH H, CRISCUOLO C. International trade in services: a portrait of importers and exporters. *Journal of International Economics*, 2011,

84 (2).

[114] BRIDGMAN B. Is Labor's Loss Capital's Gain? Gross versus Net Labor Shares. Bureau of Economic Analysis, 2014. http: //bea. gov/papers/pdf/laborshare1410. pdf. 2017 -8 -12.

[115] BROCK E, DOBBELAERE S. Has International Trade Affected Workers Bargaining Power? *Review of World Economics*, 2006, 142 (2).

[116] BUCH C M, MONTI P, TOUBAL F. Trade's Impact on the Labor Share: Evidence from German and Italian Regions. IAW - Diskussionspapiere Discussion Paper, No. 46, 2008.

[117] BURSTEIN A, VOGEL J. Globalization, technology and the skill premium: A quantitative analysis. NBER Working Papers, No. 16459, 2010.

[118] BUSTOS P. The impact of trade on technology and skill upgrading evidence from Argentina. Work. Paper, 2007.

[119] CHECCHI D, GARCIA - PENALOSA C. Labour Market Institutions and Income Inequality. *Economic Policy*, 2008, 56 (601 -649).

[120] CHEN Q, ZHU K, LIU P, et al. Distinguishing China's processing trade in the world input - output table and quantifying its effects. *Economic Systems Research*, 2018 (1 -21).

[121] CHOI S K, RIOS - RULL J V. Understanding the Dynamics of Labor Share: The Role of Noncompetitive Factor Prices. *Annals of Economics and Statistics*, 2009 (95/96).

[122] CHUSSEAU N, DUMONT M, HELLIER J, et al. Explaining Rising Inequality: Skill - Biased Technical Changed North - South Trade. *Journal of Economic Surveys*, 2008, 22 (3).

[123] COOKE A, KEMNEY T, RIGBY D L. Task Trade and the Wage Effects of Import Competition. US Census Bureau Center for Economic Studies Paper No. CES - WP - 16 -03, 2016.

[124] CORCOS F, IRAC D M, MION G, VERDIER T. The determinants of intra-firm trade: Evidence from French firms. *Review of Economics and Statistics*, 2013, 95 (3).

[125] COSTINOT A. On the Origins of Comparative Advantage. *Journal of International Economics*, 2009, 77 (2).

[126] COSTINOT A, VOGEL J. Matching and Inequality in the World

Economy. *Journal of Political Economy*, 2010, 118 (4).

[127] COSTINOT A, VOGEL J, WANG S. Global Supply Chains and Wage Inequality. *American Economic Review*, 2012, 102 (3).

[128] COSTINOT A, VOGEL J, WANG S. An elementary theory of global supply chains. *Review of Economics Studies*, 2013, 80 (1).

[129] CRAGG M I, EPELBAUM M. Why Has Wage Dispersion Grown in Mexico? Is It the Incidence of Reforms or the Growing Demand for Skills? *Journal of Development Economics*, 1996, 51 (1).

[130] CRINO R. Service offshoring and white-collar employment. *Review of Economic Studies*, 2010a (77).

[131] CRINO R. Employment effects of service offshoring: Evidence from matched firms. *Economics Letters*, 2010b, 107 (2).

[132] CRISCUOLO C, GARICANO L. Offshoring and wage inequality: using occupational licensing as a shifter of offshoring costs. *American Economic Review*, 2010, 100 (2).

[133] CUYVERS L, DUMOUNT M, RAYP G. The Impact of International Trade with Asian Newly Industrialized Countries on Wages in the European Union. *Asian Economic Journal*, 2013, 17 (4).

[134] DAI M, MAITRA M, YU M, et al. Unexceptional Exporter Performance in China? The Role of Processing Trade. *Journal of Development Economics*, 2016 (121).

[135] DAUDIN G, RIFFLART C, SCHWEISGUTH D. Who produces for whom in the world economy? Document de travail de l'OFCE N°18, 2009.

[136] DAVIS D, MISHRA P. Stolper – Samuelson is dead: and other crimes of both theory and data. NBER Chapters, in: Globalization and Poverty, pp. 87 – 108, National Bureau of Economic Research, Inc. 2007.

[137] DE BACKER K, YAMANO N. International Comparative Evidence on Global Value Chains. OECD Science, Technology and Industry Working Papers, No. 2012/3, 2012. OECD Publishing. doi: 10. 1787/5k9bb2vcwv5j – en. 2018 – 1 – 12.

[138] DEFEVER F, TOUBAL F. Productivity, relationship-specific inputs and the sourcing modes of multinationals. *Journal of Economic Behavior & Organization*, 2013 (94).

[139] DE LOECKER J. Do Exports Generate Higher Productivity? Evidence from Slovenia. *Journal of International Economics*, 2007, 73 (1).

[140] DEARDOFF A V. Fragmentation in Simple Trade Models. *North American Journal of Economics and Finance*, 2011 (12).

[141] EARDOFF A V. A Trade Theorist's Take on Skilled – Labor Outsourcing. *International Review of Economics & Finance*, 2005, 14 (3).

[142] DECREUSE B, MAAREK P. Can the HOS model explain changes in labor shares? A tale of trade and wage rigidities. *Economic Systems*, 2017, 41 (4).

[143] DECREUSE B, MAAREK P. FDI and the Labor Share in Developing Countries: A Theory and Some Evidence. *Annals of Economics and Statistics*, 2015: 119 – 120.

[144] DFAIT. The evolution of global value chains, in 'Canada's State of Trade: Trade and Investment Update – 2011, Department of Foreign Affairs and International Trade Canada (DFAIT), chapter 8, pp. 85 – 101, 2011.

[145] DHAR B. The future of the World Trade Organization. ADBI Working Papers 444, Asian Development Bank Institute (ADBI), 2013.

[146] DIEZENBACHER E, LOS B, STEHRER R, TIMMER M, DE VRIES G. The Construction of World Input – Output Tables in the WIOD project. *Economic Systems Research*, 2013, 25 (1).

[147] DIXIT A K, GROSSMAN G M. Trade and protection with multistage production. *Review of Economic Studies*, 1982 (49).

[148] DRIVER C, MUNOZ – BUGARIN J. Capital Investment and Unemployment in Europe: Neutrality or Not? *Journal of Macroeconomics*, 2010 (32).

[149] EBENSTEIN A, HARRISON A, MCMILLAN M, PHILLIPS S. Estimating the Impact of Trade and Offshoring on American Workers Using the Current Population Surveys. *Review of Economics and Statistics*, 2013, 96 (3).

[150] ELSBY M W, HOBIJN B, ŞAHIN A. The decline of the U. S. labor share. Brookings Papers on Economic Activity, 1 – 52, 2013.

[151] FALLY T. On the Fragmentation of Production in the US. University of Colorado, mimeo, 2011.

[152] FEENSTRA R C. Integration of Trade and Disintegration of Produc-

tion in the Global Econom. *Journal of Economic Perspectives*, 1998, 12 (4).

[153] FEENSTRA R C. New Evidence on the Gains from Trade. *Review of World Economics*, 2006, 142 (4).

[154] FEENSTRA R C, HANSON G H. Globalization, Outsourcing, and Wage Inequality. *American Economic Review*, 1996 (86).

[155] FEENSTRA R C, HANSON G H. Foreign direct investment and relative wages: evidence from Mexico's maquiladoras. *Journal of International Economics*, 1997, 42 (3 –4).

[156] FEENSTRA R C, HANSON G H. The impact of outsourcing and high-technology capital on wages: estimates for the U. S. , 1979 – 1990. Quarterly Journal of Economics, 1999, 114 (3).

[157] FEENSTRA R C, HANSON G H. Global Production Sharing and Rising Inequality: A Survey of Trade and Wages. In Kwan C E, Harrigan J. ed. , Handbook of International Trade. Oxford: Basil – Blackwell, 2003.

[158] FERRANTINO M. Using Supply Chain Analysis to Examine the Costs of Non – Tariff Measures (NTMs) and the Benefits of Trade Faciliation. Office of Economics Working Paper No. 2012 –01A, 2012.

[159] FRANCOIS J, WOERZ J. Producer Services, Manufacturing Linkages, and Trade. Journal of Industry, Competition and Trade, 2008, 8 (3 –4).

[160] GAO T. Economic Geography and the Department of Vertical Multinational Production. *Journal of International Economics*, 1999 (48).

[161] GAULIER G, LEMOINE F, üNAL KESENCI D. China's emergence and the reorganization of trade flows in Asia. China Economic Review, 2007, 18 (3).

[162] GEREFFI G, HUMPHREY J, STURGEON T. The Governance of Global Value Chains. *Review of International Political Economy*, 2005, 12 (1).

[163] GOLDBERG P, KHANDELWAL A, PAVCNIK N, TOPALOVA P. Imported Intermediate Inputs and Domestic Product Growth: Evidence from India. *Quarterly Journal of Economics*, 2010, 125 (4).

[164] GORG H, HANLEY A. Does Outsourcing Increase Profitability?, The Economic and Social Review. *Economic and Social Studies*, 2004, 35 (3).

[165] GORG H, HANLEY A. International outsourcing and productivity: Evidence from the Irish electronics industry. *The North American Journal of Eco-*

nomics and Finance, 2005, 16 (2).

[166] GORG H, HANLEY A, STROBL E. Productivity effects of international outsourcing: evidence from plant-level data. *Canadian Journal of Economics*, 2008, 41 (2).

[167] GROSSMAN S J, Hart O. D. The Costs and Benefits of Ownership: A Theory of Vertical and Lateral integration. *Journal of Political Economics*, 1986, 94 (4).

[168] GROSSMAN G M, ROSSI – HANSBERG E. Trading Tasks: A Simple Theory of Offshoring. *American Economic Review*, 2008, 98 (5).

[169] GROSSMAN G M, ROSSI – HANSBERG E. Task trade between similar countries. *Econometrica*, 2012, 80 (2).

[170] ROSSMAN G M, HELPMAN E. Integration versus Outsourcing in Industry Equilibrium. *Quarterly Journal of Economics*, 2002 (117).

[171] ROSSMAN G M, HELPMAN E. Outsourcing in a global economy. *Review of Economics. Studies*, 2005 (72).

[172] GUERRIERO M, Sen K. What Determines the Share of Labour in National Income? A Cross – Country Analysis, IZA Discussion Paper No. 6643, 2012.

[173] GUSCINA A. Effects of Globalization on Labor's Share in National Income, IMF Working Paper No. 06294, 2006.

[174] HALPERN L, KOREN M, SZEIDL A. Imported Inputs and Productivity. *American Economic Review*, 2015, 105 (12).

[175] HANSEN G D, PRESCOTT E C. Capacity Constraints, Asymmetries, and the Business Cycle. *Review of Economic Dynamics*, 2005, 8 (4).

[176] HARRISON A E. Has Globalization Eroded Labor's Share? Some Cross – Country Evidence. MPRA Paper, No. 39649, 2005.

[177] HARRISON A E, MCMILLAN M. Offshoring jobs? Multinationals and US manufacturing employment. *Review of Economics and Statistics*, 2011, 93 (2).

[178] HASKeL J, SLAUGHTER M J. Trade, Technology and UK Wage Inequality. *The Economic Journal*, 2001, 111 (1).

[179] HELPMAN E. Trade, FDI, and the Organization of Firms. NBER Working Paper, No. 12091, 2006.

[180] HELPMAN E, ITSKHOKI O. Labour Market Rigidities, Trade and Unemployment. *Review of Economic Studies*, 2010, 77 (3).

[181] HELPMAN E, ITSKHOKI O, REDDING S. Inequality and unemployment in a global economy. *Econometrica*, 2010, 78 (4).

[182] HIJZEN A, INUI T, TODO Y. Does offshoring pay? Firm-level evidence from Japan. *Economic Inquiry*, 2010, 48 (4).

[183] HORN H, MAVROIDIS P C, SAPIR A. Beyond the WTO? An Anatomy of EU and US Preferential Trade Agreements. Bruegel Blueprint Series, No. 7, 2009.

[184] HSIEH C T, WOO K T. The impact of outsourcing to China on Hong Kong's labor market. *American Economic Review*, 2005, 95 (5).

[185] HUMMELS D, ISHII J, Yi K M. The Nature and Growth of Vertical Specialization in World Trade. *Journal of International Economics*, 2001 (54).

[186] HUMMELS D. Transportation Costs and International Trade in the Second Era of Globalization. *Journal of Economic Perspectives*, 2007, 21 (3).

[187] HUMMELS D, SCHHAUR G. Time as a Trade Barrier. NBER Working Paper No. 17758, 2012.

[188] HUMMELS D, MUNCH J R, Xiang C. Offshoring and Labor Markets. NBER Working Paper, No. 22041, 2016.

[189] HUMMELS D, JORGENSEN R, Munch J, XIANG C. The wage and employment effects of outsourcing: evidence from Danish matched worker – firm data. *American Economic Review*, 2014, 104 (6).

[190] HUNG J H, HAMMETT P. Globalization and the Labor Share in the United States. *Eastern Economic Journal*, 2016, 42 (2).

[191] HUTCHINSON J, PERSYN D. Globalisation, Concentration and Footloose Firms: in Search of the Main Cause of the Declining Labour Share, Review of World Economics, 2012, 148 (1).

[192] ILO, OECD. The Labour Share in G20 Economies, Report prepared for the G20 Employment Working Group Antalya, 2015. https://www. oecd. org/g20/topics/employment – and – social – policy/The – Labour – Share – in – G20 – Economies. pdf. 2017 – 5 – 17.

[193] ISGUT A. What's Different about Exporters? Evidence from Colom-

bian Manufacturing. *Journal of Development Studies*, 2001, 37 (5).

[194] ITO B, TOMIURA E, WAKASUGI R. Offshore outsourcing and productivity: Evidence from Japanese firm-level data disaggregated by tasks. *Review of International Economics*, 2011, 19 (3).

[195] ITSKHOKI O, HELPMAN E. Trade Liberalization and Labor Market Dynamics with Heterogeneous Firms, 2015. http: //www. princeton. edu/ ~ itskhoki/papers/TradeLMDynamics. pdf. 2017 - 12 - 21.

[196] JABBOUR L. Slicing the value chain internationally: Empirical evidence on the offshoring strategy by French firms. *The World Economy*, 2012, 35 (11).

[197] JAUMOTTE F, TYTELL I. How Has The Globalization of Labor Affected the Labor Share in Advanced Countries? IMF Working paper WP/07/298, 2007.

[198] JAYADEV A. Capital account openness and the labour share of income, in Cambridge *Journal of Economics*, 2007, (31) 3.

[199] JOHNSON R C, NOGUERA G. Accounting for intermediates: Production sharing and trade in value adde. FREIT Working Paper, No. 063, 2011.

[200] JOHNSON R C, NOGUERA G. Fragmentation and Trade in Value - Added over Four Decades. NBER Working Paper, No. 18186, 2012.

[201] JONES R W, KIERZKOWSKI H. The Role of Services in Production and International Trade: A Theoretical Framework, in R. W. Jones and A. O. Krueger (eds.), The Political Economy of International Trade: Essays in Honour of R. E. Baldwin, Oxford, 1990.

[202] JONES R W, KIERZKOWSKI H. International fragmentation and the new economic geography. *The North American Journal of Economics and Finance*, 2005, 16 (1).

[203] JULIUS D. Global Companies and Public Policy: The Growing Challenge of Foreign Direct Investment. New York: Council on Foreign Relations Press, 1990.

[204] KAMAL F, LOVELY M E. Labor Allocation in China: Implicit Taxation of the Heterogeneous Non - State Sector. *CESifo Economic Studies*, 2013, 59 (4): 731 - 758.

[205] KARABAY B, MCLAREN J. Trade, offshoring, and the invisible handshake. *Journal of International Economics*, 2009, 82 (1).

[206] KARABARBOUNIS L, NEINAM B. The Global Decline of the Labor Share. Quarterly Journal of Economics, 2014, 129 (1).

[207] KASAHARA H, RODRIGUE J. Does the use of imported intermediates increase productivity? Plant-level evidence. *Journal of Development Economics*, 2008, 87 (1).

[208] KEE H L, TANG H W. Domestic Value Added in Exports: Theory and Firm Evidence from China. *American Economic Review*, 2016, 106 (6).

[209] KIM B. Explaining movements of the labor share in the Korean economy: factor substitution, markups and bargaining power. *Journal of Economic Inequality*, 2016, 14 (3).

[210] KOHLER W. Aspects of international fragmentation. *Review of International Eco-nomics*, 2004a, 12 (5).

[211] KOHLER W. International outsourcing and factor prices with multistage production. *Economic Journal*, 2004b, 114 (494).

[212] KRANICH J. Agglomeration, Vertical Specialization, and the Strength of Industrial Linkages. *Papers in Regional Science*, 2011, 90 (1).

[213] KRUGMAN P R, VENABLES A. J. Globalization and the Inequality of Nations. *Quarterly Journal of Economics*, 1995 (110).

[214] KOOPMAN R, WANG Z, WEI S J. How much Chinese exports is really made in China – Assessing foreign and domestic value-added in gross exports. NBER Working Paper No. 14109, 2008.

[215] KOOPMAN R, POWERS W, WANG Z, Wei S J. Give Credit Where Credit is Due: Tracing Value Added in Global Production Chains. NBER Working Paper Series No. 16426, 2010.

[216] KOOPMAN R, POWERS W, WANG Z, Wei S J. Tracing Value-added and Double Counting in Gross Exports. NBER Working Paper No. 18579, 2012.

[217] Kommerskollegium, National Board of Trade. Servicification of Swedish Manufacturing. 2010.

[218] LAWRENCE R Z, SLAUGHTER M J. International Trade and American Wages in the 1980s: Giant Sucking Sound or Small Hiccup? Brooking

Papers on Economic Activity: Microeconomics, No. 2, 161 –226, 1993.

[219] LANZ R, MIROUDOT S, NORDÅS H K. Trade in Tasks. OECD Trade Policy Papers 117, OECD Publishing, 2011.

[220] LEAMER E E. In Search of Stolper – Samuelson Effects on U. S. Wages. NBER Working Paper No. 5427, 1996.

[221] LIPSEY R E, SJOHOLM F. Foreign Direct Investment, Education, and Wages in Indonesian Manufacturing. *Journal of Development Economics*, 2004, 73 (1).

[222] LIU Y, MENG B, HUBACEK K, XUE J J, FENG K S, Gao Y N. Made in China: A reevaluation of embodied CO_2 emissions in Chinese exports using firm heterogeneity information. *Applied Energy*, 2016.

[223] LIU R J, TREFLER D. Much Ado About Nothing: American Jobs and the Rise of Service Outsourcing to China and India, NBER working paper 14061, 2008.

[224] LOPEZ – GONZALEZ J, KOWALSKI P, Achard P. Trade, global value chains and wage-income inequality. OECD Trade Policy Papers, No. 182, 2015.

[225] LO TURCO A, MAGGIONI D. Offshoring to high and low income countries and the labor demand. Evidence from Italian firms. *Review of International Economics*, 2012, 20 (3).

[226] MA H, WANG Z, ZHU K, et al. Domestic Content in China's Exports and its Distribution by Firm Ownership. *Journal of Comparative Economics*, 2015, 43 (1).

[227] MANNING A. Imperfect Competition in the Labor Market, in Orley Ashenfelter and David Card, eds. , Handbook of Labor Economics, Vol. 4B, North-holland, 2010.

[228] MARKUSEN J R. Modeling the offshoring of white-collar services: From comparative advantage to the new theories of trade and FDI, in L. Brainard and S. M. Collins, eds, Brookings Trade Forum 2005 – Offshoring White – Collar Work, The Brookings Institution, Washington, D. C. , chapter 1, pp. 1 – 34, 2006.

[229] MARTINS P S, OPROMOLLA L D. Exports, imports and wages: Evidence from matched firm-worker-product panels. IZA Discussion Paper, No.

4646, 2009.

[230] MARTINS P S, OPROMOLLA L D. Why Ex (Im) porters Pay More: Evidence from Matched Firm - Worker Panels, Working Paper, 2012. https: //files. nyu. edu/ldo202/public/wage_premia5. pdf. 2018 -2 -25.

[231] MCLAREN J. Globalization and vertical structure. *American Economic Review*, 2000, 90 (5).

[232] MAURER A, DEGAIN C. Globalization and Trade Flows: What You See is Not What You Get! WTO Staff Working Paper, ERSD - 2010 - 2, 2010.

[233] MCCANN F. The heterogeneous effect of international outsourcing on firm productivity. *Review of World Economics*, 2011, 147 (1).

[234] MEMG B, MIROUDOT S. Towards Measuring Trade in Value Added and Other Indicators of Global Value Chains: Current OECD Work Using I/O Tables, presentation held at the Global Forum on Trade Statistics, organized by Eurostat, UNSD and WTO, Geneva, Switzerland, 2011.

[235] MENG B, ZHANG Y, INOMATA S. Compilation and applications of IDE - JETRO's international input-output tables. *Economic Systems Research*, 2013, 25 (1).

[236] MENG B, PETERS G P, WANG Z. Tracing Greenhouse Gas Emissions in Global Value Chains, Stanford Centre for International Development, Working Papers No. 525, 2015.

[237] MELITZ M J. The impact of trade on intra-industry reallocations and aggregate industry productivity. *Econometrica*, 2013, 71 (6).

[238] MILANOVIC B. Global Income Inequality by the Numbers: In History and Now. *Global Policy*, 2012, 4 (2).

[239] MION G, ZHU L. Import competition from and offshoring to China: A curse or blessing for firms? *Journal of International Economics*, 2013 (89).

[240] MIROUDOT S, LANZ R, RAGOUSSIS A. Trade in Intermediate Goods and Services. OECD Trade Policy Papers, No. 93, 2009.

[241] MIROUDOT S, DE BACKER K. Mapping Global Value Chains, OECD Science, Technology and Industry Working Paper, 2013.

[242] MITRA D, RANJAN P. Offshoring and unemployment. IZA Discussion Papers, No. 2805, 2007.

[243] MORRISON - PAUL C J, SIEGEL D S. The Impacts of Technology, Trade and Outsourcing on Employment and Labour composition. *Scandinavian Journal of Economics*, 2011, 103 (2).

[244] MUDAMBI R. Location, Control and Innovation in Knowledge - Intensive Industries. *Journal of Economic Geography*, 2008, 8 (5).

[245] National Research Council. 1992. Behind the Numbers: U. S. Trade in the World Economy. Washington, DC: The National Academies Press. https: //doi. org/10. 17226/1865.

[246] NAVARETTI G B, BUGAMELLI M, SCHIVARDI F, ALTOMONTE C, HORGOS D, MAGGIONI D. The global operations of European firms - The second EFIGE policy report, Bruegel Blueprint 12, Bruegel, 2011.

[247] OECD. Interconnected Economies: Benefiting from Global Value Chains. OECD Publishing, 2013. http: //www. oecd. org/sti/ind/interconnected - economies - GVCs - synthesis. pdf. 2017 - 5 - 16.

[248] OECD. In It Together: Why Less Inequality Benefits All, Overview of Inequality Trends, Key Findings and Policy Directions, OECD Publishing, 2015.

[249] OECD, WTO. Trade in value-added: Concepts, methodologies and challenges. 2011.

[250] OECD, WTO, UNCTAD. Implications of Global Value Chains for Trade, Investment, Development and Job, . Prepared for the G - 20 Leaders Summit, 2013.

[251] ORTEGA D, ROGRIGUEA F. Trade policy and factor prices: an empirical strategy. Wesleyan Economics WP 2005 - 004, 2005.

[252] OTTAVIANO G I P, PERI G, WRIGHT G C. Immigration, offshoring and American Jobs. *American Economic Review*, 2013, 103 (5).

[253] RANJAN P, RAYCHAUDHURI J. Self-selection vs learning: evidence from Indian exporting firms. *Indian Growth and Development Review*, 2011, 4 (1).

[254] RAURICH X, SALA H, SOROLLA V. Factor Shares, the Price Markup and the Elasticity of Substitution between Capital and Labor. *Journal of Macroeconomics*, 2011, 34 (1).

[255] RAMONDO N, RODRIGUEZ - CLARE A. Trade, Multinational

Production, and the Gains from Openness. *Journal of Political Economy*, 2013, 121 (2).

[256] RIOSRULL J, SANTAEULALIALLOPIS R. Redistributive Shocks and Productivity Shocks. *Journal of Monetary Economics*, 2010, 57 (8).

[257] RODRIK D. Has Globalization Gone Too Far? Institute for International Economics, Washington, D. C, 1997.

[258] SCHNEIDER D. The labor share: A review of theory and evidence. SFB 649 discussion paper, No. 2011 -069, 2011a.

[259] SCHNEIDER D. Bargaining, Openness, and the Labor Share. SFB 649 Economic Risk Discussion Paper No. 2011 -068, 2011b.

[260] SETHUPATHY G. Offshoring, wages, and employment: Theory and evidence. *European Economic Review*, 2013 (62).

[261] SHEN L. SILVA P. Value Added Exports and U. S. Local Labor Markets: Does China Really Matter, 2015.

[262] SHEPHERD B, STONE S. Global Production Networks and Employment: A Developing Country Perspective. OECD Working Paper, TAD/TC/WP (2012) 29, 2012.

[263] SMITH D. Offshoring: Political Myths and Economic Reality. *World Economy*, 2006, 29 (3).

[264] SRHOLEC M. High - Tech Exports from Developing Countries: A Symptom of Technology Spurts or Statistical Illusion? . *Review of World Economics*, 2007 (2).

[265] STEHRER R. Can Trade Explain the Sector Bias of Skill-biased Technical Change? wiiw Working Papers 30, 2014.

[266] STEHRER R. Trade in Value Added and the Value Added in Trade. WIOD Working Paper, No. 8, 2012.

[267] STOLPER W F, SAMUELSON P A. Protection and Real Wages. *Review of Economic Studies*, 1941, 9 (1).

[268] TIMMER M P, ERUMBAN A A, LOS B, STEHRER R, DE VRIES G J. Slicing Up Global Value Chains. *Journal of Economic Perspectives*, 2014, 28 (2).

[269] TOMIURA E, ITO B, WAKASUGI R. Offshore outsourcing and non-production workers: Firm-level relationships disaggregated by skills and

suppliers. *World Economy*, 2013, 36 (2).

[270] TOMOHARA A, YOKATA K. Foreign direct investment and wage inequality: is skill upgrading the culprit? *Applied Economics Letters*, 2011, 18 (8).

[271] UNCTAD. Trade and Development Report 2005: New Features of Global Interdependence. 2005.

[272] UNCTAD. Development and Globalization: Facts and Figures. 2003.

[273] UNCTAD. World Investment Report: Global Value Chains: Investment and Trade for Development. 2013.

[274] UPWARD R, WANG Z, Zheng J H. Weighing China's Export Basket: The Domestic Content and Technology Intensity of Chinese Exports. *Journal of Comparative Economics*, 2013 (41).

[275] VAN ASSCHE A. Global Value Chains and Canada's Trade Policy: Business as Usual or Paradigm Shift. IRRP Study, No. 32, 2012.

[276] VAN BIESEBROECK J. Exporting raises productivity in sub – Saharan African manufacturing firms. *Journal of International Economics*, 2005, 67 (2).

[277] VENABLES A J. Fragmentation and multinational production. *European Economic Review*, 1999, 43 (4 – 6).

[278] VERHOOGEN E. Trade, Quality Upgrading, and Wage Inequality in the Mexican Manufacturing Sector. *Quarterly Journal of Economics*, 2008, 123 (2).

[279] VEUGELERS R, BARBIERO F, BLANGA – GUBBAY M. Meeting the manufacturing firms involved in GVCs, in R. Veugelers, ed., 'Manufacturing Europe's Future', Bruegel, Bruegel Blueprint 21, chapter 5, pp. 107 – 138, 2013.

[280] WANG Z, POWERS W, WEI S J. Value Chains in East Asian Production Networks—An International Input – Output Model Based Analysis. U. S. International Trade Commission, Office of Economics Working Paper, No. 2009 – 10 – C, 2009.

[281] WTO. World Trade Report: Trading in A Globalizing World, DISTRIBUTIONAL CONSEQUENCES OF TRADE, pp. 123 – 146, 2008.

[282] WTO, IDE – JETRO. Trade Patterns and Global Value Chains in East Asia: From Trade in Goods to Trade in Tasks. 2011.

[283] XING Y X, DETERT N. How the iPhone Widens the United States Trade Deficit with the People's Republic of China. ADBI Working Paper Series, No. 257, 2010.

[284] XU B. Factor bias, sector bias, and the effects of technical progress on relative factor prices. *Journal of International Economics*, 2001, 54 (1).

[285] YEAPLE S R. A Simple Model of Firm Heterogeneity, International Trade, and Wages. *Journal of International Economics*, 2005, 65 (1).

[286] Yi, K M. Can Vertical Specialization Explain the Growth of World Trade? Journal of Political Economy, 2003 (111).

[287] YI K M. Can Multistage Production Explain the Home Bias in Trade? *American Economic Review*, 2010, 100 (1).

[288] ZHU S C, TREFLER D. Trade and Inequality in Developing Countries: A General Equilibrium Analysis. *Journal of International Economics*, 2005, 65 (1).